GRAMMAIRE
DE LA
LANGUE SOURETH
OU
CHALDÉEN VULGAIRE

SELON LE DIALECTE DE LA PLAINE DE MOSSOUL
ET DES PAYS ADJACENTS

Par le P. J. RHÉTORÉ

des PP. Dominicains, Missionnaire en Kurdistan

MOSSOUL

IMPRIMERIE DES PÈRES DOMINICAINS

1912

GRAMMAIRE

DE LA

LANGUE SOURETH

OU

CHALDÉEN VULGAIRE

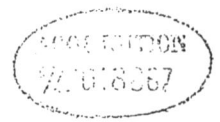

SELON LE DIALECTE DE LA PLAINE DE MOSSOUL
ET DES PAYS ADJACENTS

PAR LE P. J. RHÉTORÉ

DES PP. DOMINICAINS, MISSIONNAIRE EN KURDISTAN

MOSSOUL

IMPRIMERIE DES PÈRES DOMINICAINS

1912

PRÉFACE

L'Araméen et ses dialectes disparus ou encore existants
Le Soureth en son état actuel — Il devient langue
d'instruction — Question d'orthographe

Les Chrétiens et les Juifs des pays kurdes de la Turquie et de la Perse parlent un langage araméen qu'ils appellent le *Soureth*. Cet idiome est aussi nommé *Chaldéen vulgaire*; mais les philologues croient plus juste de le qualifier de *Syriaque* ou *Araméen vulgaire* (1).

Un mot sur l'histoire de l'Araméen nous aidera à mieux comprendre ce qui se rapporte à son survivant, le Soureth.

I

L'Araméen est rangé parmi les *langues sémitiques;* c'est la forme particulière que, dans la suite des temps,

---

(1) *Soureth* signifie *syriaque*, mais a aussi le sens de *chrétien;* c'est la langue des Chrétiens. La dénomination de *Chaldéen vulgaire* lui est donnée par opposition à celle de *Chaldéen littéraire*, par laquelle on désigne, en Orient, la branche orientale du Syriaque classique. **Les expressions** *syriaque* **et** *araméen* **peuvent s'employer l'une pour l'autre, car le syriaque est de l'araméen, et la Syrie s'appelait aussi *le pays des Araméens*.**

prit le langage des descendants d'Aram, fils de Sem.

Le plus ancien document que nous ayons de la langue araméenne nous a été conservé dans le texte hébraïque de la Genèse, ch. XXXI, ⅵ. 47, où il est relaté que Laban l'Araméen donna, dans *sa propre langue*, le nom de *igar sahdoutha*, ܐܓܪܐ ܣܗܕܘܬܐ , *tumulus testimonii* (Vulgate : *testis*), au monceau de pierres élevé par Jacob et par lui pour être le témoin de leur alliance. Ce fait remonte à environ deux mille ans avant Jésus-Christ.

La langue araméenne, parlée par des peuplades entreprenantes et souvent adonnées au commerce, prit beaucoup d'extension. De la Syrie, son aire primitive, elle s'étendit dans l'empire assyro-babylonien où, dès le VIIIe siècle avant Jésus-Christ, elle était parlée par la plus grande partie de la population (1). En Syrie et en Mésopotamie, longtemps avant la captivité de Babylone, l'araméen avait supplanté tous les autres idiomes usités dans ces pays (2). L'araméen était parlé à Babylone, où le prophète Daniel, au VIe siècle avant Jésus-Christ, et Esdras, un siècle plus tard, l'apprirent et écrivirent en ce dialecte, appelé *Chaldaïque biblique*, plusieurs passages des ouvrages que nous possédons d'eux dans les Livres Saints.

Après la captivité de Babylone, les Juifs eux-

---

(1) *Pognon,* Inscriptions sémitiques (Paris, 1908).
(2) *Nau,* article *Syriaque,* dans le *Dictionnaire de la Bible* de Vigouroux.

mêmes abandonnèrent peu à peu la langue de leurs pères pour prendre le langage araméen, qui était devenu le langage universel dans ces régions de l'Asie.

Le dialecte araméen qui se forma alors chez les Juifs de Palestine prit le nom de dialecte *palestinien* ou *syro-palestinien*. On a, dans cet idiome, des *targums* juifs ou versions araméennes des Livres saints. Ce dialecte était à peu près à son âge moyen au temps de Jésus-Christ, dont il fut la langue ainsi que des premiers personnages dont s'honore le Christianisme. Du temps de saint Jérôme, au IV° siècle de notre ère, on le parlait dans les campagnes, où il se maintint plusieurs siècles encore. C'est un idiome araméen qui a des rapports avec le dialecte syriaque d'Edesse, mais il apparaît plus riche que lui en voyelles (1).

D'autres dialectes araméens ont laissé un nom : tels sont le *Nabatéen*, le *Mandéen*, le *Palmyrénien*.

II

Ce fut le dialecte araméen de Syrie, et surtout l'idiome usité à Edesse, qui porta la langue araméenne à l'apogée de sa gloire. Dès avant l'ère chrétienne, ce dialecte était arrivé à une grande culture et, ainsi, se trouvait préparé à être l'organe autorisé de l'enseignement chrétien parmi les populations araméennes, qui, de bonne heure, l'acceptèrent en grand nombre. On lui

---

(1) EXEMPLE. — Palestinien : *Lamma sabaqtani* — Edessénien : *Lma chbaqtan* (*Ut quid dereliquisti me ?*).

doit le texte de la Version syriaque de l'Ancien et du Nouveau Testament. Il fut la langue du grand docteur syrien, saint Ephrem, et d'un grand nombre d'autres écrivains dont les ouvrages sont immortels. Cette langue fut celle de la science en Orient pendant de longs siècles et les célèbres Écoles d'Edesse et de Nisibe en étaient le foyer, la première pour les Syriens dits *occidentaux* et la seconde pour les Syriens *orientaux*.

Mais, avec la conquête de la Syrie par les Arabes, tous les parlers araméens de ces régions disparurent peu à peu devant la langue des vainqueurs. Ce changement s'opéra d'autant plus facilement que, l'arabe étant comme l'araméen une langue sémitique, ces deux langues ont beaucoup de mots dont les racines sont communes.

Au XIVe siècle de notre ère, la substitution de l'arabe à l'araméen était effectuée à peu près partout et l'araméen de Syrie était devenu *langue morte*. C'est la langue que nous appelons maintenant le *Syriaque classique* ou *littéraire*, qui se conserve dans la liturgie des chrétiens d'Orient et dans les livres des anciens écrivains syriens.

Cependant, en certains endroits isolés, l'araméen vulgaire continua à être parlé. Il en fut ainsi au Liban jusque pendant le XVIe siècle, où l'arabe finit par le supplanter pour toujours.

De nos jours, l'araméen est encore parlé dans les trois régions suivantes :

1°. Près de Damas, dans un groupe de quatre villages chrétiens dont Maloula est le plus connu et a donné son nom au langage usité en ce lieu. Mais le *Maloulien*, très réduit dans le nombre de ceux qui le parlent et absorbé de plus en plus par l'arabe, est à ses derniers jours. Il semble dépendre du dialecte édessénien, mais se parle en A, et non en O comme l'édessénien lui-même (1).

2° Dans le Djébel-Tour, autrement dit Tour-Abdin, entre Mardin, Nisibe, le Tigre à l'est et au nord. Là 50,000 chrétiens Jacobites parlent un langage araméen qui leur est propre et qu'on appelle le *Torâni*. C'est un dialecte en O.

3° Dans les vastes régions de la Turquie et de la Perse qu'on appelle le Kurdistan. En Turquie, les principaux centres araméens sont : la région de Kerkouk et Arbèles, la plaine de Mossoul (2), avec Zakho et Djézireh, les pays du Bohtan et de Seert, les alentours de Van, les montagnes de Hekkari et d'Amadia. En Perse, les centres sont : les pays de Salmas, d'Our-

---

(1) Les dialectes araméens en O sont ceux où la voyelle *A grave* (*Zkapa*) se prononce O. Ex. *Morio*, seigneur (au lieu de *Maria*, comme on prononce dans les dialectes en A).

(2) Moins la ville elle-même, où l'on ne parle que l'arabe.

miah et de Senna. Dans ces contrées se trouvent des Chrétiens chaldéens, des Nestoriens et des Juifs, qui forment ensemble une population d'environ 200,000 âmes, parlant un même idiome araméen appelé le *Soureth*. C'est la langue dont notre *Grammaire* trace les règles.

Aux pays où se parle encore l'araméen on pourrait ajouter 8 villages nestoriens qui se sont formés dans le Caucase depuis une quarantaine d'années, après avoir essaimé des montagnes de Hekkari et de Perse, tous, par conséquent, de langage soureth.

IV

Parmi les survivants de l'Araméen, le Torâni et le Soureth, vu le nombre de ceux qui les parlent et l'avenir qu'ils ont encore devant eux, excitent particulièrement l'intérêt. Je dirai quelques mots de leurs origines, de leurs ressemblances et de leurs différences principales.

Beaucoup regardent le Torâni et le Soureth comme idiomes issus du Syriaque classique, idiomes qui, avec le temps, se sont différenciés de la langue-mère et entre eux, sous l'effet des circonstances diverses qui modifient ordinairement les langages humains.

Les savants de nos jours ne sont pas de cet avis (1). Ils regardent en effet ces idiomes, non comme issus d'une langue *morte*, mais comme continuant l'ancienne langue *parlée* des pays où nous les trouvons aujour-

---

(1) Voir *Abbé Chabot*: Les Langues et les Littératures araméennes (Paris, 1910).

d'hui. Ainsi, le Torâni continuerait l'ancien araméen parlé en Mésopotamie, et le Soureth prolongerait le dialecte araméen parlé dans l'ancienne Assyrie. Cela étant, il n'y aurait plus lieu d'appeler *néo-araméens* ou *néo-syriaques* ces vieux parlers, qui ne sont pas moins anciens que leur générateur supposé, le Syriaque.

Le Torâni et le Soureth ont beaucoup de rapports l'un avec l'autre pour le fond grammatical. Ainsi, ils n'usent que de l'état emphatique des noms; ils forment les verbes au moyen des participes présents ou passés auxquels ils ajoutent les pronoms personnels (1). Avec le Participe présent, ils forment tous les temps du Présent, qu'ils distinguent entre eux au moyen de préfixes. Avec le Participe passé, ils composent les temps du Passé. Mais le Torâni est plus riche que le Soureth en formes grammaticales. Il use couramment d'un article déterminatif; il possède des formes contractes et suffixes particulières pour les pronoms démonstratifs; il emploie un pronom possessif suffixe qui lui est propre; on lui voit trois formes verbales passives, correspondant aux trois formes actives.

---

(1) Le Syriaque classique forme aussi le Présent et le Passé avec les participes; mais il a, en plus, des formes spéciales pour ces temps. Les dialectes dépendant du Syriaque classique ont ces temps spéciaux, comme on le voit par le Syro-palestinien, le Maloulien, etc.; mais ces temps ne sont connus ni en Soureth ni en Torâni.

Le Présent, exprimé par un Participe présent et les pronoms personnels suffixes, se retrouve dans le *Permansif* de la langue assyrienne, ce qui prouve au moins l'ancienneté de cette forme.

VIII

Le Torâni et le Soureth, s'étant développés dans des milieux différents, ont, par le fait même, un vocabulaire qui diffère souvent. Il diffèrent aussi par la prononciation: nous savons déjà que le Torâni est un dialecte en O, et le Soureth un dialecte en A. De plus, le Torâni a conservé la prononciation sémitique des lettres fortes et aspirées, tandis qu'en Soureth cette prononciation s'est modifiée notablement. Les différences de prononciation et les particularités qu'a chaque dialecte font qu'ils semblent étrangers l'un à l'autre, quoique leur fond soit le même (1).

Bien que le Syriaque classique, dialecte araméen de Syrie, n'ait pas de paternité à revendiquer sur le Torâni et le Soureth, cependant il n'est pas sans avoir exercé sur eux des influences, en tant que langue liturgique et langue d'étude, pour les populations parlant ces idiomes. Bien des mots et bien des manières de dire lui sont empruntés.

Les gens du pays, étrangers au Torâni, lui donnent parfois le nom de Soureth, dans le sens général de *langue chrétienne*. Nous l'appellerons *Soureth occidental*, pour le distinguer du Soureth proprement dit, que nous nommerons *Soureth oriental*. Cette dénomination

---

(1) EXEMPLES. — Soureth : *idhathokh*, tes mains. — Torâni : *annidhothaidhokh*, les mains de toi.

Soureth : *rabouheh m'allaita*, sa grandeur sublime. — Torâni : *iraboutko m'allaitaidheh*, le grandeur sublime de lui.

concorde, du reste, avec celle qu'emploient les philologues en disant *Syriaque vulgaire occidental* et *Syriaque vulgaire oriental*. Les Musulmans et les gens des villes désignent ces deux idiomes par le nom de *Fellihi*, langue des Fellahs ou des paysans. C'est un surnom qui est donné, dans tous les pays musulmans, aux anciens parlers des Chrétiens; l'arménien et le copte sont aussi, pour eux, du *fellihi*. Cette appellation, employée parfois par les philologues européens, n'a donc en soi aucune importance linguistique.

V

Je donnerai maintenant quelques renseignements sur l'état actuel de l'idiome qui nous occupe spécialement, le *Soureth oriental*.

Cet idiome, parlé par des populations éparses dans les vastes contrées que nous avons désignées plus haut et au milieu d'autres peuples de langues diverses, ne peut être partout uniforme. Cependant son fond grammatical est le même partout et ses variantes ne sont qu'accidentelles. C'est surtout par les mots propres à tel ou tel pays que se différencient les parlers soureth.

Les divers parlers soureth peuvent se diviser d'abord en parlers chrétiens et en parlers juifs; puis les uns et les autres peuvent se distinguer en parlers de la plaine de Mossoul, parlers de la montagne de Hekkari, et parlers de la Perse. Les parlers de la montagne, étant mitoyens par leur situation géographique, tiennent

X

à la fois du langage de la plaine et de celui de la Perse. Ainsi, dans les régions de la montagne plus en rapport avec la plaine de Mossoul, comme le Bohtan, la Sapna, le Berwari, Achitha, Tiari et Tkhouma, le langage se rapproche plus de celui de la plaine; mais, dans les pays qui regardent la Perse, comme Baz, Qotchanès, Djélo, Nordouz, Albak, Gaver, le langage ressemble plus à celui de la Perse.

Les parlers juifs suivent généralement les variantes principales des régions où ils se trouvent, mais ils en ont aussi qui leur sont propres, provenant de leur génie particulier, des coutumes nationales ou de l'influence de la langue religieuse sur la langue parlée. A Salmas, en Perse, le Soureth juif, dit-on, diffère assez notablement du Soureth chrétien (1). – Les Juifs écrivent le Soureth avec les caractères rabbiniques.

Tous les Juifs parlant Soureth sont des restes de la Captivité de Ninive; leur chef, dans les Gouvernements d'Assyrie et de l'ancienne Perse, portait le titre officiel de *Rech-galoutha*, chef de la captivité. Est-ce cette situation de captifs et d'étrangers au milieu d'autres peuples qui donna à leur langage le ton relâché qui lui est propre ?

VI

Depuis les longs siècles de son existence, le Soureth a subi l'influence des langages étrangers au milieu desquels il a été parlé, et leur a emprunté beaucoup de mots

---

(1) *Chabot* : Les Langues et les Littératures araméennes.

qu'il a revêtus de la forme araméenne ou qu'il a laissés avec leur forme originelle.

De l'assyrien, langue sémitique comme lui, et à côté duquel il s'est trouvé pendant des siècles, il a dû sans doute prendre beaucoup d'expressions; il en a, en effet, qu'on ne peut rattacher à aucune autre langue connue et qui ne sont pas non plus de race araméenne : tels sont, par exemple, les mots *natha*, oreille - *aqla*, pied - *adia* (1), maintenant - *kthaitha*, poule, etc. Mais on ne sait pas encore sûrement ce en quoi le vocabulaire soureth est tributaire du vocabulaire assyrien. Peut-être l'a-t-il été moins qu'on ne le suppose, parce que l'araméen était, comme nous l'avons vu, la langue du plus grand nombre dans le royaume assyro-babylonien.

On pourrait peut-être voir une influence assyrienne dans certaines formes grammaticales usitées en divers lieux. Telle serait la forme des pluriels féminins en *âté* (araméen : *atha*), usitée en Perse, où l'on dit, comme en assyrien : - *dinâté*, des sources - *kalbâté*, des chiennes. Telle pourrait être aussi la forme des adjectifs relatifs en *aia*, contractée en *â*, à Baz et dans le Djélo. Ex. *sourâ*, tyrien, comme dit l'assyrien lui-même,

---

(1) L'adverbe assyrien *adu* signifie *maintenant*, comme l'adverbe soureth *adia*. Certains regardent comme venant de l'assyrien les mots du dialecte persan *bibla* ou *bibeltha*, prunelle de l'œil, fleur; — *chibâna*, linge pour envelopper un objet. On se demande si *bakhta*, femme, serait assyrien ou viendrait de l'arabe *bakht*, fortune, chance.

pour *sourdia*. — Enfin, c'est peut-être encore sous une influence assyrienne que le Soureth a adouci ses lettres gutturales et fortes; car la prononciation assyrienne se distinguait par cette particularité (1).

Le persan ancien et moderne, le turc, le kurde, l'arabe, ont, suivant les lieux, fourni au Soureth beaucoup de leurs expressions. Dans la plaine de Mossoul, c'est l'arabe surtout qui s'est infiltré; sous son influence du moins, le Soureth a conservé, en cette région, mieux qu'ailleurs, la prononciation et le génie sémitiques.

Certains parlers soureth ont des particularités dialectales dont quelques-unes peuvent se rapporter à des formes très anciennes. A Baz et au Djélo, les désinences féminines régulières en *outha, itha, aita*, sont contractées en *ououa, iya, aia*. Ex. *malkououa*, royaume - *mouchelmaniya*, musulmane - *souraia*, syrienne ou chrétienne. A Salabekka dans le Tiari, on retrouve les pluriels masculins en *aia* du chaldaïque. Ex. *malkaia*, les rois. Dans tout le Tiari, le *Taou* adouci se prononce *Ch*, comme en assyrien. Ex. *Achour* (pour *Athour*), Assur - *Achicha*, pour *Achitha*.

Dans une grande partie des pays soureth, le pronom possessif 3ᵉ pers. masc. sing. est en *ouh*, au lieu

---

(1) L'adoucissement des lettres fortes ou gutturales se trouvait aussi dans le dialecte mandéen. Est-ce à la loi du moindre effort ou à une autre influence qu'il faut attribuer ce changement chez lui aussi bien qu'en soureth ?

XIII

d'être en *eh*. — Ex. *kthawouh*, son livre (1). Au pluriel, presque partout ce même pronom masculin est, le plus souvent, tiré de la forme féminine ancienne. Ex. *kthawaihein*, ou *kthawaihi*, ou *kthawai*, leur livre, le livre d'eux (classique : *kthawhein*).

En Soureth, la voyelle *Pthaha* n'est pas redoublante dans les mots de deux syllabes et, à sa place, on écrit la voyelle forte *Zqâpa*. Ex. *râba*, grand (pour le classique *rabba*) - *khâla*, vinaigre (class. *halla*).

Le Soureth, bien que dialecte en A, prononce et écrit assez souvent cette voyelle avec O. Ex. *ioulpôna*, doctrine (pour le classique *ioulpâna*) — *dokhrôna*, souvenir (p^r le class. *dokhrâna*) — *lôkh*, à toi (p^r le class. *lâkh*) - *mbattôlé*, annuler (du classique *mbattâlou*).

VII

Jusque vers la moitié du siècle dernier, le Soureth était une langue seulement parlée : on l'appelait la *langue de la parole*, par opposition au Syriaque littéraire qu'on appelait *la langue du texte* ou *la langue des livres*. Aussi n'y a-t-il pas de littérature soureth, à moins qu'on ne comprenne sous ce titre quel-

---

(1) Ce pronom avec la forme *ouh* n'est employé dans la langue ancienne que pour quelques mots, comme *abouh*, son père - *ahouh*, son frère, etc. Le Soureth a-t-il étendu à tous les mots cette forme particulière ou reproduit-il la forme arabe, comme le disent quelques-uns ? Je constate seulement que ce pronom en *ouh* est surtout employé dans les pays éloignés de l'influence arabe (les montagnes, la Perse), tandis que, dans la plaine de Mossoul où l'on est absolument sous l'influence arabe, on se sert de la forme régulière en *eh*. Le Torâni de même.

ques *Complaintes*, dites *dourekiatha*, dont les plus anciennes remontent à 300 ans (1).

Les Missionnaires qui vinrent s'établir dans les pays soureth, il y a environ soixante ans, jugèrent avec raison que la langue populaire devait être celle de l'instruction; en conséquence ils se mirent à imprimer des livres dont le texte était soureth. Ce fut en Perse qu'on travailla le plus dans ce sens.

En 1852, les missionnaires américains d'Ourmiah imprimèrent la Bible à New-York. En 1856, ils publiaient la grammaire du dialecte d'Ourmiah; car ils s'occupaient aussi de relever la langue en fixant ses règles, qui apprenaient à la parler et à l'écrire correctement. Beaucoup d'autres publications, se rapportant aux écoles, à la religion ou à d'autres sujets, sortirent de chez eux. Je signalerai leur petite Revue appelée *Zahriré dbahra*, *les Rayons de la lumière*.

De leur côté, les Missionnaires anglicans d'Ourmiah ont étudié à fond la langue soureth et ont fait beaucoup pour sa correction par les importants travaux linguistiques qu'ils ont publiés.

Les Missionnaires Lazaristes français de la même ville entrèrent aussi dans ce mouvement. En 1877, ils publièrent le Nouveau Testament en texte syriaque avec la traduction en soureth. Bon nombre de livres reli-

---

(1) La langue des Complaintes datant de 300 ans est absolument la même qu'aujourd'hui.

gieux et scolaires sortirent de leurs presses, voire même une grammaire pour apprendre le français. Ils viennent d'imprimer à Leipzig une *Vie des Saints*, très intéressante en elle-même et qui sera très précieuse aussi pour étudier le Soureth persan. Comme pendant à la *Revue* des Américains, les Lazaristes ont créé celle qu'ils appellent *Ḳâla dchrâra, la Voix de la Vérité*. Cette publication a pris la tête du mouvement littéraire soureth par ses articles sérieux, bien pensés et bien écrits. Les écrivains de cette Revue ont souvent recours au Syriaque littéraire pour suppléer à la pauvreté du Soureth; ils fournissent ainsi à cette langue des ressources qui lui permettent de s'adapter au progrès des idées en nos temps. Leurs travaux et ceux des autres arriveront peut-être à créer un Soureth littéraire qui sera uniforme partout.

Dans la plaine de Mossoul, les travaux pour le Soureth eurent moins d'élan; on restait plus attaché à la langue classique, comme langue d'instruction. Des presses des PP. Dominicains français sortirent, en langue soureth, divers livres scolaires et religieux, des Fables et une petite Revue religieuse qui dura quelques années. Un bon catéchisme fut imprimé par le Patriarcat chaldéen de Mossoul.

VIII

Les savants d'Europe s'intéressèrent à cet idiome dans lequel se survivait encore et avec vitalité l'ancienne langue araméenne; ils l'étudièrent dans ses divers parlers pour en extraire les trésors linguistiques qui pouvaient s'y cacher; et de leurs travaux sortirent bon nombre d'ouvrages dont nous donnerons une liste à la fin du livre.

Les travaux composés par les étrangers sur le Soureth sont en anglais ou en allemand. En français, nous n'avons que les notes publiées par le savant Rubens Duval sur les dialectes néo-araméens en 1896, et sur le dialecte de Salmas (Perse) en 1883.

La Grammaire complète de la langue soureth que je présente aujourd'hui est la première en langue française. Je l'ai faite selon le dialecte de la plaine de Mossoul qui me semble avoir conservé mieux que les autres les allures sémitiques; en même temps, j'ai voulu être utile à nos Missionnaires, auxquels ce dialecte est le plus approprié. Toutefois j'ai touché aussi les autres dialectes en notant, à l'occasion, leurs variantes principales. Fréquemment j'ai introduit la comparaison avec la langue classique pour mieux rendre raison des formes propres au Soureth; enfin, en maints endroits, j'ai indiqué l'origine des mots venus des langues étrangères.

IX

L'orthographe soureth n'est pas encore fixée. Il en est qui se servent de l'orthographe phonétique, c'est-à-dire qui écrivent les mots comme ils se prononcent, sans tenir compte des lettres radicales primitives, ce qui, pourtant, est essentiel dans l'écriture des langues sémitiques, où le sens des mots dépend du jeu des voyelles avec les radicales. Mais ce système est surtout propre à ceux qui, partant du principe que le Soureth n'est fait que pour la parole, se permettent de l'écrire comme il leur plaît, laissant au lecteur le soin de déchiffrer ce qu'ils ont voulu dire. Aujourd'hui le phonétisme n'est plus de mise chez les gens quelque peu instruits et l'on voit, par les publications en Soureth, que les écrivains cherchent à se rapprocher le plus possible de l'orthographe classique, sauf dans les cas où le Soureth ne s'y prête pas, soit par suite de transformations foncières, soit parce que la conservation de ses formes propres s'impose.

Il y a un point sur lequel les écrivains ne sont pas d'accord : c'est l'orthographe du Prétérit des verbes. Les uns écrivent, par exemple, *prechlé* (il sépara), les autres *prich leh*, selon l'orthographe classique; c'est à cette dernière forme que je me suis arrêté, parce qu'elle est grammaticale et ne change rien à la prononciation vulgaire (1).

---

(1) En Soureth, la voyelle I se transforme souvent en E muet dans la prononciation, surtout quand elle est suivie d'une lettre quiescente, comme c'est le cas ici : *prich = prech*.

Dans *leh*, la lettre *h* indique le pronom personnel; mais, comme elle se trouve quiescente à la fin du mot, on ne la prononce pas : *leh = lé*.

J'ai séparé le verbe du pronom (*prich leh*), parce que le pronom, vu le *Lamadh* qui le précède, est isolé et non suffixe.

Au même Temps, la 2ᵉ pers. sing. fém. est souvent écrite *prich lakhi* (ܦܪܝܫ ܠܟܝ), *tu as séparé*, selon l'orthographe classique. Mais, — la voyelle finale de *lakhi* étant une vieille voyelle sémitique, imprononcée de bonne heure en araméen et introduite *ad memoriam* dans l'écriture édessénienne non vocalisée, pour distinguer le masculin du féminin, — j'ai cru que ce signe ne serait qu'une surcharge en Soureth, où la distinction des genres se fait d'elle-même, aussi bien dans l'écriture que dans la parole. En conséquence j'écris *prich lakh* (ܠܟ) et de même *réchakh* (ܪܫܟ), ta (*fém.*) tête.

Avec certains écrivains de Perse, j'ai écrit la 1ᵉʳᵉ pers. plur. du Présent avec un *Heith* final (ܚ), prononcé comme *Kap* adouci, ainsi que le fait le Soureth. Ex. ܩܛܠܝܚ, *katleikh*, nous tuons. Ce *Heith* est un reste du pronom classique *hnan*, ܚܢܢ (ܩܛܠܝܚܢܢ). Les phonétistes écrivent avec *Kap* ܩܛܠܝܟ, ܩܛܠܝܟ, ܩܛܠܝܟ ou ܩܛܠܝܟ. Mais ce *Kap* final, pris comme tel et représentant le pronom verbal de la 1ᵉʳᵉ pers. du pluriel, n'a aucun fondement dans la langue; il n'a que l'avantage de terminer le mot plus élégamment dans l'écriture, et c'est peut-être pour cela qu'il a tant de défenseurs dans les plaines de l'Assyrie.

L'orthographe des pronoms démonstratifs et des pronoms verbaux est, dans la plupart des cas, difficile à ramener à l'orthographe classique, vu la forme spéciale qu'ont ces pronoms en Soureth, soit par atténuation des lettres (ܕ pour ܗ) ou des voyelles primitives, soit par suite d'une corruption qui fait loi aujourd'hui; c'est pourquoi je les ai écrits comme la prononciation populaire les donne.

A la fin de ma Grammaire, j'ai ajouté quelques morceaux comme spécimens des principaux genres littéraires de la langue soureth, et je les ai transcrits selon l'orthographe grammaticale.

Fr. J. Rhétoré, O. P.

Mar-Yacoub, 4 Août 1912.

EXPLICATION DES ABRÉVIATIONS

Al. 20 Ab. = Angole.
Cl. su Ulm. = Ulmaceae, Synonyme.

EXPLICATION DES ABRÉVIATIONS

A. ou Ar.	=	*Arabe.*
Cl. ou Class.	=	*Classique (Syriaque).*
Europ.	=	*Européen.*
F. ou Fém.	=	*Féminin.*
G. ou Gen.	=	*Genre.*
K. ou Kur.	=	*Kurde.*
M. ou Masc.	=	*Masculin.*
P. ou Pers.	=	*Persan.*
Pl.	=	*Pluriel.*
Pl. comm.	=	*Pluriel commun.*
Pl. f.	=	*Pluriel féminin.*
Pl. m.	=	*Pluriel masculin.*
Pl. f. class.	=	*Pluriel féminin classique.*
Pop.	=	*Populaire.*
Pr.	=	*Pour.*
R. ou Rac.	=	*Racine.*
R. class.	=	*Racine classique.*
S. class.	=	*Syriaque classique.*
Syr.	=	*Syriaque.*
Sour.	=	*Soureth.*
T.	=	*Turc.*
Vulg.	=	*Vulgaire.*

GRAMMAIRE DE LA LANGUE SOURETH

PREMIÈRE PARTIE

PHONÉTIQUE
LETTRES ET SIGNES SE RAPPORTANT A L'ÉCRITURE,
LA LECTURE ET LA NUMÉRATION

CHAPITRE Ier

Notions sommaires sur les lettres et l'écriture. Alphabet. Remarques sur la conformation des lettres

I. — NOTIONS SOMMAIRES SUR LES LETTRES ET L'ÉCRITURE.

1. — Le Soureth oriental, ou chaldéen vulgaire, se sert de l'Alphabet syriaque avec caractères orientaux ou chaldéens.

2. — Cet alphabet comprend 22 lettres, qui se lisent et s'écrivent de droite à gauche.

3. — Au moyen de points et d'autres signes ajoutés aux lettres syriaques, le Soureth exprime aussi les articulations propres aux mots étrangers qu'il a adoptés.

4. — Toutes les lettres de l'Alphabet sont consonnes. Le système de notation des voyelles est présenté séparément, dans un tableau spécial.

5. — Chaque lettre, outre sa valeur phonétique, possède aussi une valeur numérique, encore en usage.

6.- Une lettre s'appelle *Athoûtha* (ܐܬܽܘܬ݂ܳܐ), nom qui signifie aussi Consonne.

7.- Le Soureth, de même que le syriaque, a deux sortes d'écriture, savoir : l'écriture *simple* ou *courante* et l'écriture *estranguéli* ou écriture *édessénienne*, qui sert pour les titres de livres ou de chapitres et souvent pour transcrire l'Evangile. Estranguéli est un mot arabe qui signifie : *trait* ou *écriture de l'Evangile* ().

8.- Il y a une écriture appelée *Garchouni*, qui n'est que l'écriture syriaque elle-même, employée pour écrire la langue arabe et les langues étrangères, comme nous employons les lettres latines pour écrire le français, l'espagnol, l'anglais et d'autres.

9. – II. Alphabet syriaque

Nom des lettres	Forme cursive	Forme estranguélí	Valeur phonétique	Transcription	Valeur numéri.
Alap			Aspiration légère ou nulle	ʼ	1
Beth			B français : Bateau	B	2
Gamal			G dur : Ga, Go, Gui	G	3
Dalath			D français : Donner	D	4
Hé			H aspirée légèrement	H	5
Ouaou			Ou, consonne : W	OU	6
Zaïn			Z français : Zéro	Z	7
Heth			H fortement aspirée : ح ar.	Ḥ	8
Teth			T emphatique : ط arabe	Ṭ	9
Iodh			I consonne : Y	I,Y	10
Kap			K français : Kermès	K	20
Lamadh			L français : Lac	L	30
Mim			M français : Mer	M	40
Noun			N français : Nacre	N	50
Semkath			S français : Sacré	S	60
ʽÉ ou Aïn			Gutturale forte : ع arabe	ʽ	70
Pé			P français : Paris	P	80
Sadhé			S emphatique : ص arabe	Ṣ	90
Kop			K emphatique : ق arabe	Ḳ	100
Rech			R français : Rire	R	200
Chin			Ch français : Chine	Ch	300
Taou			T français : Tapis	T	400

III.— Remarques sur la conformation des lettres

10.—Toutes les lettres de l'Alphabet se lient dans l'écriture avec la lettre qui les précède. Ex.

11.—La plupart se lient aussi avec la lettre qui les suit, sauf les huit lettres que voici : Ex.

12.—Les trois lettres : *Kap, Mim, Noun* ont deux formes, dont l'une est spéciale à la finale des mots et se peint comme suit : 1° *Kap* : . Ex. 2° *Mim* : . Ex. — 3° *Noun* : . Ex.

13.—Le *Sâdé* prend la forme . Ex.

14.—Le *Taou* peut s'écrire : . Ex. . Le *Taou* combiné avec *Alap*, prend à la fin des mots les formes suivantes : . Ex.

15.—Le *Lamadh* se combine comme suit avec *Alap* : . Ex.

16.—*Iodh* final, après , prend parfois la forme d'une virgule. Ex.

CHAPITRE II

Voyelles — Diphtongues

17. — I. Voyelles (ܩ̈ܘܼܠܹܐ)

Nom des voyelles	Forme des voyelles	Valeur phonétique	Exemples
Pthâha	ܦܬ݂ܵܚܵܐ	´	A clair, léger	ܪܲܒܢ , rabban
Zkâpa	ܙܩܵܦܵܐ	´´	A obtus, grave	ܓܵܘܵܐܝܵܐ , gaouâia
Zlâma pchika	ܙܠܵܡܵܐ ܦܫܝܼܟ݂ܵܐ	..	E muet, léger,	ܫܸܠܵܐ , chella
Zlâma kachia	ܙܠܵܡܵܐ ܩܲܫܝܵܐ	¨	È fermé, grave	ܗܹܪܹܐ , héré
Hwâsa	ܚܒ݂ܵܨܵܐ	،	I français	ܫܟ݂ܝܼܠ , chkil
Rwâsa	ܪܒ݂ܵܨܵܐ	ܘ	Ou français	ܛܘܼܪܵܐ , toura
Rouâha	ܪܘܵܚܵܐ	ܘ̇	O français	ܟܘܿܦܵܐ , kopa

18. — La notation des voyelles dans l'écriture syriaque n'est entrée en cours qu'au VIIIe siècle de notre ère.

19. — Les voyelles syriaques ne diffèrent point par la quantité, mais seulement par la légèreté ou la gravité.

20. — Les voyelles légères sont : *Pthâha* et *Zlâma pchika*. Toutes les autres sont graves en Soureth.

21. — En syriaque, les voyelles légères ont cette particularité que, ne pouvant fermer une syllabe par elles-mêmes, elles doivent être suivies d'une consonne muette, ou, si cette consonne est vocalisée, ils la redoublent. Ex. ܛܲܪܦܵܐ *tarpa*, feuille — ܚܲܛܵܝܵܐ *hattâia*, pécheur — ܣܸܠܩܵܐ *selka*, betterave — ܣܸܬܵܪܵܐ *settara*, appui.

22. — Pour le *Zlama pchika* (¨) il n'y a pas d'exception à la règle du redoublement.

23. — Pour le *Ptḥaḥa* (̤) les exceptions sont peut-être plus nombreuses que la règle.

Ainsi *Ptḥaḥa* n'est pas redoublant :

1° Dans les mots ܐܰܒܐ *awa*, père, père spirituel — ܐܰܠܗܐ *Alaha*, Dieu — ܫܡܰܝܐ *chmaia*, ciel — ܒܰܪܟ *barekh*, bénis — ܡܰܠܐܟܐ *malakha*, ange.

2° Dans beaucoup de mots étrangers, comme ܣܰܒܒ *sabab*, cause — ܟܰܪܡܐ *karamé*, grâce, faveur — ܒܰܕܠ *badal*, compensation, etc.

3° Dans les infinitifs en *Mim* quiescent comme : ܡܒܰܛܠܐ *mbaṭolé*, annuler — et leurs dérivés comme : ܡܒܰܛܠܬܐ *mbaṭalta*, annulation — ܡܒܰܛܠܢܐ *mbaṭlana*, annulateur.

4° Dans le plus grand nombre des mots ayant les formes ܦܰܥܠܐ - ܦܰܥܘܠܐ - ܦܰܥܠܐ , comme : ܩܰܪܝܐ *karaia*, lecteur — ܚܰܡܘܨܐ *hamousa*, aigre — ܝܰܪܘܩܐ *iarouka*, vert — ܡܰܪܝܪܐ *marira*, amer.

24. — En Soureth oriental, comme en chaldéen littéraire, le *Ptḥaḥa* ne s'écrit pas devant un *Ouaou*, mais il est remplacé par un *Zkapa*. Ex. ܡܘܬܐ *mautha*, pour ܡܰܘܬܐ.

25. — Par exception, la voyelle grave *Rwasa* (ܘ) est redoublante dans les mots : ܚܘܒܐ *houbba*, amour — ܥܘܒܐ *'oubba*, sein — ܚܘܩܐ *houkka*, mesure — ܓܘܠܐ *djoulla*, couverture, et dans tous les dérivés de ܟܘܠ ou ܟܠ *koul*, tout, — comme : ܟܘܠܗ *koulleh*, lui tout entier — ܟܠܢ *koullan*, nous tous — ܟܘܠܢܝܐ *koullanaia*, intégral. Notez que, dans ܟܘܠ et ses dérivés, le *Rwasa* ne s'écrit pas *ordinairement*. — Dans tous les mots cités ici, le redoublement doit s'attribuer plutôt au fait que ces mots sont de deux radicales (1).

26. – On voit aussi en Soureth le redoublement après la voyelle grave *Rouâha* (óˇ). Ex. ܗܘܿܡܿܡܹܐ *Hommé* pour ܗܘܿܪܡܹܙܕ, Hormès, nom d'homme – ܕܘܿܢܢܝ *donni*, juge-moi, pour ܕܘܿܢ ܠܝ, – ܐܡܘܿܪܪܹܗ *dis-lui*, pour ܐܡܘܿܪ ܠܹܗ.

27. – **Note.** En Soureth, le redoublement des consonnes n'a pas de signe, ce qui gêne beaucoup, parfois, pour savoir la vraie prononciation. On pourrait se servir du signe employé en arabe à cet effet, le techdid (ّ). Ex : ܚܘܼܩܵܐ *hokka*, mesure – ܚܘܼܩܵܐ. Nous nous en servirons au besoin comme nous venons de le faire.

II. – Diphtongues

28. – Les consonnes faibles ܘ, ܝ, quand elles continuent une voyelle, forment avec elle une *diphtongue*, c'est-à-dire se prononcent, à elles deux, en une seule émission de voix. Ex. ܒܘܿ *bo*, au lieu de *baou* – ܒܹܝ *bê*, au lieu de *bai*.

29. – Tableau des Diphtongues

ܝܲ Ai, ê : ܕܲܝܢܵܐ *daina* ou *dêna*, dette.

ܝܹ Aî, ê, : ܚܙܲܝܬ݂ܵܐ *hzaîtha*, ou *hzêtha*, vue.

En pratique, ces deux diphtongues diffèrent peu; cependant, à la fin des mots, ܝܲ sonne comme aille, dans canaille. Ex. ܟܬ݂ܵܘܲܝܠܹܗ *kthawaille*, leur livre. Cette même diphtongue se prononce A dans ܐܲܟ݂ *akh*, comme, – et dans ܠܲܬܝ *latti* ou ܠܲܬ ܠܝ *latli*, je n'ai pas, et les autres personnes de ce verbe.

ܘܲ Au, o : ܫܲܘܝܵܐ *chauia*, *choia*, égal.

---

(1) En syriaque, dans les mots à deux radicales, la seconde est redoublée.

o ֻ   Aû, ô : ܡܵܐܘܼܬܐ, *maoûtha, môtha*, mort.

En pratique, peu de différence entre ces deux diphtongues; la première, du reste, se rencontre peu ou point en Soureth.

o ܿ   Ou : ܡܘܼܟܠܵܐ, *moukoula*, promis (par un autre).

oܿ   Oû : ܡܟܘܼܠܵܐ *mkoûla*, promis (en général) — ܫܘܼܕܵܝܵܐ, *choûdhaia*, promesse. On écrit aussi ܡܟܘܼܠܵܐ . ܫܕܵܝܵܐ .

ܘܿ   Oy — comme en français la terminaison *oille* : ܒܵܒܘܿܝ *baboy*, baboille.

܏   É fermé : ܐܵܡܹܝܢ, *amen*. Cette diphtongue est appelée ܐܣܵܟܵܐ *assaka*.

30. — En Soureth, les diphtongues étant émises comme un son unique, ont parfois les effets grammaticaux des voyelles simples, pour la prononciation dure ou douce de la consonne qui les suit. Ex. ܒܲܝܬܐ *baitha* (*taou* doux), maison, au lieu de *baita* (*taou* dur). Voir plus loin (n° 35).

Cependant, dans le chant, la voix sépare la voyelle de la consonne, et accentue la voyelle. Ex. ܒܲܝܬܐ *ba...itha*. — ܡܵܐܘܼܬܐ *ma...outha*.

CHAPITRE III
Variations que subissent les lettres de l'Alphabet dans leur prononciation. — Alphabet complet indiquant ces variations

I. — Variations des lettres de l'alphabet dans la prononciation.

31. — Le Soureth, de même que le Syriaque classique, contient dans son alphabet des consonnes à deux articulations, l'une dure, l'autre douce, suivant les circonstances.

De plus, le Soureth a modifié l'articulation de certaines lettres de l'alphabet syriaque en les faisant faibles quand elles étaient fortes.

Enfin le Soureth, ayant adopté beaucoup de mots étrangers, arabes, turcs, persans, kurdes, a dû introduire dans son alphabet des signes spéciaux représentant les articulations propres à ces langues.

Voyons en détail :

32. — 1° *Les six lettres* : ܒܓܕܟܦܬ, appelées *Bghadekpath*.

Elles ont deux articulations : l'une dure, l'autre douce. L'articulation est douce quand ces lettres viennent après une voyelle, sinon l'articulation est dure. La lettre dure est signifiée par un point *en dessus*, qui porte le nom de ܟܘܫܝܐ *Kouchaia*; durcissement; la lettre douce est signifiée par un point *en dessous*, appelé ܪܘܟܟܐ *Roukakha*, adoucissement. Le tableau suivant montre ces particularités:

33. — KOUCHAIA, son dur	ROUKAKHA, son doux
ܒ = B français, ܟܠܒܐ *kalba*, chien	ܒ = W, OU. ܩܒܪܐ *hawra*, tombeau
ܓ = G dur franç. ܦܠܓܐ *palga*, moitié	ܓ = Gh, R parisien. ܦܓܪܐ *paghra*, corps
ܕ = D français. ܥܒܕܐ *awda*, serviteur	ܕ = Dh, ذ arabe ܐܕܥܐ *iadh''a*, signe
ܟ = K franç. ܟܗܪܐ *kahra*, talent	ܟ = Kh, خ arabe. ܒܟܬܐ *bakhta*, femme
ܦ = P franç. ܢܦܠ *npala*, tomber	ܦ = W, OU. ܢܦܫܐ *nawcha*, âme
ܬ = T franç. ܬܩܠ *thala*, peser (1)	ܬ = Th, θ grec. ܡܬܩܠܐ *mathkla*, poids

34. — *Remarque*. — Le ܓ dur ne porte plus de *Kouchaia* et le ܓ amolli n'est plus marqué d'un point en dessous, mais

---

(1) Le Taou dur devient emphatique comme ܛ, dans tous les pays Soureth pour quelques mots, comme ܬܠܬܐ trois (prononcez ܛܠܬܐ) et tous les dérivés de ce nombre. Item ܬܠܝ (ܛܠܝ) à moi. - ܬܟܐ (ܛܟܐ) boisseau. - A Zacho, en Bohtan, et autres endroits, le ܬ n'est jamais adouci. Dans le Tiari, le ܬ adouci se prononce Ch. Ex. ܬܫܐ *Achicha*. On dit aussi *cha*, viens, pour ܬܐ.

d'un petit cercle. Ex. ܢܰܘܫܐ *nawcha*, âme – ܝܰܘܬ *Iawt*, Japhet – ܬܠܰܘܚܶܐ *tlawhé*, lentilles.

Très souvent le point de durcissement n'est pas marqué et se devine.

Sur la 1ère lettre des mots, le *Kouchaia* ne se marque jamais, parce que cette lettre est toujours dure en Soureth.

35. – Bien que le Soureth ait admis le *Kouchaia* et le *Roukakha*, il ne suit pas toujours les règles de la langue classique en cela. Ainsi :

1° Après les 4 prépositions préfixes ܒܕܘܠ (dans, de, et, à), il n'adoucit jamais la lettre qui suit et il dit par exemple : ܒܟܣܐ *bkasa*, au lieu de ܒܟ݈ܣܐ *bkhâsa*, dans le calice – ܠܒܝܬܐ *lbaitha*, au lieu de *l'waita*, à la maison.

2° Après certaines diphtongues, il adoucit la lettre suivante, considérant ces diphtongues comme des voyelles simples, parce qu'elles se prononcent en une seule émission de voix. Ex. ܒܰܝܬܐ *baitha*, au lieu de *baila* – ܟܰܘܟ݈ܒܐ *kaukhwa*, étoile, au lieu de ܟܰܘܟܒܐ *kaoukwa*.

3° Dans bon nombre de mots, il observe de travers la règle du *Kouchaia* et du *Roukakha*. Ex. ܠܒܝܟܐ *lbika*, occupé, au lieu de ܠܒ݈ܝܟܐ *lwikha* – ܟܰܠܒܶܐ *kalwé*, chiens, au lieu de ܟܰܠܒܶܐ *halbé* – ܙܰܓܐ *zaga*, clochette, au lieu de ܙܰܓܐ *zagha*.

Toutes ces irrégularités s'apprennent par la pratique.

36. – Notons que la manière dont le *Kouchaia* et le *Roukakha* sont marqués dans l'infinitif soureth est la même dans tous les temps et les dérivés du verbe. Ex. ܟܬܒܐ *kthawa*, écrire – ܟܬܒܢ *kathwen*, j'écris – ܟܬܒܘܬܐ *kethwoutha*, écriture – ܡܰܟܬܒܶܐ *makthowé*, faire écrire – ܡܰܟܬܒ ܠܝ *ma-*

kethwana, qui fait écrire. Il résulte de là que souvent la prononciation Soureth n'est pas d'accord avec la prononciation du Syriaque classique; ainsi dans le dernier mot de la phrase précédente le classique dit ܡܲܟ݂ܬ݂ܘܵܢܵܐ *makhtwana* (1).

37. — Quant aux mots étrangers, le Soureth ne leur applique jamais le *Kouchaia* et le *Roukakha*.

38. — En résumé, en Soureth, c'est la pratique et non la règle qui apprend les cas de durcissement ou d'adoucissement des six lettres ܒܓܕܟܦܬ .

39. — 2° *Les six lettres sémitiques* ܒ , ܚ , ܛ , ܥ , ܨ , ܐ .

Ces lettres ont des articulations propres aux langues sémitiques qu'il faut apprendre de la bouche d'un maître indigène. Elles se prononcent aspirées, gutturales, emphatiques et sont fortes, sauf ܐ .

40. — Le Soureth, qui suit toujours, dans sa prononciation, la loi du moindre effort, a adouci toutes les lettres sémitiques (2). Ainsi : ܐ n'a plus d'aspiration et ne sert qu'à supporter sa voyelle. — ܚ se prononce comme un ܟ݂ adouci, *kheits*. Ex. ܡܸܫܟ݂ܵܐ *mechkha*, huile, au lieu de *mechha*. Les ignorants traduisent même dans l'écriture le ܚ par ܟ݂ , ex. ܟ݂ܸܡܵܐ *khemma*, chaleur, pour ܚܸܡܵܐ. — ܛ n'est plus emphatique, mais seulement un peu plus accentué qu'un ܬ . — ܥ a été réduit à la simple aspiration de l'*Alap*; aussi, dans l'écriture, les ignorants le remplacent-ils par *Alap*. Ex. ܙܐܘܿܪܵܐ ou même ܙܐܘܿܪܐ *z'ora*, petit, au lieu de ܙܥܘܿܪܵܐ *z''ora*. — Le ܨ n'est plus emphatique, mais un peu

---

(1) A voir l'irrégularité avec laquelle le Soureth applique les règles du *Kouchaia* et du *Roukakha*, on est porté à croire que ces règles ne lui sont pas naturelles, mais d'importation par le dialecte édessénien, quand celui-ci s'introduisit dans les pays orientaux au moyen des livres chrétiens.

(2) Cet adoucissement se rencontre non seulement dans la bouche des chrétiens, mais aussi des Juifs, ce qui montre qu'il fait partie de la langue.

plus accentué que le ܣ, S simple. — Le ܟ se prononce dans toute la montagne et la Perse comme un simple *Kap* et ce dernier se prononce *Kiap*. Ex. ܟܠܐ *kala* - ܟܝܘܡܐ *kioma*. Toutefois, dans la plaine de Mossoul, le Soureth, vu le milieu arabe où il se trouve, a gardé *en principe* la prononciation sémitique des six lettres ܒ.ܓ.ܕ.ܟ.ܦ.ܬ. Pourtant, dans bon nombre de mots, il prononce adoucies les deux lettres ܬ.ܓ ; de sorte que, dans ce dialecte, il y a des mots où ces lettres sont prononcées dures et fortes et d'autres où elles sont amollies, selon la prononciation générale du Soureth. Ex. ܫܠܝܚܐ ܫܠܝܟܐ *chliha chlikha*, un missionnaire auquel il ne reste rien. — ܕܢܚܐ ܡܫܘܒܚܐ *Denkha mchoubha*, l'Epiphanie glorieuse — ܐܪܥܐ *ar'a*, terre (ܓ, comme un simple *Alap*) — ܫܪܥܐ *char'a*, jugement (ܓ fort, A. ع).

41. — Dans la plaine de Mossoul, l'*Alap* est assez bien prononcé et suit les règles que voici :

1° Il est aspiré au commencement des mots ou d'une syllabe et quand il est radicale. Ex. ܐܝܬ *'ith*, il y a — ܕܐܪܐ *d'ara*, revenir.

2° Il n'est pas aspiré quand il est lettre de prolongation. Ex. ܡܠܐܟܐ *malakha*, ange, — et à la fin de tous les noms. Ex. ܡܪܝܐ *Maria*, Seigneur, — ܪܒܐ *raba*, grand.

Le vulgaire tend toujours à supprimer l'aspiration d'*Alap*.

42. — **Note.** — Le Soureth de Mossoul n'a pas de signe pour distinguer la double prononciation de ܬ et de ܓ. Nous nous servirons d'un point sur le ܬ pour indiquer qu'il a la prononciation gutturale sémitique. Ex. ܡܫܝܚܐ *Mchiha*, le

Christ. De même nous mettrons un point sur le ܥ pour indiquer sa prononciation naturelle sémitique. Ex : ܡܥܠܒ i"ani (A. عني), c'est-à-dire. — ܫܪܥܐ char"a, jugement,

43. — 3° *Les sept lettres à articulation unique et simple* ܗ . ܣ . ܟܣ : ܠ . ܕ . ܒ . ܐ. Ces 7 lettres ont leurs correspondantes en français, comme l'indique le tableau de l'alphabet. Nous n'avons rien à dire à leur sujet, si ce n'est que : 1° Le ܗ est une H aspirée comme le ه arabe.(1). — 2° le ܣ se renforce parfois en ܨ. Ex. ܐܣܪܐ isara, lier (prononcez ܣ comme ܨ).

44. — 4° *Les deux consonnes faibles* ܝ . ܘ .

ܘ qui se prononce W, OU, devient U français avec les voyelles E, I. Ex. ܟܘܐ kaué, fenêtre — ܗܘܝ hui, sois. Il devient V français dans ܚܘܘܬܐ khouavé, serpents.

Le ܒ adouci, qui se prononce aussi W, subit les mêmes changements. Ex. ܛܒܐ taué, bons — ܟܠܒܝ kalwi, mon chien — ܢܒܝܐ nuiia, prophète — ܫܒܒܐ chouavé, voisins.

ܝ se prononce comme Y. Ex. ܝܡܐ yâma, mer. Quand il est quiescent à la suite d'une voyelle, il a un son mouillé. Ex. ܝܡܝ yemmay (aille), leur mère — ܒܒܘܝ Baboy (oille), nom propre — Il ne se prononce pas dans ܡܪܝ mar, Monseigneur — ܡܪܬܝ mart, madame.

45. — 5° *Les sept lettres adaptées aux articulations étrangères.* ܒ̰ . ܦ̰ . ܓ̰ . ܗ̰ . ܨ̰ . ܩ̰ . ܙ̰ .

ܒ̰ ou ܘ̰ exprime l'articulation V des mots turcs,

---

(1) Dans la montagne et la Perse, le Soureth, n'ayant plus la prononciation normale du ܚ, le remplace dans l'écriture par ܗ, dans les mots étrangers où le ܚ arrive. Ex. ܗܘܠܚ souleh, réconciliation, au lieu de ܚܘܠܚ, (A. صلح).

persans, kurdes, etc. Ex. ܟܹܐܦܵܐ ou ܟܸܐܦܵܐ *kavra*, rocher — ܚܝܵܢܵܐ *chivana*, berger — ܚܸܘܵܐ *chewa*, baguette.

ܓ se prononce Dj, comme le *Djim* (ج) arabe. Ex. ܓܡܵܥܵܐ *Djama''a*, assemblée (جمع).

ܓ̰ ou ܔ est l'articulation *Tch* des Turcs et des Persans. Ex. ܓ̰ܕܪ ou ܔܕܪ *tchader*, tente.

ܦ se prononce F, comme dans les mots arabes et autres. Ex. ܦܠܢ *flan* (A. فلان), un tel — ܬܠܦܐ *tlafa* (A. تلف), périr.

46. — Note. Dans la montagne, le ܦ (F) est toujours prononcé P et par conséquent l'articulation F n'existe pas. On dit : *plan, tlapa, Pransa* (France).

ܫ̇ ou ܫ̣ = J des mots étrangers. Ex. ܒܲܪܪܘܿܫܵܐ ou ܒܲܪܪܘܿܫܵܐ *barroja*, côté du soleil — ܪܫܝ *réji*, Régie — ܫ sans signe se prononce comme Ch français.

Les deux lettres ܛ et ܨ représentent les lettres arabes ط et ض. Quoiqu'elles se prononcent en arabe d'une manière un peu différente l'une de l'autre, en Soureth elles s'articulent à peu près de même : un Z blésé emphatique. Ex. ܛܠܡ *zalem*, oppresseur — ܡܨܒܛܐ *mazbata*, adresse à l'autorité.

47. — Sauf la plaine de Mossoul, les autres pays Soureth n'usent pas de ces deux articulations emphatiques ; ils les prononcent et les écrivent comme un *Zaïn* (ܙ) simple. Ex. ܙܠܡ ، ܡܙܒܛܐ (1).

---

(1) Les Turcs et les Persans ont aussi adopté dans leur alphabet les deux lettres arabes emphatiques ط , ض (ܛ , ܨ) ; mais ils les prononcent toujours comme un Zaïn simple : *zalem, mazbata, zarar, aza*.

48.- Dans la plaine de Mossoul, la prononciation emphatique et la prononciation simple sont en cours, selon les mots. Ainsi on dit et on écrit : ܚܦܵܛ̤ܵܐ . ܚܦܵܙܵܐ *hfaza*, protéger, tandis qu'on écrit ܙܪܝܦ *zarif*, gentil, au lieu de ܛ̤ܪܝܦ — ܥܙܘܐ *aza*, membre d'un conseil, au lieu de ܥܨ̤ܘܐ — ܙܪܪ *zarar*, dommage, au lieu de ܨ̤ܪܪ — ܙܪܒ *zarb*, coup, au lieu de ܨ̤ܪܒ (ضرب).

49.- Quelquefois la prononciation emphatique de ܨ̤ se traduit par ܕ̤ . Ex. ܪܕ̤ܝ *radhi*, content, pour ܪܨ̤ܝ (A. راضي)- ܩܕ̤ܝ *kadhi*, juge, pour ܩܨ̤ܝ (قاضي) - ܚܕ̤ܪ *hadher*, présent, pour ܚܨ̤ܪ (A. حاضر) - ذ arabe se traduit par ܘ. Ex. ܪܘܝܠ vil, ܪܘܠܬܐ vilenie, pour ܪܕ̤ܝܠ , ܪܕ̤ܠܬܐ (A. رذيل , رذالة) .

Le Soureth des montagnes ne change rien à sa règle pour ces quatre derniers mots, et il dit et écrit : ܪܘܝ , ܩܘܝ , ܚܘܪ , ܪܘܝܠ .

Les variations de la plaine de Mossoul s'apprennent par la pratique.

Le tableau alphabétique suivant montrera les articulations diverses auxquelles sont sujettes les consonnes en Soureth.

50.- Terminons en disant qu'en Soureth la voyelle I prend facilement le son de E muet (ܶ). Ex. ܦܶܪܡܐ *perma*, encensoir, au lieu de *pirma* ܦܝܪܡܐ - Ce cas se rencontre d'une manière régulière dans le prétérit des verbes simples. Ex. ܛܠܶܒ ܠܝ *tleb li*, j'ai demandé, au lieu de ܛܠܝܒ ܠܝ *tlib li*.

51. – II. Alphabet complet du Soureth
INDIQUANT LES VARIATIONS QUE SUBISSENT LES CONSONNES DANS LEUR PRONONCIATION

N° d'ordre	Nom des lettres	Forme des lettres	Valeur phonétique
1	Alap	ܐ	Légère aspiration, souvent nulle
2	Beth	ܒ ou ܒ́	B dur = B français
3	Weth	ܒ	B adouci = W anglais
4	Vé	ܒ ou ܒ	V français
5	Gamal	ܓ ou ܓ́	G dur français = Gabelle
6	Ghamal	ܓ	Gh = R gras parisien
7	Djamal	ܓ	Dj = le Djim (ج) arabe
8	Dalath	ܕ ou ܕ	D dur = D français
9	Dhalath	ܕ	Dh blésé
10	Hé	ܗ	H aspirée
11	Ouaou	ܘ	W, OU, consonne
12	Zaïn	ܙ	Z français
13	Heth	ܚ	H gutturale, fortement aspirée
14	Kheth	ܚ	Kh en raclant du gosier, comme خ
15	Teth	ܛ	T emphatique
16	Tha	ܛ	Th ou mieux Ż blésé, emphatique : ظ arabe
17	Iodh	ܝ	I consonne, comme Y
18	Kap	ܟ	K français
19	Khap	ܟ	Kh, K, en raclant du gosier
20	Tché	ܟ ou ܟ	Tch turc ou persan
21	Lamadh	ܠ	L français

N° d'ordre	Nom des lettres	Forme des lettres	Valeur phonétique
22	Mim	ܡ	M français
23	Noun	ܢ	N français
24	Semkath	ܣ	S dur français
25	ʿÉ ou ʿAïn	ܥ	Coup de gosier, gutturale forte: ع arabe
26	ʾÉ ou ʾAïn	ܥ	Aspiration comme Alap
27	Pé	ܦ	P français
28	Ou	ܘ	Ou, W
29	Fé	ܦ̇	F français : ف arabe
30	Sadé	ܨ	S emphatique : ص arabe
31	Zhad	ܨ̇	S ou Z blésé, emphatique : ض arabe
32	Kop	ܩ	K emphatique
33	Rech	ܪ	R français
34	Chin	ܫ	Ch, comme en français.
35	Jin	ܫ̇ ou ܫ̣	J français, turc, persan
36	Taou	ܬ ou ܛ	T dur français.
37	Thaou	ܬ̤	T blésé, comme ت arabe

CHAPITRE IV

Signes pour faciliter la lecture. Ponctuation

I.- Signes pour faciliter la lecture

Ils sont de deux sortes : les traits et les gros points.

1° *Traits*

52.- On en distingue trois : - 1° le *Mhagiana*.- 2° le *Marhetana*.- 3° le *Mbatlana*.

53.- 1° *Mhagiana ou trait d'épellation*.

Il se met horizontalement sous une lettre quiescente qui arrive devant une autre quiescente, faisant partie des lettres mnémotechniques ܦܘܩܕܢ . Il fait prononcer avec *Zlama pchika* (E) la lettre sous laquelle il est inscrit. Ex. ܚܟܡܬܐ *hekhemtha*, sagesse - ܡܕܢܚܐ *Madenha*, Orient- ܡܗܪܝܐ *maheria*, latrines.

54.- 2° *Marhetana ou trait accélérant*.

C'est un trait incliné qui se place sur une lettre quiescente précédant une autre quiescente qui n'est pas des ܦܘܩܕܢ . Il fait prononcer rapidement et sans voyelle adjuvante la lettre sur laquelle il se trouve. Ex. ܡܫܪܝܐ *machria*, auberge - ܡܕܒܚܐ *madhbha*, autel.

55.- Telles sont les règles de la langue classique sur ces deux espèces de traits. Mais le Soureth, ne faisant pas les distinctions que ces traits supposent dans la lecture, n'use en pratique que du *Mhagiana* pour tous les mots. Seulement, quand il a besoin, comme en poésie, de prononcer une quiescente avec un *Zlama pchika* adjuvant, il écrit cette voyelle. Ex. ܡܕܗܒܚܐ *madhebha*;- ou bien il met le *Mhagia-*

na lui-même qui vaut un *Zlama* : ܡܲܕܗܒ݂ܵܐ *madhebha*. S'il n'y a pas de voyelle adjuvante à prononcer, le Soureth ne marque rien. Ex. ܡܲܕܢܚܵܐ *madnha* - ܡܲܠܟܿܬ݂ܵܐ *malktha*, reine.

56. — 3° *Mbatlana ou trait annulant*. On dit aussi : *ligne occultante*.

C'est un petit trait qu'on place sur une lettre qui s'écrit, mais ne se prononce pas. Le Syriaque classique n'emploie le *Mbatlana* que sur les 4 lettres formant le mot ܐܲܠܵܗܼ (notre Dieu); mais le Soureth l'emploie indifféremment sur toutes les lettres. Ex. ܐܢܵܫܵܐ *nacha*, homme - ܡܕܝܼܢ݇ܬܵܐ *mdhita*, ville - ܪܘܿܡܹܐ *Rômé*, Rome - ܐܸܫܵܬ݂ܵܐ *chatha*, fièvre - ܫܲܢ݇ܬܵܐ *chata*, année - ܓܵܪܹܐ *garé*, terrasse - ܓܲܒܵܪܵܐ *gabbara*, géant - ܟܲܣܵܐ *kasa*, ventre - ܥܲܣܵܐ *'asa*, cercueil - ܩܲܡ *kam*, avant - ܩܘܿ *kou*, lève-toi - ܚܲܐ *hha*, un - ܐܸܕܝܘܿ *ediou*, ce jour, aujourd'hui - ܚܸܢܵܐ *hhenna*, autre.

2° *Gros points*

57. — On distingue les points *Siamé* et le point de distinction.

1° *Points Siamé*.

58. — Ils sont au nombre de deux et se mettent ensemble sur les substantifs et adjectifs pluriels; ils sont ainsi le signe du pluriel. Ex. ܡܲܠܟܹ̈ܐ *malké*, rois - ܚܲܒܘܼܫܹ̈ܐ ܒܲܣܝܼܡܹ̈ܐ *hhabouché bassimé*, pommes agréables.

59. — Un nom avec forme plurielle et sens singulier ne prend pas les *Siamé*. Ex. ܪܲܚܡܹܐ ܪܲܒܬ݂ܵܐ *rahmé rabtha*, une grâce insigne.

60. — Les *Siamé* se posent de préférence sur les lettres du milieu des mots ou sur une lettre quiescente. Ex. ܐܲܚܘܿܢܹ̈ܐ

tanaiatha, paroles — ܒܲܟ݂ܠܵܬ݂ܵܐ *bakhlatha*, femmes. S'il y a un *Rech* dans le mot, on ajoute un point au sien pour figurer les deux *Siamé*. Ex. ܪ̈ܫܵܢܹܐ *réchané*, les supérieurs.

2° Point de distinction.

61. — Ce signe était employé avant l'invention des voyelles pour distinguer entre eux des mots de même forme, mais de sens différent. Ex. ܥܒ݂ܕ݂ܐ (ܥܒ݂ܵܕ݂ܵܐ) "*ewadha*, action, pour distinguer ce mot de ܥܒܕܐ (ܥܲܒ݂ܕܵܐ) "*awda*, serviteur — ܥܘܠܐ (ܥܲܘܵܠܵܐ) "*awala*, pervers, pour distinguer ce mot de ܥܘܠܐ (ܥܲܘܠܵܐ) "*awla*, perversité.

62. — On mettait aussi le point de distinction sur le ܗ pronom affixe féminin. Ex. ܟܬܒܗ (ܟܬ݂ܵܒ݂ܵܗ̇) *kthawah*, son livre — ܠܗ (ܠܵܗ̇) *lah*, elle. Quand le mot était pluriel, on chargeait le ܗ de porter les *Siamé* avec le point de distinction : ܗ̈̇.

63. — On distinguait aussi par ce même point ܡܿܢ *man*, qui ? de ܡܢ *men*, de (Abl.) — ܡܿܢ . ܡܢ — ܗܘ̇ , ܗܝ̇ pour ܗܘ̇ , ܗܝ̇ , celui-là, celle-là.

64. — Le Soureth, écrivant toujours avec les voyelles, n'a pas besoin du point de distinction. Cependant on voit des écrivains qui l'emploient pour le pronom féminin ܗ̇ , et pour ܡܿܢ . ܡܢ . ܗܘ̇ . ܗܝ̇ , par mode d'abréviation.

II. — Ponctuation

65. — Les anciens Syriens avaient beaucoup de signes pour diviser la phrase, indiquer son rythme, noter le ton à donner dans la lecture. C'était très compliqué et ne dura pas.

66. — Le Soureth n'a conservé que deux signes de ponctuation : le *Pasoka*, un point unique (.), et le *Zauga*, deux points superposés (:). Communément, le *Pasoka* sert pour diviser les membres de la phrase, et le *Zauga* pour marquer la fin de la phrase; il y a des écrivains qui font le contraire, car rien n'est fixé en cette matière. Exemple :

ܐܘܿܡܸܪ ܗܘ̇ܝܼ ، ܦܵܐܸܫ ܒܸܕ . ܒܵܣܸܡ ܐܝܼܠܹܐ ܒܫܲܒܿܬ݂ܵܐ :
ܐܝܼܢܝܼ ܐܵܢܵܫܵܐ ܒܲܫܬܘܼܩܹܐ :

« Jésus dit : Est-il permis de guérir le jour du Sabbat ? Eux gardèrent le silence. »

67. — A la fin des strophes de poésie, on met trois ou quatre gros points (∴) , (⁘).

Il n'y a ni point d'interrogation, ni point d'exclamation.

CHAPITRE V

Accent tonique

68. — Les grammairiens Syriens anciens n'ont rien dit sur *l'accent tonique*. Les Européens ont voulu avoir le dernier mot de cette question et sont parvenus à formuler quelques règles qui ne sont pas absolues.

69. — En Soureth, la question n'est pas plus claire qu'en Syriaque classique; toutefois les Européens l'ont fouillée aussi et ont établi quelques règles, au nombre desquelles sont ces deux règles générales :

70. — 1° Les monosyllabes portent l'accent tonique. Ex. ܗܘܿ *hau*, ce - ܡܵܢ *man*, qui ? - ܟܼܼܠ *koul*, tout - ܠܝܼ *ly*, moi, à moi - ܠܘܿܟ݂ *lokh*, toi, à toi - ܠܹܗ *leh*, lui, à lui - ܩܪܝܼ *kry*, appelle.

71. — 2° Les mots de deux ou plusieurs syllabes ont l'accent tonique à l'ultième ou à la pénultième.

L'accent est à *l'ultième* dans les mots qui finissent par une lettre quiescente. Ex. ܐܠܦ *Alap* - ܟܬܒܢ *kthawan*, notre livre - ܫܩܠܬ *chaklet*, tu prends.

L'accent est *sur la pénultième* dans les mots terminés par une voyelle. Ex. ܡܪܐ *Mara*, Seigneur - ܕܐܒܐ *déwé*, loups - ܡܠܦܢܝ *malpani*, mon maître - ܟܒܪܐ *khabré*, mots - ܛܝܒܘܬܐ *taiboutha*, grâce - ܛܘܒܢܝܬܐ *touwanitha*, bienheureuse - ܩܪܝܬܐ *kraitha*, appel - ܒܢܬܐ *bnátha*, filles.

Quand, dans ce genre de mots, l'accent tonique se trouve sur une des voyelles graves, il s'accentue avec une légère prolongation de la voix. Ex. ܦܪܥܘܢܐ *per'óna*, récompense - ܛܝܒܘܬܐ *taiboûtha*. — Mais dans ܟܒܪܐ *khabré*, il n'y a qu'insistance de la voix sur la pénultième.

Dans ܦܠܝܬ ܗܘܐ ܠܝ, *plit-oua-ly*, j'étais sorti, chaque mot a son accent; mais, comme ces trois mots se prononcent comme s'ils ne faisaient qu'un seul mot, l'accent se fait entendre sur ܗܘܐ qui est la pénultième de ce mot supposé.

72. — Les mots étrangers gardent leur accent propre. Ex. ܘܐܠܝ *ouâli*, gouverneur (A. والي).

Mais, si un mot étranger a pris la forme syriaque, il suit les règles communes de l'accent : ܟܕܡܐ (A. خادم) *khadáma*, serviteur.

CHAPITRE VI
Signes de la numération

73.—Les anciens Syriens, après s'être servis de signes de numération imités des Palmyréniens, employèrent à cet effet, au VIIIᵉ siècle de notre ère, les lettres de leur alphabet auxquelles ils donnèrent une valeur numérique. (Voir l'Alphabet).

74.— Voici comment ils combinèrent leur système de numération :

Les *neuf premières lettres* de l'alphabet représentent les *unités simples* :

1 2 3 4 5 6 7 8 9

Les *neuf lettres suivantes* notent les *dizaines* :

10 20 30 40 50 60 70 80 90

Les *quatre dernières lettres* indiquent les *centaines jusqu'à 400* :

100 200 300 400

Pour écrire les *autres centaines*, on ajoutait ces *chiffres* les uns aux autres. Ex.

500 600

On pouvait aussi *augmenter de cent* les lettres en les marquant *d'un point au-dessus*. Ex.

500 600 700 800 900

Pour exprimer les *unités de mille*, on se servait des *neuf premières lettres* en mettant une *virgule au-dessous*. Ex. 1000 .— 2000 .— 3000 .— 4000 .— 5000 .— 6000 .— 7000 .— 8000 . — 9000 .

Deux mille s'exprime aussi avec deux Alap. Ex. ܐܒܒ 2400.

Les *dizaines de mille* s'exprimaient *avec les mêmes lettres marquées d'un trait horizontal en dessous.* Ex. ܐ , 10,000.— ܒ 20,000.— ܓ 30,000 etc.

Les *centaines de mille* étaient encore notées *avec ces mêmes lettres, en mettant deux virgules en dessous.* Ex. ܐ 100,000.— ܒ 200,000.— ܓ 300,000 etc.

75.— On avait aussi inventé des signes pour *les millions*; mais, aujourd'hui, on tend à adopter partout les chiffres arabes. En Perse, on les emploie avec la forme latine; en Mésopotamie, avec la forme même des Arabes.

76.— La numération avec les lettres reste en usage pour la pagination des livres liturgiques et quelques autres, pour les chapitres des livres, pour marquer la date dans la correspondance épistolaire.

Date d'une lettre :
Écrit le 21 septembre de l'an 1910.

DEUXIÈME PARTIE

MORPHOLOGIE

OU DIFFÉRENTES FORMES DES MOTS COMPOSANT LE DISCOURS

77. — En Syriaque, on ne compte que neuf parties du discours, car l'Article manque ou plutôt n'a pas de forme propre.

CHAPITRE Ier

Forme simple des noms

78. — Le nom ou substantif s'appelle ܫܡܐ ou mieux ܫܡܐ ; pluriel ܫܡܗܐ (1).

79. — En Syriaque classique, les noms simples ont trois formes qu'on appelle des *états* : — l'état absolu, — l'état construit, — et l'état emphatique.

L'*état absolu* présente le nom sous une forme contracte, qui donne à ce nom un sens absolu. Ex. ܡܠܟ *mlekh*, un roi.

L'*état construit* a aussi une forme contracte qu'on emploie pour un nom en annexion avec un autre. Ex. ܒܪ ܐܠܗܐ *bar Alaha*, le fils de Dieu.

L'*état emphatique* (ἐμφατικός, significatif, déterminé), présente le nom sous la forme pleine avec un sens déterminé.

---

(1) ܫܡܐ, pl. ܫܡܗܐ est le terme grammatical de la langue classique, dont nous prendrons tous les autres termes de ce genre, le Soureth n'en ayant point.

Cet état se distingue par un *Alap* à la fin des noms. Ex. ܡܲܠܟܵܐ *malka*, le roi.

80. – En Soureth, l'état emphatique est devenu la forme propre de tous les noms. Quant au sens déterminé ou indéterminé, comme il n'y a pas d'article pour le fixer, il dépend du sens même de la phrase. La signification indéterminée s'exprime le plus souvent par ܚܵܐ *kha*, un – ܚܕܵܐ *khdha*, une. Ex. ܐܝܼܬܘܵܐ ܚܵܐ ܡܲܠܟܵܐ *ithoua kha malka*, il y avait un roi.

81. – Cependant on trouve encore en Soureth un certain nombre de noms à forme contracte : ce sont des mots invariables, ou des expressions particulières fournies par la langue classique. Tels sont :

1° Les lettres de l'Alphabet : – ܐܵܠܲܦ, *alap* – ܓܵܡܲܠ *gamal*, etc.

2° Les noms de nombre : – ܚܵܐ *kha*, un, – ܬܪܹܝ *trai*, deux – ܚܲܕܲܥܣܲܪ *khade 'sar*, onze, etc. – ܥܣܪܝܼ *'esri*, vingt – ܫܲܒܥܝܼ *chaw'i*, soixante-dix.

3° Les noms des mois : – ܐܵܕܲܪ *Adhar*, Mars – ܢܝܼܣܲܢ *Nisan*, Avril, etc.

4° Des noms d'homme, de localité, de province. Ex. ܝܘܿܚܲܢܵܢ, *Iohannan*, Jean – ܐܝܣܚܲܩ, *Eshak*, Isaac – ܝܼܫܘܿܥ ܒܲܪ ܢܘܢ *Icho' bar Noun*, Josué, – ܠܝܼܙܲܢ *Lizan* – ܣܠܘܿܟ *Slokh*, Kerkouk, etc.

5° Beaucoup de prépositions, d'adverbes et de conjonctions. Ex. ܥܲܠ ou ܥܸܠ, *'al* ou *el*, sur – ܠܘܵܬ *louath*, chez – ܩܵܡ, *qâm*, avant – ܒܵܬܲܪ *bathar*, après, ensuite – ܗܵܕܲܟ, *hadakh*, ainsi – ܐܵܡܹܢ, *amen*, ila est – ܗܲܡ, *ham*, et – ܐܸܢ *en*, si, etc.

6° Certaines manières de dire prises de la langue classique. Ex. ܒܥܝܼܩܘܼ *b"ikou, in angustiâ* — ܙܪܵܩ ܝܵܘܡܵܐ *zrak yauma*, le levant — ܓܢܲܝ ܝܵܘܡܵܐ *gnai-yauma*, le couchant — ܟܘܿܡ ܦܵܬܼܵܐ *kom-patha*, à face noire, honteux — ܒܹܝܬܼ ܐܲܣܝܼܪܹܐ, *beith assiré*, prison — ܒܢܲܝ ܚܵܬܼܵܐ *bnai châtha*, boutons de fièvre — ܡܵܪܹܗ ܫܹܡܵܐ ou ܡܵܪ , *mar* ou *maré chemma*, qui possède un nom, illustre.

7° Le mot ܫܝܘܿܠ , *chiol, inferi*,

82. — Les mots étrangers gardent les formes de la langue à laquelle ils appartiennent, ou prennent la forme Soureth. Ex. ܬܲܕܼܒܝܼܪ *tadbir* (Ar . تدبير) mesure, projet. — ܟ݂ܲܒ݂ܪܵܐ *khabra*, mot, parole. (Ar. خبر).

CHAPITRE II
Genre des noms ()

83. — En Soureth, les noms prennent une forme particulière selon leur genre.

84. — On distingue deux genres : — le *genre masculin*, ܐܸܠܵܢܵܐ ܕܸܟ݂ܪܵܢܵܝܵܐ — et le *genre féminin* ܐܸܠܵܢܵܐ ܢܸܩܒ݂ܬܼܵܢܵܝܵܐ .

85. — Il y a aussi des noms qui sont des deux genres : c'est ce qu'on appelle le *genre commun* ܐܸܠܵܢܵܐ ܓܵܘܵܢܵܝܵܐ .

86. — Le masculin se distingue par le suffixe ܐ précédé de *Zkapa* à la fin des mots (ܵܐ). Ex. ܡܲܠܟܵܐ , roi .

87. — Le *féminin* ajoute un *Taou* au suffixe du masculin (ܬܵܐ). Ex. ܡܲܠܟܬܵܐ reine — ܟܲܠܬܼܵܐ bru — ܣܘܼܣܬܵܐ jument.

88. – Mais, à ces règles générales, il y a beaucoup d'exceptions, car on voit bon nombre de noms masculins ayant la forme féminine et réciproquement. De plus le Soureth n'est pas uniforme; tel mot, masculin ici, est féminin ailleurs, particulièrement quand il s'agit de mots étrangers.

89. – *Exemples de noms masculins.* – ܡܲܠܲܐܟ݂ܵܐ ange – ܪܹܫܵܐ tête – ܟܝܵܢܵܐ nature – ܥܹܐܕ݂ܵܐ fête – ܥܒ݂ܵܕ݂ܵܐ action – ܩܘܼܕ݂ܵܐ tronc d'arbre – ܠܲܚܡܵܐ pain – ܩܵܠܵܐ voix – ܣܲܝܦܵܐ épée.

Les mots ܒܲܝܬܵܐ maison – ܡܵܘܬܵܐ mort – ܙܲܝܬܵܐ olive – ܬܘܿܬܵܐ mûre – ܐܲܟܵܪܵܐ laboureur, – sont masculins, parce que leur *Taou* terminal est une lettre radicale et non un suffixe. Toutefois ܡܵܘܬܵܐ et ܬܘܿܬܵܐ sont féminins en certains endroits.

90. – *Exemples de noms féminins.* – ܡܵܬ݂ܵܐ village – ܕܘܿܟܵܐ lieu – ܟ݂ܠܲܒ݂ܬܵܐ *klabta*, retour – ܟܘܼܬܝܼܢܵܐ chemise.

Les noms terminés en ܘܼܬ݂ܵܐ , ܬ݂ܵܐ , ܬ݂ܵܐ sont essentiellement féminins. Ex. ܡܲܠܟܘܼܬ݂ܵܐ royaume – ܚܛܝܼܬ݂ܵܐ péché – ܩܸܠܵܝܬ݂ܵܐ chambre – ܡܸܠܬ݂ܵܐ parole. – ܡܸܠܬ݂ܵܐ parole; mais ces deux derniers mots, signifiant *Verbum Dei*, sont masculins.

91. – *Noms féminins avec terminaison masculine.* – Tels sont :

1° Les noms désignant des femelles. Ex. ܥܵܒܵܐ brebis. – ܥܸܙܵܐ chèvre, etc.

2° Les lettres de l'alphabet. Ex. ܐܵܠܲܦ, ܠܵܡܲܕ݂ etc.

3° La plupart des noms de ville ou de province. Ex: ܡܘܿܨܘܿܠ ܚܲܡܝܼܡܬܵܐ Mossoul la chaude – ܒܲܓ݂ܕܵܕ݂ ܪܲܒܬܵܐ Bagdad la grande. – ܐܵܬܘܿܪ ܪܘܝܼܚܬܵܐ la Perse vaste.

4° Les noms de beaucoup d'animaux : ܐܲܪܢܒ݂ܵܐ lièvre – ܝܲܘܢܵܐ pigeon, colombe – ܫܲܦܢܝܼܢܵܐ tourterelle – ܢܲܥܵܡܵܐ autruche – ܩܲܠܡܵܐ pou – ܕܹܒܵܐ ours.

5° Les noms des membres du corps qui sont en double. Ex. ܥܲܝܢܵܐ œil – ܐܸܕܢܵܐ oreille – ܐܝܼܕ݂ܵܐ main – ܐܲܩܠܵܐ pied – ܒܘܼܪܟܵܐ genou – ܥܲܩܒ݂ܵܐ talon – ܟܲܦܵܐ paume de la main (A. كَفّ) – ܥܲܛܡܵܬ݂ܵܐ cuisse – ܕܲܦܢܵܐ flanc – ܐܲܠܥܵܐ côte – ܩܲܪܢܵܐ corne. (On prononce parfois *kanna*).

6° Beaucoup d'autres noms comme : ܐܘܼܪܚܵܐ chemin – ܐܲܪܥܵܐ terre – ܒܹܐܪܵܐ puits – ܫܝܘܿܠ enfer – ܢܲܦ̮ܫܵܐ âme (P. جان) – ܛܦܪܵܐ ongle – ܟܲܪܣܵܐ ventre – ܡܸܠܚܵܐ sel – ܪܘܼܚܵܐ âme – ܣܲܟܝܼܢܵܐ couteau – ܓܘܼܠܬܵܐ (A) manteau – ܥܸܕܵܢܵܐ moment – ܩܲܢܝܵܐ roseau – ܩܲܒ݂ܪܵܐ tombeau – ܬܹܐܢܬܵܐ figue – ܫܝܘܿܠ enfer – ܫܝܘܿܠ ܒܵܠܘܿܥܬܵܐ l'enfer engloutissant.

7° Beaucoup de noms terminés en É (ܹܐ). Ex. ܟܵܘܹܐ petite fenêtre – ܪܲܚܡܹܐ miséricorde – ܐܲܟܘܼܒܹܐ mauve – ܐܲܓܵܪܹܐ (*garé*) terrasse – ܐܘܼܠܨܹܐ nécessité, etc.

92. – *Noms du genre commun* :

ܕܲܝܪܵܐ couvent, plus usité au masculin. – ܩܸܢܵܐ nid, plus usité au féminin. – ܟܝܵܢ, essence, substance, plus usité au féminin – ܣܲܗܪܵܐ lune, plus usité au masculin – ܫܸܡܫܵܐ soleil, plus usité au masculin (féminin à Achitha) – ܫܡܲܝܵܐ ciel, plus usité au féminin – ܢܘܼܪܵܐ feu, ordinairement masculin; mais on dit ܢܘܼܪܵܐ ܡܕܲܟܝܵܢܝܼܬ݂ܵܐ ܕܛܘܼܠܵܢܵܐ le feu purificateur du purgatoire – ܪܩܝܼܥܵܐ firmament, plus usité au

Masculin (Fém. à Achitha) - ܩܘܼܕܪܵܐ cahier, plus usité au M. - ܕܵܪܵܐ génération, siècle, plus usité au M. - ܣܵܣܵܐ mite, plus usité au M. - ܚܘܵܐ serpent, plus usité au M. - ܪܘܿܚܵܐ souffle, esprit, rhumatisme. On dit ܪܘܿܚܵܐ ܕܟܝܼܬܵܐ un pur esprit. - ܪܘܿܚܵܐ ܒܝܼܫܬܵܐ un mauvais esprit - ܪܘܿܚܵܐ ܟܐܝܼܒܵܢܝܼܬܵܐ rhumatisme douloureux - ܪܘܿܚܵܐ, signifiant le Saint-Esprit, est masculin.

93. — *Genre dans les mots étrangers.*

Les mots venus de l'arabe et qui n'ont pas changé leur forme en Soureth, sont, en général, du genre qu'ils ont dans leur langue originelle.

Les mots qui viennent du turc, du persan, du kurde, langues qui n'ont pas la distinction des genres, ont reçu en Soureth un genre qui, souvent, diffère d'un pays à l'autre; mais il est à noter que, le plus souvent, ces noms sont inscrits au féminin, genre qui, en Syriaque, correspond au neutre.

94. — *Mots étrangers du masculin.* ܐܣܘܿܣ (A. اساس) fondement - ܣܵܒܵܒ (A. سبب) cause - ܟܝܼܦ (A. كيف) manière d'être, amusement, plaisir, santé. Dans la montagne, ce mot est féminin - ܟ݂ܠܵܨ (A. خلاص) salut - ܚܲܩ (A. حق) récompense, vérité - ܩܨܵܨ (A. قصاص) punition - ܡܵܠ (A. مال) biens, propriété - ܠܝܼܪܵܐ (europ.) lire, pièce d'or - ܐܘܼܡܝܼܕ (P. اميد) espérance.

95. — *Mots étrangers du féminin.* Ex. ܟܲܬ ou ܟܲܬܐ (P. كة) fois - ܡܲܚܣܘܿܠ (A. محصول) profit - ܢܝܼܫܵܢ (A. نشان) signe, décoration - ܚܘܼܟܵܬ (A. حكاية) traite - ܩܵܡܣܵܐ (europ.)

poste - ܛܵܦ݂ܵܝܕܵܐ (P.) hyène - ܟܲܙܘ݂ܵܐ (europ.) gazette, etc.

Les noms terminés en É (ܐ ܹ), comme : ܢܸܥܡܸܬ݂ (A. نعمة) grâce - ܚܸܕ݂ܡܸܬ݂ (A. خدمة) faveur - ܕܘ݂ܢܝܹܐ (A. دنيا) monde - ܚܸܣܒܹܐ (A. حسب) compte, comput - ܥܵܕ݂ܵܬ݂, (A. عادة) coutume - ܛܲܝܦܵܐ (A. طائفة) nation - ܪܹܐܝܵܐ (A. راي) conseil, avis.

96.— *Mots étrangers des deux genres.* ܚܒܣ (A. حبس) prison - ܟܘ݂ܕ݂ܵܐ (K.) manière - ܕܲܥܘܵܐ (A. دعوة) noce - ܓ̰ܲܡܥܵܐ (A. جماع) assemblée - ܕܝܘܵܢ (P. ديوان) divan, réunion.

CHAPITRE III
Nombre dans les noms

97.— Le Soureth a deux nombres : — *le singulier* ܚܲܕܵܢܵܐ ܚܲܕܵܢܝܬ݂ܵܐ, — et *le pluriel* ܣܲܓܝܐܵܢܵܐ ܣܲܓܝܐܵܢܝܬ݂ܵܐ.

98.— *Le singulier* se distingue par la lettre finale *Alap*, affectée de *Zkapa* (ܐܵ), ou, dans certains noms féminins, affectée de *Zlama Kachia* (ܐ ܹ). Ex. ܡܲܠܟܵܐ roi - ܟ݂ܘܵܐ petite fenêtre - ܩܲܪܩܙܬܵܐ tortue.— Il se distingue encore par la quiescence de la dernière lettre des mots. Ex. ܐܵܠܲܦ *Alap* - ܓ̰ܢܣ forme - ܡܲܪܩ gain sur l'argent prêté.

99.— *Le pluriel* est de deux sortes :

1° Le pluriel *de forme masculine*, distingué par la finale É (ܐ ܹ). Ex. ܡܲܠܟܹ̈ܐ rois.

2· Le pluriel *de forme féminine*, qui se distingue par la finale ATHA (ܳܐ ܬ݂ܳܐ), ܛܳܒ݂ܳܬ݂ܳܐ , bontés.

100. — Le pluriel en É (ܶܐ) convient surtout aux noms masculins de forme masculine, c'est-à-dire sans *Taou* suffixe dans la finale.

101. — Le pluriel en ATHA (ܳܐ ܬ݂ܳܐ) convient surtout aux noms féminins de forme féminine, c'est-à-dire avec un *Taou* dans la finale.

102. — Mais beaucoup de noms masculins ont un pluriel de forme féminine et réciproquement, ainsi que nous allons le voir.

103. — 1° PLURIELS DES NOMS MASCULINS

Ils sont de plusieurs formes :

104. — A. *Pluriel en* É (ܶܐ) .

Ce sont les pluriels ordinaires :

Ex. ܐܰܠܳܗܳܐ Dieu, ܐܰܠܳܗܶܐ Dieux – ܦܳܪܽܘܩܳܐ Sauveur, ܦܳܪܽܘܩܶܐ – ܐ݇ܢܳܫܳܐ homme, ܐ݇ܢܳܫܶܐ – ܐܺܝܠܳܢܳܐ arbre, ܐܺܝܠܳܢܶܐ – ܙܰܝܬܳܐ olive, ܙܰܝܬܶܐ – ܕܰܡܣܳܐ verge, aiguillon, ܕܰܡܣܶܐ – ܩܰܒܳܐ boisseau, ܩܰܒܶܐ – ܐܰܟܳܪܳܐ laboureur, ܐܰܟܳܪܶܐ .

105. — B. *Pluriel en* Né (ܢܶܐ) .

106. — Le suffixe *Noun* est mis devant l'Alap final. Les mots ayant ce pluriel ont aussi, pour la plupart, le pluriel simple en É.

Ex. ܚܰܒ݂ܪܳܐ compagnon, ܚܰܒ݂ܪ̈ܳܢܶܐ et ܚܰܒ݂ܪ̈ܶܐ – ܛܽܘܪܳܐ , montagne, ܛܘܼܪ̈ܳܢܶܐ et ܛܘܼܪ̈ܶܐ – ܡܶܛܪܳܐ , pluie, ܡܶܛܪ̈ܳܢܶܐ et ܡܶܛܪ̈ܶܐ – ܪܰܒܝ maître d'école, ܪܰܒܳܢ̈ܶܐ et ܪܰܒ̈ܶܐ .

107. — Certains pluriels en NÉ donnent un sens spécial.

Ex. ܪܺܝܚܳܐ, odeur; ܪܺܝܚܳܢܶܐ, des odeurs, et *Mélisse*, plante odorante — ܓܰܒܪܳܐ, homme; ܓܰܒܖ̈ܘܳܬܐ, des notables — ܡܶܫܚܳܐ, huile; ܡܶܫܚܳܢܶܐ, les huiles saintes — ܒܶܣܡܳܐ encens; ܒܶܣܡܳܢܶܐ, des parfums — ܪܺܫܳܐ, tête; ܖ̈ܺܫܳܢܶܐ les supérieurs — ܦܘܿܡܳܐ, bouche; ܦܘܿܡܢܶܐ ou ܦܘܿܡܳܢܶܐ (*infrà*), des ouvertures.

108. — C. *Pluriels en* É *avec redoublement* de la dernière lettre du mot.

109. — Souvent les mots ayant ce pluriel ont aussi les autres pluriels masculins. Exemples :

ܥܰܡܳܐ peuple ܥܰܡ̈ܡܶܐ

ܫܡܳܐ nom ܫܡܳܗ̈ܶܐ et ܫܡܳܗܶܐ . ܫܡܳܢܶܐ

ܦܘܿܡܳܐ bouche ܦܘܿܡܶܐ . ܦܘܿܡܢܶܐ . ܦܘܿܡܳܢܶܐ

ܦܘܿܡܳܐ (Achitha) bouche — ܦܘܿܡܶܐ . ܦܘܿܡܳܢܶܐ . ܦܘܿܡܡܶܐ

ܥܶܠܳܐ herbe ܥܶܠܶܐ . ܥܶܠܳܢܶܐ . ܥܶܠܳܠܶܐ

ܫܶܐ chose ܫܰܖ̈ܘܳܬܐ et ܫܶܢܶܐ . ܫܶܢܳܢܶܐ . ܫܶܢܳܐ

ܢܶܩܒܳܐ trou ܢܶܩܒܶܐ ... ܢܶܩ̈ܒܶܐ

ܢܶܛܦܳܐ goutte ܢܶܛܦ̈ܶܐ ... ܢܶܛܦܶܐ

ܓܶܠܕܳܐ cil ܓܶܠܕܳܢܶܐ ... ܓܶܠܕܶܐ

ܒܘܿܪܟܳܐ genou ܒܘܿܪ̈ܟܶܐ ... ܒܘܿܪܟܶܐ

ܠܶܒܳܐ cœur ܠܶܒܶܐ . ܠܶܒܳܢܶܐ et ܠܶܒ̈ܘܳܬܐ

110. — Il y a des noms masculins qui ont un pluriel avec forme féminine, comme : ܠܶܒܘ̈ܳܬܳܐ , ܠܶܒܶܐ . Nous les verrons plus loin (n°s 115, 118).

111. — Il n'y a pas de règles pour l'emploi des diverses formes des pluriels masculins. C'est la pratique qui instruit; souvent c'est purement arbitraire (1).

112.– 2° PLURIEL DES NOMS FÉMININS AVEC *TAOU* DANS LA FINALE.

Ce pluriel est de plusieurs sortes :

113.– *A. Pluriels féminins en ATHA* (ܵܬ݂ܵܐ).

Ex. ܛܵܒ݂ܬܵܐ, bonté, ܛܵܒ݂ܵܬ݂ܵܐ – ܫܵܒ݂ܬܵܐ, semaine, ܫܵܒ݂ܵܬ݂ܵܐ. – ܒܘܼܪܟ݂ܬܵܐ, bénédiction, ܒܘܼܪܟ݂ܵܬ݂ܵܐ — ܡܘܼܡܬܵܐ, serment, ܡܘܼܡܵܬ݂ܵܐ – ܥܹܕܬܵܐ, Eglise, ܥܹܕܵܬ݂ܵܐ – ܥܸܠܬܵܐ cause, ܥܸܠܵܬ݂ܵܐ – ܨܠܘܿܬܵܐ (pour ܨܠܘܿܬ݂ܵܐ), prière, ܨܠܘܿܵܬ݂ܵܐ – ܡܕܝܼܢ݇ܬܵܐ, ville, ܡܕܝܼܢܵܬ݂ܵܐ – ܡܥܨܲܪܬܵܐ, pressoir, ܡܥܨܪܵܬ݂ܵܐ .

Ce pluriel a toujours lieu pour les mots féminins terminés au singulier en ܘܬܵܐ . ܝܼܬܵܐ . ܝܬܵܐ — Ex. ܐܸܓܲܪܬܵܐ, lettre, ܐܸܓܪܵܬ݂ܵܐ – ܚܛܝܼܬܵܐ, péché, ܚܛܝܼܵܬ݂ܵܐ – ܩܸܠܵܝܬܵܐ, cellule, ܩܸܠܵܝܵܬ݂ܵܐ – ܚܲܝܘܼܬܵܐ, le genre animal; ܚܲܝܘܵܬ݂ܵܐ, les animaux.

114.– Beaucoup de noms féminins à forme masculine ont le pluriel en *Atha*; quelques-uns aussi en *É*.

Ex. ܝܸܡܵܐ, mère, ܝܸܡܵܗܵܬ݂ܵܐ – ܝܲܡܵܐ, mer, ܝܲܡܵܡܵܬ݂ܵܐ et ܝܲܡܡܹܐ – ܢܲܦܫܵܐ, âme, ܢܲܦܫܵܬ݂ܵܐ – ܓܵܢܵܐ (P. جان), âme, ܓܵܢܵܢܵܬ݂ܵܐ – ܐܲܪܥܵܐ, terre, ܐܲܪܥܵܬ݂ܵܐ – ܐܘܼܪܚܵܐ, chemin, ܐܘܼܪܚܵܬ݂ܵܐ – ܐܝܼܕܵܐ, main, ܐܝܼܕܵܬ݂ܵܐ, ainsi que tous les mots exprimant les membres du corps en double. – ܒܹܐܪܵܐ, puits, ܒܹܐܪܵܬ݂ܵܐ et ܒܹܐܪܹ̈ܐ — ܪܘܼܡܚܵܐ, lance, ܪܘܼܡܚܵܬ݂ܵܐ – ܥܲܝܢܵܐ, œil, ܥܲܝܢܹ̈ܐ et ܥܲܝܢܵܬ݂ܵܐ ; ce dernier pluriel a surtout le sens de *fontaines* – ܪܘܼܚܵܐ, esprit, rhumatisme; ܪܘܼܚܵܬ݂ܵܐ et ܪ̈ܘܼܚܹܐ –

(1) A Salabekka (Bas-Tiari), les pluriels sont en *Aia*, selon la forme babylonienne. Ex. ܡܲܠܟܵܝܹܐ, les rois – ܠܸܫܵܢܵܝܹܐ les langues;

ܕܝܪܐ , couvent, ܕܝܪ̈ܬܐ – ܫܡܝܐ , ciel, ܫܡܝ̈ܬܐ – ܩܢܐ , nid, ܩܢ̈ܬܐ , ܩܢ̈ܐ et ܩܢ̈ܢܐ – ܝܘܡܐ , jour, ܝܘܡ̈ܬܐ et ܝܘܡ̈ܢܐ . ܝܘܡ̈ܐ .

115.— Il y a même des noms masculins et de forme masculine qui ont le pluriel en *Atha*. Ex. ܩܒܪܐ , tombeau, ܩܒܪ̈ܬܐ et ܩܒܪ̈ܐ – ܫܘܠܐ (Ar. شغل) , chose, affaire, ܫܘܠ̈ܐ et ܫܘܠ̈ܬܐ .

116.— *B. Pluriels féminins en* Iatha (ܝ̈ܬܐ).

Un *Iodh* est introduit devant le *Taou* du suffixe pluriel. Cette forme est fréquente dans les mots de trois lettres et plus.

Ex. ܚܡܳܪܬܐ , ânesse, ܚܡܳܪ̈ܝܬܐ – ܙܡܳܪܬܐ , chanson, ܙܡܳܪ̈ܝܬܐ – ܡܫܚܦܘܪܬܐ , tapis ܡܫܚܦܘܪ̈ܝܬܐ – ܓܪܓܡܬܐ tonnerre, ܓܪܓܡ̈ܝܬܐ – ܟܠܒܬܐ , chienne, ܟܠܒ̈ܝܬܐ – ܟܘܕܢܬܐ , mule, ܟܘܕܢ̈ܝܬܐ – ܨܘܪܬܐ , image, ܨܘܪ̈ܝܬܐ – ܣܘܣܬܐ , jument, ܣܘܣ̈ܝܬܐ – ܫܝܫܘܡܬܐ , chapelet, ܫܝܫܘܡ̈ܝܬܐ – ܕܘܟܬܐ , lieu ܕܘܟ̈ܝܬܐ , plus usité ܕܘܟ̈ܝܐ . – ܒܩܒܘܩܬܐ , une bulle d'eau, ܒܩܒܘܩ̈ܝܬܐ – ܡܘܗܠܬܐ (A. مهلة), délai, répit, ܡܘܗ̈ܠܝܬܐ .

Particularités :— ܢܬܐ , oreille, ܢܬ̈ܝܬܐ – ܥܪܘܒܬܐ , vendredi, ܥܪܘܒ̈ܬܝܬܐ – ܚܕܬܐ , Nouveau Testament, ܚܕ̈ܬܝܬܐ .

117.— *C. Pluriels féminins en* Outha (ܘ̈ܬܐ).

Un *Ouaou* est introduit dans la finale avant le *Taou* suffixe du pluriel.

Ex. ܚܬܐ , sœur, ܚܬ̈ܘܬܐ – ܩܪܬܐ et ܩܪܝܬܐ , village,

ܒ̈ܐܬܐ - ܒ̈ܬܐ, mûre, ܒ̈ܒ̈ܬܐ et ܒ̈ܬܐ - ܐܫ̈ܬܐ, fièvre, ܒ̈ܕ̈ܬܐ - ܕܥܬܐ, sueur, gomme, ܒ̈ܟ̈ܬܐ gommes — ܦܨ ou ܐܦܨ, face, ܒ̈ܦܨ - ܐܘܡܬܐ, peuplade, ܒܣܦ̈ܬܐ, bord, lèvre, ܒ̈ܦܬܐ — ܒܗܘܢܐ, pouce (des personnes consacrées, surtout des Evèques), ܒ̈ܗܢܐ.

118. — Beaucoup de mots de forme masculine, qu'ils soient du genre masculin ou féminin, ont un pluriel en *Ouatha*; c'est un pluriel neutre.

Ex. ܡܪܐ, maître, seigneur, possesseur, ܒ̈ܡ̈ܪܐ, ܒ̈ܡ̈ܪܐ, ܣܒܐ - ܣܒܐ, vieillard; ܒ̈ܣܒ̈ܐ, les ancêtres — ܐܚܘܢܐ (A. اخوان), maître, patron, ܒ̈ܐܚܘܢ̈ܐ - ܐܚܘܢܐ, frère, ܒ̈ܐܚܘܢܘܬܐ (1) — ܪܫܐ, tête, extrémité, ܒ̈ܪ̈ܫܐ et ܪ̈ܫܐ; le pluriel ܒ̈ܪ̈ܫܐ signifie plutôt *extrémités* — ܐܪܝܐ; lion, ܒ̈ܐܪ̈ܝܐ — ܣܘܣܐ, cheval, ܒ̈ܣܘܣ̈ܐ et ܣܘ̈ܣܐ — ܥܐܕܐ, fête, ܒ̈ܥܐܕ̈ܐ - ܥܐ̈ܕܐ, nuit, ܒ̈ܠܝ̈ܠܐ - ܐܠ̈ܐ, pays, ܒ̈ܐܬܪ̈ܐ - ܐܬܪ̈ܐ, rivière, ܒ̈ܗܪ̈ܐ - ܠܒܐ, cœur, ܒ̈ܠܒ̈ܐ et ܠܒ̈ܐ — ܒܒܐ, père, ܒ̈ܒ̈ܒܐ - ܐܒ̈ܐ, homme, ܒ̈ܐܢ̈ܫܐ et ܐܢ̈ܫܐ; ܒ̈ܐܢ̈ܫܐ signifie surtout *parents*.

Notons que cette terminaison plurielle reste masculine pour ces noms masculins.

119. — *D. Pluriel féminins en* E (ܶܐ).

Bon nombre de noms féminins ou de genre commun, mais à forme masculine au singulier, ont le pluriel en É, et ce pluriel reste du genre féminin ou commun.

Genre féminin : ܨܠܡܐ, image, ܨܠ̈ܡܐ - ܗܘܐ,

---

(1) ܒ̈ܐܚܘܢܘܬܐ est aussi le pluriel régulier de ܐܚܘܢܘܬܐ, fraternité, confrérie; mais *frères* se dit aussi ܒ̈ܐܚܘܢܐ.

colombe, ܝܵܘܢܵܐ - ܝܵܘܢܹ̈ܐ, champ, ܚܲܩܠܵܐ et ܚܲܩܠܵܬܹ̈ܐ - ܚܲܩܠܹ̈ܐ, pou, ܩܲܠܡܵܐ - ܩܲܠܡܹ̈ܐ, bord de terrasse, ܣܸܦܵܐ, ܣܸܦܹ̈ܐ - ܣܸܦܵܬܹ̈ܐ, brebis, ܥܸܪܒܵܐ. Ex. ܝܵܘܢܹ̈ܐ ܫܲܦܝܼܪܹ̈ܐ, de belles colombes.

Genre commun: ܩܘܼܡܣܵܐ; cahier, ܩܘܼܡܣܹ̈ܐ - ܩܘܼܡܣܵܬܹ̈ܐ, mite, ܩܲܠܡܵܐ - ܩܲܠܡܹ̈ܐ, couvent, ܕܲܝܪܵܐ.

120.— Il y a même des noms féminins avec *Taou* au singulier qui ont le pluriel en *É*. Ex. ܡܘܕܝܐ, *modius*, ܡܘܕܝܹ̈ܐ - ܡܘܕܝܵܬܹ̈ܐ, essence, ܐܸܬܵܐ - ܐܸܬܹ̈ܐ, *lactus*, ܐܸܬܹ̈ܐ - ܬܘܼܬܵܐ, mûre, ܬܘܼܬܹ̈ܐ et ܬܘܼܬܵܬܹ̈ܐ - ܣܸܟܬܵܐ, soc de charrue, ܣܸܟܹ̈ܐ, ܣܸܟܵܬܹ̈ܐ - ܟܸܦܵܬܹ̈ܐ grotte ܟܸܦܹ̈ܐ et ܟܸܦܵܬܹ̈ܐ.

121.— Les noms d'unité font aussi leur pluriel en *É*. Ex. ܚܸܛܬܵܐ, un grain de blé; ܚܸܛܹ̈ܐ, des grains de blé, le blé en général - ܓܘܼܡܪܬܵܐ, un charbon ardent, ܓܘܼܡܪܹ̈ܐ - ܒܛܡܬܵܐ, un arbre de térébinthe, ܒܛܡܹ̈ܐ - ܡܸܙܬܵܐ ou ܡܸܙܹܐܬܵܐ, un poil, ܡܸܙܹ̈ܐ - ܚܲܒܘܼܫܬܵܐ, une pomme, ܚܲܒܘܼܫܹ̈ܐ - ܒܸܥܪܬܵܐ, une crotte de mouton, ܒܸܥܪܹ̈ܐ - ܡܸܫܡܸܫܬܵܐ, un abricot, ܡܸܫܡܸܫܹ̈ܐ et ܡܸܫܡܸܫܝܵܬܹ̈ܐ - ܚܲܒܬܵܐ, un grain, un globule, ܚܲܒܹ̈ܐ - ܒܸܥܬܵܐ, un œuf, ܒܸܥܹ̈ܐ - ܓܘܼܪܒܬܵܐ, un bas, ܓܘܼܪܒܹ̈ܐ - ܟܝܼܣܵܐ, un sac, une bourse, ܟܝܼܣܹ̈ܐ etc.— ܫܲܪܒܬܵܐ, un côté de moustache, ܫܲܪܒܹ̈ܐ les moustaches.

122.— Le Soureth est assez libre pour les formes du pluriel. Aussi voit-on souvent des personnes produire des pluriels qui ne sont pas usités, surtout avec la forme féminine en ܵـܬܹ̈ܐ : ainsi ܩܲܒܪܵܐ, tombeau, dont le pluriel régulier est ܩܲܒܪܹ̈ܐ, devient ܩܲܒܪܵܬܹ̈ܐ. Nous avons dit que cette forme ܵـܬܹ̈ܐ est une forme neutre,

123.— E. *Pluriels anormaux.*

Ex. ܒܰܝܬܐ , maison, ܒܳܬ̈ܐ - ܒܰܪܬܐ , fille, ܒܢ̈ܬܐ - ܒܪܐ , fils, ܒܢ̈ܝܐ et ܒܢ̈ܝ - ܡܥܝܐ - ܡܥ̈ܝܐ , tripe, entrailles, ܓܒܪܐ et ܓܒܪ̈ܐ - ܫܡܐ ou ܫܡܐ , substantif, ܐܫܡܗ̈ܐ , des substantifs — ܐܒܐ , père spirituel, ܐܒܗ̈ܐ , ܐܒܗ̈ܬܐ .

124.— F. *Noms qui n'ont point de pluriel.*

ܚܘܒܐ , amour.— ܪܳܡܘܬܐ , orgueil, et les noms des vices et des vertus — ܦܪܙܠܐ , fer, et les noms de métaux. — ܬܘܡܐ , ail, et beaucoup de noms de plantes dont l'unité n'est pas employée. — ܫܝܘܠ , enfer.

125.— G. *Noms qui n'ont point de singulier.*

Ex. ܚܝ̈ܐ , vie — ܬܢ̈ܝ , urine — ܦܘ̈ܩܐ , morve du nez — ܪܝܪ̈ܐ , bave, pituite — ܙܘ̈ܕܐ , provisions, viatique — ܐܦ̈ܐ , les deux joues — ܚܕܪ̈ܐ ou ܚܕܪ̈ܘܢܐ , les alentours — ܐܬܪ̈ܐ , les excréments — ܢܫ̈ܐ , les femmes — ܬܒ̈ܠܐ assaisonnements — ܕܘܡܣ̈ܐ , pâtisseries. — Des neutres comme : ܕܝܠܢ̈ܝܬܐ , les propriétés, (propria) — ܟܬܝܒ̈ܬܐ , scripta, — ܥܒܝܕ̈ܬܐ , facta — ܪܘܪ̈ܒܐ et ܪܘܪ̈ܒܬܐ , les grands; ܪܘܪ̈ܒܢܐ , les grands de la terre — ܬܡܝܗ̈ܬܐ , *prodigiosa,* des choses extraordinaires (1).

126.— H. *Pluriel des noms étrangers.*

Les noms étrangers qui n'ont pas la forme syriaque font, la plupart, le pluriel en É. Ex. ܫܘܘܕܝܐ , promesse, ܫܘܘܕܝ̈ܐ (A. أول) — ܒܥܠܕܒܒܐ , ennemi, ܒܥܠܕܒ̈ܒܐ (P. دشن) —

---

(1) Ces quatre mots sont des formes augmentées de ܪܒ , grand.

ܛܘܿܦܵܐ, tuyau, ܛܘܿܦܹ̈ܐ (ܕܘܿܣܬ P.) – ܕܘܿܣܹܐ, ami, ܕܘܿܣܹ̈ܐ, (رئيس .A) – ܪܹܫܵܐ, chef, ܪܹܫܵܢܹ̈ܐ. (بورو T.) – ܛܲܪܙܵܐ, propriété foncière, ܛܲܪܙܵܢܹ̈ܐ (ملك .A) – ܐܵܣܝܵܐ, médecin,
ܐܵܣܵܘܵܬܹ̈ܐ (طرز .A), manière, ܐܵܣܘܵܐ – ܐܵܣܘܵܬܹ̈ܐ (حكم .A) et ܐܵܣܝܵܘܵܬܹ̈ܐ.

127. – Les mots dont l'avant-dernière lettre porte
un *Pthaha* au singulier, prennent un *Zkapa* au pluriel.
Ex. ܩܸܢܛܵܐ, chambre, ܩܸܢ̈ܛܹܐ (منزل .A) – ܩܲܢܛܵܐ, danger;
ܩܲܢ̈ܛܹܐ (K).

128. – Les noms étrangers terminés par un *Iodh*
font le pluriel en *Ié*, s'ils sont masculins, — et en *Iatha*,
s'ils sont féminins. Ex. ܘܵܠܝ, gouverneur, ܘܵܠܝܹ̈ܐ (A.
والي) – ܛܘܿܦܚܝ, artilleur, ܛܘܿܦܚܝܹ̈ܐ (T.) –
un paresseux, ܚܵܝܠܵܢܵܐ (A.) – ܪܲܡܫܝ, soir, ܪܲܡܫܝܵܬܵܐ
et ܪܲܡܫܝܹ̈ܐ (K.) – ܐܘܿܪܕܝ, camp, corps de troupe, ܐܘܿܪܕܝܵܬܵܐ
et ܐܘܿܪܕܝܹ̈ܐ (اوردى T.).

ܡܸܢܕܝ, chose, fait ܡܸܢܕܝܵܬܵܐ et ܡܸܢܕܝܹ̈ܐ –
sigillum, fait ܚܵܬܡܵܬܵܐ (مهر P.) – ܟܘܿܪܣܝ, siège,
ܟܘܿܪܣܵܘܵܬܵܐ et ܟܘܿܪܣܝܹ̈ܐ.

129. – Bon nombre de mots, pris de l'arabe, font
leur pluriel en *At* (ܐܵܬ̣), comme en arabe, surtout
ceux qui sont en *É* féminin, au singulier. Ex. ܟܪܵܡܬܵܐ, faveur, ܟܪܵܡܵܬܹ̈ܐ (A. كرامات) – ܛܲܒܘܼܬܵܐ, grâce, ܛܲܒܘܵܬܹ̈ܐ (A.
نعمات) – ܥܵܕܬܵܐ, coutume, ܥܵܕܵܬܹ̈ܐ (A. عادات) – ܐܘܼܡܬܵܐ, nation, ܐܘܼܡܘܵܬܹ̈ܐ
et ܐܘܼܡܬܹ̈ܐ (A. طائفات) – ܛܲܠܒܬܵܐ, demande, ܛܲܠܒܵܬܹ̈ܐ (A.) –
ܛܲܒܘܼܬܵܐ, bien, bonne œuvre, ܛܵܒܵܬ݂ܵܐ et ܛܵܒܵܬܹ̈ܐ (A.) – ܚܸܣܕܵܐ,

armée, ܚܰܝܠܰܘ̈ܬܐ et ܚܰܝܠܰܘ̈ܬܳܐ, ܚܰܝܠܰܘ̈ܬܳܐ (A.) — ܟܽܘܡ,
dame, ܟܽܘܡ̈ܘܳܬܐ et ܟܽܘܡ̈ܘܳܬܳܐ (P.).

130. — ܩܪܳܒ, guerre, fait ܩܪܳܒ̈ܐ et ܩܪ̈ܳܒܶܐ (K.) —
ܢܳܛܪ, gardien, ܢܳܛܘܪ̈ܐ (P.) — ܢܶܩܒ, corbeau, ܢܶܩܒ̈ܐ.

131. — I. *Pluriels étrangers anormaux.*

ܐܘܝ, hélas; ܐܽܘܝܘ̈ܬܐ, des hélas, des gémissements.

132. — J. *Mots étrangers qui ne changent pas.*

ܐܰܦ, firmament (T.) — ܕܘܒ, le désert (T.) — ܓܽܘܫ̈ܐ,
entrailles (K.) — ܥܘܠܐ, monde (A.) — ܐܒܠܐ, deuil —
ܫܟ̈ܠܝ̈ܬܳܐ, des choses de rien.

CHAPITRE IV

L'adjectif (ܫܡܳܗܳܐ)

---

133. — L'adjectif s'appelle ܫܡܳܗܳܐ, *nom d'appellation ou de qualification.*

134. — Comme forme, l'adjectif se distingue :

1° *En adjectif primitif ou simple.* Ex. ܛܳܒ, bon —
ܐܘܟܡܐ noir — ܪܫܺܝܥ, impie.

2° *En adjectif verbal,* c'est-à-dire dérivé d'une racine verbale. Ex. ܫܰܦܺܝܪ, beau, de ܫܦܪ — ܪܰܚܺܝܩ, éloigné, de ܪܚܩ.

3° *En adjectif relatif.* Cette forme se distingue par un suffixe terminant le mot. Ex. ܐܰܠܳܗܳܝܳܐ, divin (suffixe ܳܝܳܐ ajouté à ܐܰܠܳܗܳܐ) — ܦܰܓܪܳܢܳܝܳܐ, corporel (suffixe ܳܝܳܐ ajouté à ܦܰܓܪܳܐ), etc.

L'adjectif relatif est appelé ܒܐܬܐ , c'est-à-dire indiquant des relations de divers genres.

135.- Quant au sens, les adjectifs sont : *qualificatifs, démonstratifs, possessifs, indéfinis*. Nous ne parlerons ici que des *adjectifs qualificatifs*; on verra les autres au chapitre des Pronoms.

136.- Les adjectifs ont les deux genres et les deux nombres; mais le pluriel masculin sert aussi pour le féminin.

137.- Ils s'accordent en genre et en nombre avec le nom auquel ils se rapportent.

Le masculin et *le féminin des adjectifs* sont comme pour les noms, c'est-à-dire que le masculin se distingue par le suffixe ܐ final : ܒܝܫܐ , méchant; – le féminin par le suffixe ܬܐ : ܒܝܫܬܐ , méchante.

Le *singulier* se distingue par ܐ final, et le *pluriel* par ܐ ܶ pour les deux genres :– ܓܒܪܐ ܒܝܫܐ , un homme méchant; ܓܒܪܐ ܒܝܫܐ , des hommes méchants. – ܒܟܬܐ ܒܝܫܬܐ , une femme méchante; ܒܝܫܐ ܒܢܬܐ , des femmes méchantes.– On emploie aussi parfois le pluriel féminin de la langue classique, en ATHA (ܳܬܐ) . Ex. ܒܢܬܐ ܒܝܫܬܐ .

138.- *Exemples d'adjectifs avec leur forme aux deux genres et au pluriel :*

ܣܒܐ , vieux; fém. ܣܒܬܐ ; pl. commun ܣܒܐ ; pl. fém. class. ܣܒܬܐ - ܪܒܐ , grand; fém. ܪܒܬܐ ;pl. comm. ܪܒܐ - ܣܟܠܐ ,ignorant; fém. ܣܟܠܬܐ ou ܣܟܠܬܐ ; pl. comm. ܣܟܠܐ ; pl. f. cl. ܣܟܠܬܐ - ܚܘܪܐ , blanc; fém. ܚܘܪܬܐ ;

pl. comm. ܗܘܿܪܵ ; pl. f. cl. ܗܘܿܪܵܬ݂ܐ - ܪܚܘܼܩܵܬ݂ܐ , éloigné;
f. ܪܚܘܼܩܵܐ ; pl. comm. ܪܚܘܼܩܹܐ ; pl. f. cl. ܪܚܘܼܩܵܬ݂ܐ - ܥܠܲܝܡܵܬ݂ܐ,
adolescent; fém. ܥܠܲܝܡܬܵܐ ; pl. comm. ܥܠܲܝܡܹܐ : pl. f. cl.
ܥܠܲܝܡܵܬ݂ܐ - ܣܦܝܼܩܵܐ, vide; fém. ܣܦܝܼܩܬܵܐ ; pl.comm. ܣܦܝܼܩܹܐ ;
pl. f. cl. ܣܦܝܼܩܵܬ݂ܐ .

Note.- Le féminin singulier des mots ayant la
la voyelle I devant la dernière radicale se prononce, le plus
souvent, en changeant I en E, selon l'instinct du Soureth.
Ex. ܣܦܹܩܬܵܐ . ܥܠܹܡܬܵܐ . ܪܚܹܩܬܵܐ pour ܣܦܝܼܩܬܵܐ,
ܥܠܲܝܡܬܵܐ . ܪܚܘܼܩܬܵܐ .

139.- *Adjectifs en I*A (ܝܵܐ).

Précédé de deux radicales, le *Iodh* devient la voyelle *I*
au féminin singulier. Ex. ܣܢܝܵܐ, gâté; fém. ܣܢܝܼܬܵܐ ;
pl. comm. ܣܢܝܹܐ ; pl. f. class. ܣܢܝܵܬ݂ܐ .

Item : ܟܪܝܵܐ, court — ܚܙܝܵܐ, vu — ܕܟܝܵܐ, net —
ܛܠܝܵܐ, petit enfant.

Si ܝܵܐ est précédé de 3 ou 4 radicales, le *Iodh* ne
se change pas en voyelle I au féminin. Ex. ܡܣܘܝܵܐ,
rejeté; fém. ܡܣܘܝܬܵܐ ; pl. comm. ܡܣܘܝܹܐ ; pl. f. cl.
ܡܣܘܝܵܬ݂ܐ — *Item* : ܡܚܘܝܵܐ, montré — ܬܠܝܵܐ,
suspendu, etc.

140.- *Adjectifs en A*IA (ܵܝܵܐ).

Ce sont des adjectifs d'affinité. Ex. ܟܲܠܕܵܝܵܐ, chaldéen;
fém. ܟܲܠܕܵܝܬܵܐ ; pl. comm. ܟܲܠܕܵܝܹܐ ; pl. f. cl. ܟܲܠܕܵܝܵܬ݂ܐ . —
Item : ܚܛܵܝܵܐ, pécheur — ܣܘܼܪܝܵܐ (class. ܣܘܼܪܝܵܝܵܐ), Syrien,
chrétien — ܦܠܲܓܵܝܵܐ, mitoyen.

141. – *Adjectifs en* O*IA* (ܳܝܳܐ), O*UIA* (ܳܘܝܳܐ).

L'*Iodh* se perd au féminin singulier. Ex. ܬܚܬܳܝܳܐ, bas; fém. ܬܚܬܳܝܬܳܐ ; pl. comm. ܬܚܬܳܝܶܐ ; pl. f. class. ܬܚܬܳܝܳܬܳܐ. — Item : ܥܠܳܝܳܐ, haut — ܒܣܝܡܳܐ, doux.

142. – *Adjectifs en* N*A* (ܢܳܐ).

Au féminin singulier et pluriel, un *Iodh* entre dans la finale. Ex. ܫܡܰܝܳܢܳܐ, céleste; fém. ܫܡܰܝܳܢܝܬܳܐ ; on dit aussi ܫܡܰܝܳܢܬܳܐ ; pl. comm. ܫܡܰܝܳܢܶܐ ; pl. f. cl. ܫܡܰܝܳܢܝܳܬܳܐ — Item : ܪܘܚܳܢܳܐ, spirituel — ܐܪܥܳܢܳܐ, terrestre — ܡܰܝܳܢܳܐ, aqueux, tendre — ܡܰܠܦܳܢܳܐ, instituteur — ܙܥܘܪܳܢܳܐ, petiot(1).

143. – *Particularités* :

ܚܶܢܳܐ, *khenna*, autre; fém. ܚܶܢܬܳܐ ; pl. comm. ܚܶܢܶܐ, khenné; pl. fém. cl. ܚܶܢܳܬܳܐ. — En certains lieux, on dit: ܚܪܳܢܳܐ ; fém. ܚܪܳܢܬܳܐ ; pl. comm. ܚܪܳܢܶܐ.

ܚܰܕܬܳܐ, *khatha*, nouveau; fém. ܚܰܕܬܳܐ ou ܚܕܰܬܳܐ ; pl. comm. ܚܰܕܬܶܐ ; pl. f. cl. ܚܰܕܬܳܬܳܐ, qui a aussi le sens de *nouveautés*.

144. – *Adjectifs des langues étrangères*.

S'ils ont la forme syriaque, ils en suivent les règles. Ex. ܡܣܟܝܢܳܐ (A. مسكين), sans malice, pauvre; fém. ܡܣܟܝܢܬܳܐ ; pl. comm. ܡܣܟܝܢܶܐ ; pl. f. cl. ܡܣܟܝܢܳܬܳܐ.

145. – Il est des adjectifs étrangers qui ont le féminin en É (ܶܐ), lequel ne se distingue du pluriel commun que par les *Siamé*.

---

(1) Dans les alentours de Van, les terminaisons féminines ܬܳܐ, ܬܐ, se changent en *Niya*. Ex. ܡܘܣܠܡܢܝܬܐ, une musulmane; plur. ܡܘܣܠܡܢܝܬܐ.

Ex. ܘܲܓ݂ܡܳܐ (Kur.), fort; fém. ܘܲܓ݂ܡܬܳܐ ; pl. comm. ܘܲܓ݂ܡܹܐ ; ܘܲܓ݂ܡܹܐ ܢܵܫܹ̈ܐ , des hommes forts; ܓ݁ܲܓ݂ܡܳܐ , une femme forte; ܓ݁ܲܓ݂ܡܳܢܵܐ ܘܲܓ݂ܡܵܐ , des femmes fortes.

Ainsi font ܓ݂ܵܪܣܳܐ (A. خرس), muet – ܓ݂ܲܪ (Kur. کر), sourd – ܘܲܪܕܳܐ (K. زرده), jaune d'or – ܟܳܘܪܳܐ (P. کور), aveugle – ܐܵܙܢܳܐ (K.), jeune – ܢܳܙܳܐ (P. نازک), frais, jeune, nouveau – ܚܲܪܒܳܐ (A. خرب), mauvais – ܢܝܼܠܳܐ (P. نیل) violet – ܠܳܠܳܐ (P. لال, Syr. ܠܳܠܳܐ), muet, qui a la langue embrouillée, stupide.

146. – Beaucoup d'adjectifs étrangers sont invariables en genre et en nombre. Ex. ܚܵܣܝܼܣ (A. خسيس), avare, pingre, cuistre – ܓ݁ܲܓ݂ܡܹܐ ܚܵܣܝܼܣ ܢܵܫܹ̈ܐ . ܓ݁ܲܓ݂ܡܵܐ ܚܵܣܝܼܣ ܢܵܫܵܐ . – *Item*: ܚܲܪܝܼܨ (P.), avide – ܡܲܪܕ݁ (P.), généreux – ܠܲܛܝܼܦ݂ ou ܘܲܕ݂ܝܼܦ݂ (A.) gentil, gracieux – ܚܵܨܝܼ (A.), spécial, de bonne qualité – ܢܝܼܠܳܠ (A.), licite – ܘܵܗܡܵܐ ou ܘܵܗܡܬܳܐ, difficile; on écrit aussi ܘܵܚܡܵܐ (avec ܚ) conformément à l'origine arabe de ce mot (زحم).

147. – Parfois quelques-uns de ces adjectifs ont un pluriel régulier. Ex. ܡܲܪܕܹ݁ܐ, généreux – ܢܝܼܠܵܠܹܐ, licites – ܚܵܝܼܢܹܐ (A. خائن), traîtres – ܡܲܟ݂ܬܒ݂ܹܐ, doués d'intelligence, notables d'un pays.

Les adjectifs terminés en *Ni* (ني) peuvent avoir le pluriel régulier en É. – Quelques-uns ont aussi le féminin singulier et pluriel régulier. Ex. ܚܲܠܒ݁ܝܼ (Ar.),

paresseux; fém. ܟܣܠܢܝܬܐ et ܟܣܠܢܝܬܐ ;pl. comm. ܟܣܠܢܝܐ;
pl. f. cl. ܟܣܠܢܝܬܐ (1).

Mais ܫܪܝܪ (A.), vrai – ܟܣܪܝ (T.) impérial –
sont invariables.

CHAPITRE V

Noms de nombre (ܫܡܗܐ ܡܢܝܢܝܐ)

148.—Les noms de nombre sont de deux sortes : —
les *nombres cardinaux* ܫܡܗܐ ܡܢܝܢܐ ܣܬܡܐ, — et les
nombres ordinaux ܫܡܗܐ ܡܢܝܢܐ ܛܟܣܝܐ.

149.— Les noms de nombre ont des formes pleines et des formes contractes.

I.- Nombres cardinaux

150.— Les nombres cardinaux ont la distinction du genre masculin et du genre féminin *jusqu'à dix seulement*. Exemples :

ܚܕ, un (Syr. class. ܚܰܕ) ; fém. ܚܕܐ, une.

ܬܪܝ, ܬܪܝܢ, deux (S.cl. ܬܪܝܢ); f. ܬܪܬܝ, ܬܪܬܝܢ (S.cl. ܬܪܬܝܢ).

ܬܠܬܐ, trois; fém. ܬܠܬ (2).

ܐܪܒܥܐ, quatre; fém. ܐܪܒܥ, plus souvent ܐܪܒܥܝ.

ܚܡܫܐ, cinq ; fém. ܚܡܫ.

ܐܫܬܐ, six (Syr. cl. ܫܬܐ); fém. ܐܫܬ (Syr. cl. ܫܬ).

---

(1) On dit aussi ܟܣܠ et ܟܣܠܐ, paresseux; féin. ܟܣܠܬܐ et
ܟܣܠܝ ; pl. comm. ܟܣܠܐ ; pl. f. cl. ܟܣܠܬܐ .

(2) Pour la prononciation de ܬܠܬ et ses dérivés, voir la note de la page 9.

ܫܲܒ݂ܥܵܐ , sept; fém. ܐܸܫܒܲܥ (Syr. cl. ܫܒܲܥ).

ܬܡܵܢܝܵܐ , huit; fém. ܬܡܵܢܹܐ.

ܬܸܫܥܵܐ , neuf; fém. ܬܸܫܲܥ.

ܥܸܣܪܵܐ , dix; fém. ܥܣܲܪ (Syr. cl. ܥܣܲܪ).

151.– Tous les autres nombres *jusqu'à cent* sont des deux genres: – ܚܕܲܥܣܲܪ (Syr. cl. ܚܕܲܥܣܲܪ) , onze – ܬܪܸܥܣܲܪ , douze – ܬܠܵܬܲܥܣܲܪ (Syr. cl. ܬܠܵܬܲܥܣܲܪ), treize – ܐܲܪܒܲܥܣܲܪ , quatorze – ܚܲܡܫܲܥܣܲܪ , quinze – ܐܸܫܬܲܥܣܲܪ (Syr. cl. ܫܬܲܥܣܲܪ) , seize – ܫܒܲܥܣܲܪ ou ܐܸܫܒܲܥܣܲܪ , dix-sept – ܬܡܵܢܹܥܣܲܪ , dix-huit – ܬܸܫܲܥܣܲܪ, dix-neuf.

152.– *De 20 jusqu'à 90 inclusivement*, les nombres ont la terminaison ܝܼ (Syr. cl. ܝܢ):– ܥܸܣܪܝܼ, vingt – ܬܠܵܬܝܼ , trente – ܐܲܪܒܥܝܼ , quarante – ܚܲܡܫܝܼ , cinquante – ܐܸܫܬܝܼ , soixante – ܫܲܒ݂ܥܝܼ , soixante-dix – ܬܡܵܢܝܼ ou ܬܡܵܢܹܐ (Syr. cl. ܬܡܵܢܝܢ) , quatre-vingt – ܬܸܫܥܝܼ , quatre-vingt-dix.

153.– Dans les *nombres composés, de 20 à 90 incl.* , le petit nombre se met après le grand. Dans la plaine de Mossoul, on met plutôt le petit nombre avant le grand. Ex.: ܫܲܒ݂ܥܝܼ ܘܬܡܵܢܝܵܐ ou ܬܡܵܢܝܵܐ ܘܫܲܒ݂ܥܝܼ , soixante-dix-huit.

154.– A Alcoche, conformément à la langue classique, on fait accorder les unités avec le nom auquel elles se rapportent. Ex. ܐܲܪܒܥܵܐ ܓܲܒ݂ܪܹ̈ܐ , 4 hommes – ܐܸܫܬ ܢܸܫܹ̈ܐ, 6 femmes – ܐܲܪܒܥܝܼ ܘܬܠܵܬ ܥܸܙܹ̈ܐ , 43 chèvres – ܚܲܝ̈ܠܹܐ ܟܝܵܢܵܝܹ̈ܐ ܥܸܣܪܵܐ ܐܝܼܢܵܐ , les vertus naturelles sont 10.

155. — ܐܡܐ (Syr. cl. ܡܐܐ), cent (1). — Les unités des centaines se mettent au féminin et ܐܡܐ reste invariable. Ex. ܚܕܐ ܐܡܐ, un cent — ܬܪܬܝܢ ܐܡܐ, deux cents — ܬܠܬ ܐܡܐ, trois cents — ܐܪܒܥ ܐܡܐ ou ܐܪܒܥ, quatre cents — ܚܡܫ ܐܡܐ, cinq cents — ܫܬ ܐܡܐ, six cents, etc.

156. — ܐܠܦܐ, *mille*; pluriel ܐܠܦܐ. — Les unités de mille sont au masculin : — ܬܪܝܢ ܐܠܦܝܢ, deux mille — ܬܠܬܐ ܐܠܦܝܢ, trois mille — ܬܡܢܝܐ ܐܠܦܝܢ, huit mille.

157. — *Dix mille* ou *myriade* se rend par ܪܒܘܬܐ — ܬܪܬܝܢ ܪܒܘܬܐ, deux myriades ou vingt mille, etc. — On emploie aussi le mot arabe ܠܟܼܐ (الك), pl. ܠܟܼܐ; — ܬܠܬܐ ܠܟܼܐ, trois myriades — ܚܡܫܐ ܠܟܼܐ, cinq myriades.

158. — *Million* se dit ܡܝܠܝܘܢ; pl. ܡܝܠܝܘܢܐ.

159. — Les *fractions* s'expriment ordinairement en mettant ܚܕ ܒ, *un de*, devant le nombre cardinal. Ex. ܚܕ ܒܬܪܝܢ, un de deux, ou mieux ܦܠܓܐ, la moitié. — ܚܕ ܒܐܪܒܥܐ, un de quatre, ou un quart, etc. — On emploie aussi parfois la forme classique. Ex. ܬܘܠܬܐ, un tiers — ܪܘܒܥܐ, un quart — ܚܘܡܫܐ, un cinquième — Les autres sont peu usités.

160. — Le *double*, le *triple*, le *quadruple* se rendent par ܚܕ ܒ, *un dans*, devant le nombre cardinal. Ex. ܚܕ ܒܬܪܝܢ, le double. — ܚܕ ܒܡܐܐ, le centuple. — ܡܒܪܩ ܚܕ ܒܫܒܥܐ ܡܢ ܢܘܗܪܐ ܕܫܡܫܐ, il brille le septuple, ou sept fois plus que la lumière du soleil.

---

(1) Dans la montagne, on dit ܡܐܐ.

161. — Pour les jours de la semaine, on met aussi ܒ ܚܲܕ devant ܫܵܒܵܐ, semaine (1). Ex. ܚܲܕܒܫܵܒܵܐ, *khaouchâba*, dimanche (mot-à-mot : *un dans la semaine*) — ܬܪܒܫܵܒܵܐ, *trouchâba*, lundi — ܬܠܵܬܒܫܵܒܵܐ, *tlathaouchâba*, mardi — ܐܲܪܒܒܫܵܒܵܐ, *arbaouchâba*, mercredi — ܚܲܡܫܒܫܵܒܵܐ, *khamchaouchâba*, jeudi (2). — A la place du ܒ, les ignorants écrivent un *Ouaou* (ܘ), en dénaturant le sens. En effet, ܬܠܵܬܘܫܵܒܵܐ signifierait : *trois et la semaine*. — On prononce souvent ܫܸܒܵܐ au lieu de ܫܵܒܵܐ : *trouchéba, tlathouchéba* (3).

162. — Les *nombres approximatifs* comme environ, quatre, à peu près cinq, se rendent par ܚܲܕ, ou par ܡܸܢܕܝ et ܡܸܣܒ devant le nombre. Ex. ܚܲܕ ܐܲܪܒܥܵܐ ܓܲܒܪܹܐ. Environ quatre hommes — ܡܸܢܕܝ ܬܠܵܬܝܢ ܦܲܪܨܘܿܦܹܐ. Environ, à peu près trente personnes.

163. — *Des centaines, des milliers* se rendent par ܡܵܐܘܵܬܐ, ܐܲܠܦܲܝ̈ܐ. Ex. ܚܙܸܐܠܲܢ ܡܵܐܘܵܬܐ ܕܩܲܩܘܵܢܹܐ, nous avons vu des centaines de perdrix. — ܣܢܘܢܝܵܬܐ ܕܦܲܪܚܝ ܗܘܵܘ ܒܐܲܠܦܲܝ̈ܐ, les hirondelles volaient par milliers.

---

(1) ܫܵܒܵܐ est pour le classique ܫܒܵܐ, qui est contracté de ܫܲܒܬܐ, semaine. En classique, on dit ܚܲܕܒܫܲܒܵܐ *hadhebchabba*, dimanche.

(2) ܒ *Aou*, dans les jours de la semaine, se prononce en une seule émission de voix, comme *Ou*, excepté pour le dimanche : *khaouchaba, trouchaba, tlathouchaba, arbouchaba, khamchouchaba*.

(3) Le *vendredi* se dit ܥܪܘܿܒܬܐ, c'est-à-dire le jour où, selon les Juifs, la semaine se couche (ܥܪܒ) ou finit, pour aller au Sabbat, jour de repos. Le *samedi* se dit ܫܲܒܬܐ, qui signifie aussi semaine : — ܝܵܘܡܵܐ ܕܫܲܒܬܐ le jour du samedi. — ܫܵܒܵܐ ܕܐܵܬܝܐ, la semaine prochaine.

164.– Le *nombre distributif* s'exprime par sa répétition. Ex. ܠܟܠ ܚܕ ܚܕ, à chacun — ܒܓܘܿܓܹܐ ܐܹܓܹܐ ܬܡܿܢ, asseyez-vous là-bas deux à deux — ܐܹܓܹܐ ܐܹܓܹܐ ܢܫܹܐ ܒܕ ܫܩܠܝ ܚܕ ܠܚܡܐ, chaque deux femmes recevra un pain. – Parfois le nombre *un* ne s'exprime pas. Ex. ܛܠܒܠܢ ܠܹܗ ܐܓܪܹܗ ܒܕܝܢܪܐ, nous avons fixé son salaire à *un denier*.

165.– Il y a des noms de nombres cardinaux employés avec la terminaison ܐܬܐ, dans un sens particulier. Ex. ܫܒܥܬܐ, jeûne de sept jours avant Noël et les SS. Apôtres (mot-à-mot: la *septaine*) – ܥܣܪܬܐ, la dixième heure, Vêpres, le soir – ܬܪܥܣܪܬܐ, douzaine, s'emploie surtout dans l'expression : ܬܪܥܣܪܬܐ ܫܠܝܚܐ, les douze Apôtres.

166.– Les noms de nombres cardinaux peuvent prendre les pronoms personnels suffixes. C'est de cette manière qu'on rend les expressions : *nous deux, vous trois*, etc. Ex. ܬܠܬܢ, nous trois – ܐܪܒܥܬܘܟܘܢ, vous quatre – ܚܡܫܬܗܘܢ, eux cinq – ܫܬܬܢ, nous six, etc. (1).

II.– Nombres ordinaux

167.– La langue classique a deux manières de rendre les nombres ordinaux; le Soureth use de la plus simple, qui consiste à mettre un *Dalath* (ܕ) devant le nombre cardinal. Toutefois *premier* a une forme spéciale.

Ex. ܩܕܡܝܐ, premier; fém. ܩܕܡܝܬܐ ; pl. comm. ܩܕܡܝܹܐ ; pl. f. cl. ܩܕܡܝܬܐ .

ܕܬܪܝ, deuxième; fém. ܕܐܓܹܐ .

___
(1) Voir les nos 202 et suivants.

ܕܬܠܬܐ , troisième ; fém. ܕܬܠܬ .

ܕܥܣܪܐ , dixième; fém. ܕܥܣܪ .

168. — De même tous les autres nombres. Ex. Onzième, ܕܚܕܥܣܪ — Vingtième, ܕܥܣܪܝܢ — Centième, ܕܡܐܐ — Millième, ܕܐܠܦ — La deuxième parole, ܕܬܪܝܢ ܕܡܐܐ — Au centième tour, ܟܪܟܐ ܕܡܐܐ — Au millième siècle, ܕܪܐ ܕܐܠܦ .

169. — Les adverbes *premièrement, secondement,* etc., s'expriment de la même manière; mais le nombre prend la forme féminine. Ex. ܕܚܕܐ , premièrement — ܕܬܠܬ , troisièmement — ܕܫܬ ou ܕܫܬܐ , sixièmement — ܕܫܒܥܐ ou ܕܫܒܥ , septièmement, etc.

170. — Parfois on se sert aussi, pour les nombres ordinaux, de la forme adjective numérale du classique. Ex. Premier, ܩܕܡܝܐ ; fém. ܩܕܡܝܬܐ ; pl.c. ܩܕܡܝܐ ; pl.f.cl. ܩܕܡܝܬܐ — Second, ܬܪܝܢܐ ; fém. ܬܪܝܢܝܬܐ — Troisième, ܬܠܝܬܝܐ ; fém. ܬܠܝܬܝܬܐ — Quatrième, ܪܒܝܥܝܐ ; fém. ܪܒܝܥܝܬܐ — Cinquième, ܚܡܝܫܝܐ ; fém. ܚܡܝܫܝܬܐ — Douzième, ܬܪܥܣܝܪܝܐ ; fém. ܬܪܥܣܝܪܝܬܐ — Vingtième, ܥܣܪܝܢܝܐ ; fém. ܥܣܪܝܢܝܬܐ — Centième, ܡܐܝܐ ; fém. ܡܐܝܬܐ — Millième, ܐܠܦܝܐ ; fém. ܐܠܦܝܬܐ .

171. — Parfois aussi, on emploie la forme adverbiale classique avec la finale en ܬ ajoutée à la forme adjective précédente. Ex. ܩܕܡܝܐܝܬ , premièrement — ܬܪܝܢܐܝܬ , secondement — ܬܠܝܬܝܐܝܬ , troisièmement — ܪܒܝܥܝܐܝܬ , quatrièmement, etc.

172. — En calcul, le mot ܚܕܵܢܵܝܵܐ (de ܚܲܕ) signifie *unité*. Ex. ܡܸܓܼܕܵܐ ܕܚܲܕܢܵܝܹ̈ܐ, le rang des unités — ܕܥܸܣ̈ܪܵܝܹܐ, dizaine, le rang des dizaines — ܕܐܡܵܘܵܬܼܵܐ, centaine, le rang de centaines — ܕܐܲܠܦܹ̈ܐ, les mille, le rang des mille — Le rang des centaines de mille se dit ܡܸܓܼܕܵܐ ܕܪܸܒܘܵܬܼܵܐ.

Mais *une dizaine, une centaine*, etc., comprenant un tout d'êtres ou de choses, se rendent par ܚܲܕ devant le nombre cardinal. Ex. Une centaine de pommes, ܚܲܕ ܐܡܵܐ ܚܲܒܘܼ̈ܫܹܐ — J'ai une cinquantaine de piastres, ܐܝܼܬ ܠܝܼ ܚܲܕ ܚܲܡܫܝܼ ܩܸܪ̈ܫܹܐ — Un millier d'hommes, ܚܲܕ ܐܲܠܦܵܐ ܓܲܒܪܹ̈ܐ.

CHAPITRE VI

Les Pronoms (ܫܡܵܗܹ̈ܐ ܚܠܵܦ)

173. — Le pronom s'appelle ܚܠܵܦ ܫܡܵܐ (*Pro nomine*).

174. — On distingue : les pronoms *démonstratifs, personnels, interrogatifs, relatifs* et *définis*.

175. — Les pronoms deviennent adjectifs quand ils déterminent un substantif, comme : le livre; mon livre; quel livre ?

176. — Les pronoms démonstratifs et les pronoms personnels de la 3ᵉ personne jouent parfois le rôle d'article déterminatif, comme nous le verrons dans la suite (Voir nᵒˢ 213, 217, 218).

I. — Pronoms démonstratifs
ܫܠܵܦ ܫܡܵܗܹ̈ܐ ܡܚܵܘܝܵܢܹ̈ܐ.

177. — La forme des pronoms démonstratifs, en Soureth, est si éloignée de celle qu'ont ces mêmes pronoms, en Syriaque classique, que nous la considérons comme une forme propre au Soureth; aussi la donnerons-nous telle qu'elle est, avec l'écriture phonétique (1).

178. — Les pronoms démonstratifs sont de trois sortes : 1° les pronoms *rapprochés*; – 2° les pronoms *éloignés*; – 3° les pronoms *mixtes*.

179. — 1° *Pronoms démonstratifs rapprochés*

Ils indiquent des objets ou des êtres rapprochés de nous.

SINGULIER masc. : ܐܘܿܐ (aou-oua), *hic*, celui-ci, celui, ce (2).

» fém : ܐܝܺܐ (ay-ya), *hæc*, celle-ci, celle, cette.

PLURIEL des 2 genres : ܐܢܳܐ (an-na), *hi*, *hæc*, ceux-ci, celles-ci, celles, ces.

Au pluriel, on dit plus souvent ܐܢܝ (ani), ܐܢ (an). Ex. ܐܘܿܐ ܐܢܳܐ ܕܝܺܬܒ ܩܘܪܒܝ, cet homme, ou l'homme qui est assis près de moi – ܐܘܿܐ ܕܚܒܝܒܝ, je ne l'aime pas, celui-ci – ܐܢܳܐ ܩܘܪܕ̈ܐ ܕܠܟܐ, ces Kurdes, ou les Kurdes qui sont ici – ܕܣܢܐ ܐܢܝ, je les déteste, ceux-ci. – ܠܐ ܡܗܝܡܢܬ ܠܐܢܝ ܕܥܒܕܝ ܠܟ ܬܫܒ̈ܚܬܐ, ne crois pas à ceux qui te composent des hymnes de louange.

180. — 2° *Pronoms démonstratifs éloignés*

181. — Ils indiquent des objets ou des êtres éloignés de nous. Ils ont trois formes :

---

(1) Les autres dialectes ont aussi des formes de pronoms démonstratifs qui leur sont propres et non moins étrangères au classique que celles de notre dialecte.

(2) Contrairement à la règle du Syriaque classique, l'Ouaou est redoublé dans ces pronoms.

182.– *1ère* FORME. Sing. m. ܐܘܐ *(aoua)*, *ille*, celui-là, ce,

» Sing. f. ܐܝܐ *(aya)*, *illa*, celle-là, cette.

Pluriel des deux genres : – ܐܢܐ *(anné)*.

» Plus usité : – ܐܢܝ *(anai)*, ܐܢ *(an)*, *illi*, *illæ*,

» ceux-là, celles-là, ces.

183.–2e FORME Sing. masc. ܐܘܗܐ ; – fém. ܐܝܗܐ .

» Pluriel des deux genres : – ܐܢܗܐ (1).

184.–3e FORME. Sing. masc. ܗܘ ou ܐܘ – fém. ܗܝ ou ܐܝ .

» Plur. des deux genres : – ܐܢܝ . ܐܢ (2) .

185.– Exemples : – ܐܘܐ ܟܘܪܐ ܝܠܗ ܘܐܘܐ ܦܟܝܐ celui-ci est aveugle, celui-là sourd – ܠܐ ܡܩܒܠܢ ܐܢܐ ܐܠܐ ܐܢܝ , je ne prends pas ceux-ci, mais ceux-là – ܐܢܗܐ ܟܐܦܐ ܫܩܘܠ ܠܗܘܢ ܡܢ ܬܡܐ , ces pierres, retire-les de là-bas – ܗܘ ܒܪܐ ܝܢ ܒܪܐ ܕܠܐ ܡܝܩܪ ܠܒܒܗ ܠܝܛܐ ܝܠܗ ܡܢ ܐܠܗܐ, ce fils, ou le fils qui n'honore pas son père est maudit de Dieu – ܒܗܘ ܝܘܡܐ , en ce jour – ܒܗܝ ܫܢܬܐ , cette année – ܒܗܝ ܕܠܐ ܡܩܒܠܠܟ ܠܗܘܢ , parce que tu n'as pas accepté – ܐܘܗܐ ܝܠܗ ܐܚܘܢܝ ܕܥܒܕܠܗ ܨܒܝܢܘܬܝ , celui-là est mon frère qui fait ma volonté.

186.– Les pronoms ܗܘ , ܗܝ , ont surtout le rôle d'adjectifs ou d'article. Ex. ܗܘ ܐܢܫܐ ܕܝܠܗ ܒܒܝܬܘܟ , cet homme, ou l'homme qui est dans ta maison.

---

(1) Ce pronom est formé de ܐܘܐ, auquel on a ajouté ܗܐ démonstratif : ܐܘܗܐ .

(2) Le ܗ de ܗܝ . ܗܘ se prononce sans aspiration *au*, *ai*. – Forme classique : ܗܘ . ܗܝ , ܗܢܘܢ . ܗܢܝܢ .

187.– 3° *Pronom démonstratif mixte.*

Ce pronom, étranger à la langue syriaque et pris de l'arabe, indique des choses ou des êtres sans référence au rapprochement ou à l'éloignement. On l'emploie indifféremment à la place des pronoms rapprochés ou éloignés. Toutefois il est plus employé comme pronom rapproché.

SING. DES 2 GENRES : ܐܕܝ (de l'arabe هاذي) . Il se contracte en ܐܕ et parfois ܐܕ : *hic, hæc; ille, illa, iste, ista, hoc; celui-ci, celle-ci, celui-là, celle-là, ce, cette, cela.*

PLUR. DES 2 GENRES : ܐܕܝ ، ܐܢܝ ، ܐܕܢܝ . ܐܢܝ . *Hi, illi, isti.*

188.– Exemples : ܐܕܝܠܗ ܒܪܘܢܝ (1) Celui-ci est mon fils. Voici mon fils – ܐܕܢܝܠܗܝ ܥܒܕܝܬܘܟ , telles sont tes œuvres (celles-là sont...) – ܐܢܫܐ ܕܡܝܟ ܕܐܕܝ , un homme comme celui-là – ܐܕ ܕܚܝܐ ܥܡܘܟ , celui qui vit avec toi – ܐܕܝ ܒܟܬܐ ܠܐ ܟܠܝܐ ܡܢ ܦܠܚܐ , cette femme ne cesse de travailler – ܟܬܒܝ ܠܝ ܐܕܝ , j'ai écrit cela – ܐܕܠܠܝܐ , cette nuit – ܐܕܝܘܡ *(édiou)*, aujourd'hui – ܐܕܫܢܬܐ ܠܐ ܚܙܐ ܠܢ ܐܢܫܐ ܐܢܝ ܕܐܬܐ ܗܘܘ ܠܝ ܫܢܬܐ . cette année, nous n'avons pas vu les hommes qui étaient venus l'an passé – ܒܬܪ ܟܠܝܗ ܐܕܝ ܫܘܦܝܬܘܟ ܕܡܘܟ , après toutes ces choses, tu as versé ton sang.

On voit aussi employée la forme féminine littéraire ܗܕܐ , *hæc*. Ex. ܗܘܠܗ ܠܒܗܘܢ ܒܗܕܐ , *ecce cor eorum est in hoc* (Thomas Sindjari). Ici ܗܕܐ est un féminin représentant le neutre.

---

(1) ܐܕܝܠܗ est pour ܐܕܝ ܝܠܗ ou ܐܕܝ ܐܝܠܗ . – ܐܕܢܝܠܗܝ est pour ܐܢܝ ܐܝܠܗܝ ou ܐܕܝ ܝܠܗܝ .

II.- Pronoms personnels

ܣܠܝ ܡܟܢܝܐ ܦܪܨܘܦܝܐ

189.— Ils indiquent la personne qui possède, celle qui parle et celle qu'on affirme à l'exclusion de toute autre. C'est pourquoi les pronoms personnels se distinguent en : — 1° Pronoms *possessifs* ; — 2° Pronoms *verbaux* ; — 3° Pronoms *réfléchis*.

190.— 1° *Pronoms possessifs*

ܣܠܝ ܡܟܢܝܐ ܩܢܝܐ

Ils sont de deux sortes : *suffixes*, ܣܒ݂ܝܟ݂ܐ, ou isolés, ܡܦܪܫܐ .

191.— A. *Pronoms possessifs suffixes.*

Ces pronoms s'attachent à la dernière lettre du mot (non compris l'*Aläp* final) et cette lettre laisse sa voyelle pour prendre celle du pronom. Ce dernier suit toujours le genre de la personne possédant.

192.— Tableau des Suffixes possessifs

Sing. 1ère pers. des 2 g. ܝ de moi, mon (1).

    » 2ᵉ pers. masc. ܳܟ݂ de toi, ton .

    »   » fém. ܶܟ݂ de toi, ton, ta.

    » 3ᵉ pers. masc. ܗ de lui, son (2).

    »   » fém. ܗ̇ d'elle, sa.

___

(1) Le Soureth, à la différence du Syriaque classique, prononce I le pronom suffixe de la 1ʳᵉ personne du singulier. Le Syriaque écrit l'*Iodh* sans voyelles et dit ܡܲܠܟ݂ܝ, *malk*, mon roi.

(2) A Alcoche, le ܗ des pronoms suffixes est prononcé avec exagération, comme ܘ: on écrit même ܒܵܒܹܗ, son père. — Bohtan: ܗܘ, f. ܗ̇ܘ, ܗܘܐ, ܗ̇ܘܐ.

Plur. 1ᵉʳᵉ pers. des 2 g. ܢ , de nous, notre.

» 2ᵉ pers. » ܘܟܘܢ , ܟܘܢ , de vous, votre.

» 3ᵉ pers. » ܝ , ܗܘܢ , ܗܘܢ d'eux, d'elles, leurs.

193. — Application aux Substantifs.

Sing. 1ᵉʳᵉ pers. des 2 g. ܡܠܟܝ , mon roi.

» 2ᵉ pers. masc. ܡܠܟܘܟ , ton roi.

» » fém. ܡܠܟܟܝ , ton roi.

» 3ᵉ pers. masc. ܡܠܟܗ , son roi.

» » fém. ܡܠܟܗ , son roi.

Plur. 1ᵉʳᵉ pers. des 2 g. ܡܠܟܢ , notre roi.

» 2ᵉ pers. » ܡܠܟܟܘܢ ou ܡܠܟܟܘܢ , votre roi.

» 3ᵉ pers. » ܡܠܟܗܘܢ, ܡܠܟܗܘܢ, ܡܠܟܝ, leur roi.

194. — Pour un nom de forme féminine, on opère de même. Ex. ܚܬܝ , ma sœur — ܚܬܟ , ta sœur — ܚܬܢ , notre sœur.

195. — Quand les noms sont au pluriel, on applique les suffixes de même qu'au singulier. Dans les noms pluriels masculins, les *Siamé* seuls font reconnaître le pluriel. Ex. ܡܠܟܝ̈ , mes rois — ܡܠܟܝܢ̈ , nos rois — ܡܠܟܝ̈ܗܘܢ , leurs rois — ܚܬܘܬܝ̈ , mes sœurs — ܚܬܘܬܗ̈ , ses sœurs — ܚܬܘܬܟܘܢ̈ vos sœurs.

Mais, avec les noms pluriels, on emploie mieux les pronoms possessifs isolés. Ex. ܡܠܟܐ ܕܝܠܝ , mes rois.

196.– Les mots terminés en *I*, *Ya*, *Iya*, *Iyé*, acceptent les pronoms suffixes de la même manière que les autres mots. Ex. ܟܘܪܣܝ (A. كورسى), ܟܘܪܣܝܝ . ܟܘܪܣܝܘܗܝ . ܟܘܪܣܝܘܟ. On dit aussi ܟܘܪܣܘܟ . ܟܘܪܣܘܗܝ . ܟܘܪܣܝܘܗܝ - ܛܠܝܐ , enfant; ܛܠܝܝ . ܛܠܝܘܟ . ܛܠܝܘܗܝ . ܛܠܝܘܟܘܢ. etc. - ܓܡܝܐ (P. كمى) bateau; ܓܡܝܝ . ܓܡܝܘܟ . ܓܡܝܘܗܝ et ܓܡܝܗ - ܟܕܒܢܝܐ , cuisinière et maîtresse de la maison (K.) , ܟܕܒܢܝܝ . ܟܕܒܢܝܘܟ . ܟܕܒܢܝܘܗܝ , etc.

197.– Application aux Prépositions.

La règle est la même que pour les noms. Ex. ܠ , à – ܠܝ , à moi – ܠܘܟ , à toi – ܠܘܟܘܢ , à vous – On fait aussi précéder, en certains cas, le *Lamadh* d'un *Alap* prosthétique. Ex. ܐܠܝ . ܐܠܘܟ . ܐܠܘܟܘܢ , à moi, à toi, à vous.

198.– La préposition ܬܐ (1), à, *pour*, s'unit aux pronoms suffixes par un *Lamadh* intermédiaire, et l'on écrit : ܬܐܠܝ , à moi – ܬܐܠܘܟ , à toi – ܬܐܠܢ , à nous – ܫܩܘܠ ܠܗ ܬܐܠܗܝ , prends-le pour eux – Le *Taou* se prononce généralement emphatiquement, comme ܛܠܝ . ܛܠܘܟ ; on peut même l'écrire.

199.– Avec la préposition, ܒ ,*dans,en,* on dit:– ܒܝ , en moi – ܒܘܟ , en toi – ܒܗܝ , en eux, etc. (2) –

(1) A Achitha, on dit : ܬܠܐ . ܬܠܠܝ , à moi; – à Colchanès et en Perse : ܬܐ . ܬܐܝ , à moi; — ailleurs : ܬܠܝ – ܬܠܝ ; – dans le Bohtan : ܬܠܝ .

(2) A Achitha, la préposition ܒ prend un *Alap* prosthétique avec les suffixes : ܐܒܝ , en moi; ܐܒܘܟ , en toi.

En certains endroits, on dit : ܒܢܝ . ܒܓܘܟ̣ . ܒܓܢܘܟ̣ , etc.

200.—La préposition ܒ , de (génitif), devient ܕܝ .
Ex. ܕܝܝ , de moi — ܕܝܘܟ̣ , de toi ; fém. ܕܝܓ̣ܝ — ܕܝܓ̣ܘ , de lui ; fém. ܕܝܗ̣ , d'elle — ܕܝܢܝ , de nous — ܕܝܘܟ̣ܘ , de vous — ܕܝܝܗܝ , d'eux, ou ܕܝܢܗܘܢ , ܕܝܗܘܢ (1).

201.—ܥܠ ou ܐܠܠ , sur — ܥܠܝ ou ܐܠܠܝ , sur moi — ܥܠܗ̣ ou ܐܠܠܗ̣ , sur lui — ܥܡ ou ܥܡ̣ , avec — ܥܡܝ ou ܥܡ̣ܝ , avec moi — ܥܡܘܟ̣ , avec toi.

De même ܡܢ , de (ablatif) — ܠܘܬ , chez — ܒܝ , sur — ܠܘܟ̣ , vers — ܠܟܣ ou ܠܟܣ , chez — ܩܡ̣ , devant — ܒܗܘ , chez — ܒܠܟܝ , chez moi ; ܠ — ܠܟܡ . ܠܟܘܟ̣ ou ܒܟ , dans ; ܒܟܗܘܢ . ܒܟܘܟ̣ܘ . ܒܟܗ . ܒܟܘܢ̣.

ܒܬܪ ou ܒܬܪ , après, devient ܒܬ̣ܪ avec les suffixes. Ex. ܒܬܪܝ , après moi — ܒܬܪܘܟ̣ , après toi, etc.

ܚܘ ou ܚܘܬ , sous, devient ܚܘܬ avec les suffixes. Ex. ܚܘܬܝ , sous moi — ܚܘܬܗ̣ , sous lui — ܚܘܬܘܟ̣ܘ , sous vous, etc. — ܐܝܟ (akh), comme, devient ܐܝܟܘܬ ou ܐܟܘܬ ou ܐܟܘܬ . Ex. ܐܟܘܬܝ , ܐܝܟܘܬܝ , comme moi — ܐܟܘܬܘܟ̣ , comme toi, etc.

ܒܝܢ ou ܒܝܢܝ , entre, devient avec les suffixes ܒܝܢܬ . Ex. ܒܝܢܬܢ , entre nous, parmi nous — ܒܝܢܬܟܘܢ , parmi vous, etc.

---

(1) Dans le Djébel-Tour et le Bohtan, on dit : ܕܝܕܝ , de moi — ܕܝܕܘܟ̣ , de toi ; — à Tiari : ܕܝܟ̣ , ܕܝܘܟ̣ .

202.– Application aux Noms de nombre

Le nombre cardinal *jusqu'à 10* prend la terminaison *ATH* (ܐ) pour les 2 genres; puis un *Noun* de liaison l'unit aux suffixes. Ex. ܐܪܒܥܐ, quatre; ܐܪܒܥܢܢ, nous quatre – ܚܡܫܐ cinq; ܚܡܫܬܟܘܢ, vous cinq – ܐܫܬܐ six; ܐܫܬܬܗܘܢ, eux six.

203.– ܬܠܬܐ , trois, fait simplement ܬܠܬܢ, nous trois – ܬܠܬܬܟܘܢ , vous trois – ܬܠܬܝܗܘܢ, fém. ܬܠܬܝܗܝܢ, eux, elles trois.

204.– ܬܪܝܢ ou ܬܪܝܢ, deux, a des anomalies. Et d'abord il prend avec les suffixes les formes ܬܪܘܬ ou ܬܪܘܬ, suivies d'un *Noun* de liaison, pour les deux genres : – ܬܪܘܬܢ, nous deux, ou ܬܪܘܬܢ. Ou bien on dit simplement : – ܬܪܘܢ, nous deux, ou ܬܪܘܢ – ܬܪܘܟܘܢ, vous deux, ou ܬܪܘܟܘܢ – ܬܪܘܢ, eux deux, ou ܬܪܘܗܝ, ou ܬܪܘܝܗܘܢ. A la 3ᵉ personne pluriel féminin, on peut dire ܬܪܬܝܗܝܢ, elles deux.

205.– *Au-dessus de 10*, l'annexion des pronoms suffixes ne s'emploie pas; on se sert des pronoms séparés *nous, vous*, etc. Ex. Nous quinze, ܐܢܢ ܚܡܫܥܣܪ . Le nom de nombre garde sa forme simple.

206.– *B. Pronoms possessifs isolés.*

Ils s'expriment par le pronom relatif primitif ܕ, *de, qui est à*. On leur adjoint les suffixes possessifs (1).

---

(1) En langue classique, ce pronom a la forme ܕܝܠܝ , ܕܝܠܗ, à moi, à lui.

SING. 1ère pers. des 2 g. ܕܺܝܝ, de moi, à moi, mon, mien.
» 2ᵉ pers. masc. ܕܺܝܳܘܟ݂, de toi, à toi, ton, tien.
» » fém. ܕܺܝܶܟ݂, » » ta, tienne.
» 3ᵉ pers. masc. ܕܺܝܶܗ, de lui, à lui, son, sien.
» » fém. ܕܺܝܳܗ̇, d'elle, à elle, sa, sienne.
PLUR. 1ère pers. des 2 g. ܕܺܝܰܢ, de nous, à nous, nos.
» 2ᵉ pers. » ܕܺܝܟ݂ܘܢ, de vous, à vous, vos.
» 3ᵉ pers. » ܕܺܝܗܝ, ܕܺܝܗܘܢ, ܕܺܝܗܝ, d'eux, à eux, leur.

Exemples : — ܟܬ݂ܳܒ݂ܳܐ ܕܺܝܝ, mon livre — ܬܰܘܪܬ݂ܳܐ ܕܺܝܶܟ݂, ta vache — ܩܰܢܝܶܐ ܕܺܝܗܝ, leurs roseaux ou kalems — ܒ݁ܳܬ݁ܶܐ ܕܺܝܰܢ, nos maisons — ܗܰܘ ܟܬ݂ܳܒ݂ܳܐ ܕܺܝܶܗ, ce livre est à moi, le mien — ܗܳܢܳܐ ܟ݁ܺܐܦܶܐ ܕܺܝܗܘܢ ܠܳܝܬ݁, ces pierres-ci ne sont pas à eux (Voir page 58, note).

207. — Pour dire : *le mien, le tien*, etc., sans mention du nom, on s'exprime comme suit : — ܗܰܘ ܕܺܝܝ, ܗܰܘ ܕܕܺܝܠܝ, le mien — ܗܰܘ ܕܺܝܳܘܟ݂, ܗܰܘ ܕܕܺܝܳܘܟ݂, le tien — ܗܰܘ ܕܺܝܳܗ̇, ܗܰܘ ܕܕܺܝܳܗ̇, la sienne — ܐܰܢܝ ܕܺܝܝ, les miens — ܟ݁ܰܠܒ݂ܶܐ ܕܺܝܟ݂ܘܢ ܟ݁ܰܪܟ݁ܝܼܢ̈ܶܐ ܐܶܢܘܢ ܐܰܢܝ ܕܺܝܰܢ ܠܳܐ, vos chiens sont enragés (très ardents), les nôtres, non.

208. — Le pronom isolé ܕܺܝܝ, ܕܺܝܳܘܟ݂, etc, a parfois le sens de *moi, toi, lui*, etc. Ex. ܒ݁ܠܳܐ ܕܺܝܝ, sans moi — ܒ݁ܠܳܐ ܕܺܝܰܢ ܠܳܐ ܡܳܨܺܝܬ݁ܘܢ, sans nous, vous ne pouvez rien contre eux. Dans cette manière de dire, les mots *permission, secours*, etc. sont sous-entendus. Ex. ܒ݁ܠܳܐ ܕܺܝܝ, c'est-à-dire ܒ݁ܠܳܐ ܫܘܠܛܳܢܝ ou ܒ݁ܠܳܐ ܥܘܕ݂ܪܳܢܝ, sans ma permission ou mon secours.

209.– Parfois on emploie ensemble le pronom suffixe et le pronom isolé par mode de corroboration. Ex. ܒܵܒܘܼܗ̇ ܕܝܼܠܹܗ , son père – Cette manière est très employée dans la montagne, même avec des prépositions. Ex. ܥܠܵܝܗ̇ ܕܝܼܠܹܗ , sur lui – ܥܡܵܝܗ̇ ܕܝܼܠܹܗ , avec lui – ܐܸܠܹܗ ܕܝܼܠܹܗ ,à lui – Mais ce genre de corroboration ne s'emploie, ordinairement, qu'à la 3e pers. sing. masc., comme les exemples le montrent.

III.– Pronoms verbaux (ܫܡܵܗ̈ܐ ܡܟܲܢܝܵܢ̈ܐ ܡܸܠܬܵܢ̈ܝܹܐ)

Ils sont *isolés* ou *suffixes*.

210.– 1° *Pronoms verbaux isolés.*

Sing. 1ère pers. des 2 g. ܐܵܢܵܐ , je, moi.

» 2e pers. masc. ܐܝܼܬ . ܐܲܬܸܬ . ܐܲܗܸܬ . ܐܲܢ̄ܬ , tu, toi.

» » fém. ܐܝܼܬܝ . ܐܲܬܸܬ . ܐܲܗܸܬ . ܐܲܬܸܬ . ܐܲܢ̄ܬܝ , tu, toi.

» 3e pers. masc. ܐܵܗܘܼ . ܐܵܘܼ , il, lui.

» » fém. ܐܵܗܝ . ܐܵܝ , elle.

Plur. 1ère pers. des 2 g. ܐܲܚܢܲܢ , nous.

» 2e pers. » ܐܲܟ݂ܬܘܿ . ܐܲܟ݂ܬܘܿܢ , vous.

» 3e pers. » ܐܵܢܗܝ , eux, elles (1).

211.– Les pronoms verbaux isolés s'emploient com-

---

(1) ܐܲܢ̄ܬ , *at* - ܐܲܢ̄ܬܝ (class. ܐܲܢ̄ܬܝ) *âti* – sont des formes littéraires parfois employées – Dans ܐܲܟ݂ܬܘܿ (class. ܐܲܢ̄ܬܘܿܢ) , le *Kaf* est introduit comme lettre de corroboration, comme dans ܐܲܟ݂ܣܝܼܪܵܐ pour ܐܲܣܝܼܪܵܐ , captif, et d'autres mots. Dans ܐܵܢܗܝ , le *Noun* a passé devant le *Hé*, par une de ces métathèses assez fréquentes en Soureth (class. ܗܸܢܘܿܢ , d'où on a fait ܐܵܗܢܘܿܢ et ܐܵܢܗܝ) . C'est ainsi qu'on dit ܩܠܝܼܕܵܐ , clef, pour ܩܠܝܼܕܵܐ – ܩܲܠܡܵܐ , pou, pour ܩܲܡܠܵܐ (A. قملة), etc.

me sujets des verbes. Ex. ܐܢܐ ܒܥܠܝܢ ܡܢܘܟ݂, je demande de toi – ܐܗܘ ܐܙܝܠ ܠܗ, il est parti – ܐܢܝܗܝ ܡܡܠܠܐ ܠܗ, ils parlèrent.

Quelquefois le pronom verbal isolé est employé par corroboration. Ex. ܕܒܸ ܡܚܝܢܘܟ݂ ܐܢܬ, je te frapperai, toi – ܕܒܸ ܐܡܪܢܘܟ݂ ܐܢܐ, je te dirai, moi.

212.– On voit les pronoms de la 3e pers. ܐܗܘ ، ܐܗܝ ، ܐܢܝܗܝ, employés comme compléments des verbes et comme adjectifs démonstratifs. Ex. ܛܪܕܝܠܝ ܐܗܘ ܘܒܟ݂ܬܗ, j'ai chassé lui et sa femme – ܓܒܪ̈ܐ ܐܢܝܗܝ ܠܐ ܒܚܒܝܠܝ, ces hommes-là ne m'aiment pas.

213.– Les pronoms ܐܗܘ ، ܐܗܝ ، ܐܢܝܗܝ, servent aussi d'article. Ex. ܓܒܪ̈ܐ ܐܢܝܗܝ ܕܚܙܝܠܢ, les hommes que nous avons vus – ܥܕܬܐ ܐܗܝ ܟܢܘܫܬܐ ܕܡܗܝܡܢܐ, l'Eglise est l'assemblée des fidèles.

Les pronoms possessifs ܐܘܐ ، ܐܘܐ, etc. sont employés souvent comme pronoms verbaux. Ex. ܐܘܐ ܐܡܝܪܬܗ ܗܘܐ ܠܝ, il me dit – ܐܢܝ ܦܠܛܠܗ ܠܗ ܘܥܪܩܠܗ ܠܗ, ils sortirent et s'enfuirent.

2°.– *Pronoms verbaux suffixes*

214.– Ils s'ajoutent au verbe pour indiquer les personnes et sont de trois espèces : – 1° les suffixes *du Présent*; – 2° les suffixes *du Prétérit*; – 3° les suffixes *pronominaux*, compléments du verbe. Ex. – ܩܛܠܢ, je tue – ܩܛܝܠ ܠܝ, je tuai – ܕܒܸ ܩܛܠܢܗ, je le tuerai.

Mais l'étude de ces pronoms appartient plutôt à l'étude du verbe.

IV.- Pronoms réfléchis

215.– Ces pronoms s'expriment par les pronoms verbaux isolés ܐܢܐ , ܐܢܬ , etc. suivis de l'un des mots ܓܝܢܐ ou ܢܦܫܐ , âme – ܪܘܚܐ , esprit – ܩܢܘܡܐ , personne – et devant ces mots on met la préposition ܒ , ou toute autre demandée par le sens. Ces mots prennent aussi après eux les suffixes possessifs. Ex. ܐܢܐ ܒܓܝܢܝ , moi-même (mot-à-mot : moi dans mon âme) – ܐܢܬ ܒܓܝܢܘܟ, toi-même – ܐܗܘ ܒܢܦܫܗ , lui-même – ܐܗܝ ܒܪܘܚܗ , elle-même (mot-à-mot : en esprit) – ܐܗܘ ܒܩܢܘܡܗ, lui-même (mot-à-mot: en personne) ܐܚܢܢ ܒܓܝܢܢ , nous-mêmes – ܕܝܝ ܒܓܝܢܝ , de moi-même – ܥܠܝ ܒܢܦܫܝ , à moi-même – ܡܢܗ ܒܩܢܘܡܗ , d'elle en personne.

216.– ܓܝܢܐ (du Persan جان) est le plus employé partout. A Telkef, on use beaucoup de ܢܦܫܐ .

V.- Les Pronoms personnels et l'article

217.– Nous savons que le Soureth n'a pas d'article déterminatif et nous avons dit qu'on y supplée, entre autres manières, par les pronoms, soit possessifs, soit personnels. Dans ce cas, le pronom se met le plus souvent après le nom. Alors le nom reçoit une détermination plus spéciale que s'il était déterminé uniquement par les circonstances de la phrase.

218.– Exemples : ܬܘܪܐ ܐܗܘ ܕܚܙܐ ܠܝ , le bœuf

(celui) que j'ai vu – ܒܪܵܬܵܐ ܕܗܵܝܹܟ ܠܕܸܟܢܝ, la femme qui est à côté de nous – ܠܵܐ ܗܲܡܡܸܢ ܠܗܵܕܟܵܐ ܙܲܡ ܕܫܡܝܼܥܠܘܼܟ, ne crois pas aux paroles que tu as entendues. ܠܹܠܵܘܵܬܹܐ ܕܗܵܘܝ ܒܗܝܼܪܹܐ ܩܲܪܝܼܪܹܐ ܝܢܵܐ, les nuits qui sont brillantes sont froides – ܗܘܿ ܝܘܿܡܵܐ ܕܒܹܕ ܐܵܙܠܘܼܟ, le jour où tu t'en iras – ܥܒܘܿܕ ܗܘܿ ܡܸܢܕܝܼ ܕܒܝܹܗ ܩܵܡܠܵܐ ܢܝܼܘܿܟ, fais la chose par laquelle s'accomplira ton intention – ܠܛܲܝܒܘܼܬܵܐ ܗܘܿ ܕܐܝܼܬܠܲܢ ܡܸܢ ܡܲܥܡܘܕܝܼܬܵܐ, la grâce que nous avons du baptême.

219. – Notre article indéfini *un*, *une*, se rend par ܚܲܕ, ܚܕܵܐ. Ex. ܐܲܢܵܐ ܝܘܸܢ ܚܲܕ ܢܘܼܟܪܵܝܵܐ, je suis un étranger.

220. – Les articles indéfinis *du*, *des*, etc. n'ont pas d'expression propre; le nom se présente seul. Ex. Du pain me suffit, ܠܲܚܡܵܐ ܟܵܦܸܐܠܝܼ – Apporte-moi de l'eau, ܐܲܝܬܝܼ ܠܝܼ ܡܝܼܵܐ.

VI. - PRONOM RELATIF OU CONJONCTIF
ܫܡܵܐ ܓܲܘܵܐ ܕܩܸܛܪܵܐ

221. – Le pronom relatif est unique et s'exprime par ܕ, *qui* (primitivement ܕܝܼ) (1). Cette particule se place devant le mot qu'elle joint aux autres; elle prend un *Zlama pchika* quand la première lettre du mot suivant est quiescente. Ex. ܙܘܼܙܹܐ ܕܦܝܼܫܝܼ ܠܸܒ ܠܵܓܒܘܼܟ, l'argent qui est resté chez toi – ܥܲܝܢܵܐ ܕܟܹܐܒܵܐܠܹܗ, l'œil qui lui fait mal.

---

(1) L'arabe a gardé la forme primitive ܕܝܼ dans الذي, qui, celui qui.

222. – On fait ordinairement précéder cette particule de quelque pronom démonstratif pour mieux déterminer, ou pour traduire les cas obliques de *qui*, comme : *dont, de qui, duquel, à qui, auquel, que*, etc. Ex. ܒܲܟ݂ܬܵܐ ܕܟܐܡܪܸܢ ܥܲܠܵܗ̇, la femme dont je parle – ܫܘܼܒ݂ܚܵܐ ܠܲܡܫܝܼܚܵܐ ܗ̇ܘ ܕܦܲܪܩܲܢ, gloire au Christ qui nous a sauvés ! – ܪܲܟ݂ܵܒ݂ܵܐ ܗ̇ܘ ܕܗܘܼܡܙܸܓ݂ ܠܹܗ ܥܲܡܹܗ, le cavalier auquel j'ai parlé – ܓܲܢܵܒܹ̈ܐ ܐܵܢܝܼ ܕܩܝܼܡ ܠܝܼ ܡܗܘܼܢܕܸܒ݂ܵܢܵܐ ܡܸܢܲܝ, les voleurs par lesquels j'ai été dépouillé.

223. – *Celui qui, celui que, celle que, ceux que, ce que,* etc. se traduisent par les pronoms démonstratifs suivis du *Dalath*. Ex. ܗ̇ܘ ܕܚܙܹܐ ܠܝܼ, celui que j'ai vu – ܐܵܝ ܕܐܬܝܵܐ ܠܵܗ̇, celle qui est venue – ܐܵܘ ܕܝܼܕ݂ܝܼܒ݂ ܟܬ݂ܵܘܟ݂, celui qui est à toi – ܐܵܢܝܼ ܕܚܕ݂ܝܼܪܝܼ ܠܘܼܟ݂, ceux que tu as chassés – ܐܵܢܝܼ ܕܐܡܝܼܪܝܼ ܠܘܼܟ݂, ce que tu as dit. Ou bien ܗ̇ܘ ܡܐܢܝܼ ܕܐܡܝܼܪܝܼ ܠܘܼܟ݂.

224. – Le relatif ܕ sert aussi pour rendre la relation de génitif. Ex. La veste de Jean, ܟܘܼܬܝܼܢܵܐ ܕܝܘܿܚܲܢܵܢ (mot-à-mot : la veste qui est à Jean). On l'emploie encore pour traduire le *de* indiquant la matière, la substance, l'origine d'une chose. Ex. Le chandelier d'argent, ܡܢܵܪܬܵܐ ܕܣܹܐܡܵܐ – Une boîte de tabac à priser (tabatière), ܩܘܼܛܝܼ ܕܬ݂ܘܼܬܘܼܢ – Cuir de Russie, ܓܸܠܕܵܐ ܕܪܘܿܣܝܼܵܐ ou ܛܲܠܝܼܩ.

VII. – Pronoms interrogatifs
ܫܡܵܗܹ̈ܐ ܡܫܲܐܠܵܢܹ̈ܐ

225. – Les pronoms interrogatifs sont de trois sortes : – 1° Ceux qui se rapportent aux personnes ; – 2° Ceux qui se rapportent aux choses; — 3° Ceux qui se rapportent à la fois aux personnes et aux choses, et qui pour cela peuvent être appelés *mixtes*.

226.— 1° *Pronoms interrogatifs se rapportant aux personnes*

ܡܿܢ ou ܡܿܢ , ܡܿܢܘ , qui ? quel ? — Ils sont invariables — Ex. ܡܿܢܘ ou ܡܿܢ , qui est venu ? — ܡܿܢ ou , quels sont ceux qui t'aiment ? — ܠܡܿܢ , à qui as-tu dit des injures ?

227.— 2° *Pronoms interrogatifs se rapportant aux choses*

ܡܳܐ ou ܡܢ , quoi ? quel ? que ? — Invariables. Ex. ܡܳܐ , *quid tibi de me, mulier ?* — ܡܳܐ , que lui dirai-je ? — ܒܡܳܐ ou ܡܢ , de quoi, sur quoi t'es-tu fâché ? — ܡܕܝܢ , que suis-je devant eux ? — ܡܳܐ , quel est ton nom ? .

228.— La forme ܡܢ est une contraction de ܡܳܐ avec le *Iodh* du verbe *Être* : ܗܘ , ܗܝ , etc. ܡܝܘ pour , ܡܝܗ pour ܡܗܝ .

229.— ܡܳܐ se corrobore par ܗܘ . ܗܝ , surtout après les prépositions ܡܢ . ܠ , à — ܠܡܳܐ , *ad quid venisti ?*

230.— Dans la montagne, on emploie beaucoup

ܡܵܢܘܼ, quoi ? quelle chose ? – ܡܵܢܘܼ ܐܡܝܼܪܘܿܟ݂, qu'as-tu dit ? (ܡܵܢܘܼ contracté pour ܡܵܐ ܕܝܼ).

231.– 3° *Pronoms interrogatifs mixtes*

ܐܲܝܢܝܼ (Ar. اي) (1) , ܡܿܐ , *lequel ? quel ?* – Invariables. Ex. ܐܲܝܢܝܼ ܡܸܢ ܐܲܚܘܿܢܘܵܬ݂ܘܿܟ݂ ܡܝܼܬ݂ ܠܹܗ, lequel de tes frères est mort ? – ܐܲܝܢܝܼ ܝܼܠܹܗ ܒܵܒܹܗ, quel est son père (parmi plusieurs hommes) ? – ܐܲܝܢܝܼ ܨܠܘܿܬ݂ܵܐ ܡܘܼܨܠܝܼܬ ܠܘܿܟ݂, quelle prière as-tu récitée ? – ܠܐܲܝܢܝܼ ܒܲܝܬ݂ܵܐ ܙܝܼܠ ܠܘܿܟ݂, à quelle maison es-tu allé ? – ܠܐܲܝܢܝܼ ܢܵܫܵܐ ܡܚܹܐ ܠܘܿܟ݂, quel homme as-tu battu ?

232.– Sans interrogation, ܐܲܝܢܝܼ suivi du *Dalath* a le sens de *celui que, quiconque* (Voir n° 240).

VIII.– Pronoms indéfinis

233.–Les principaux pronoms indéfinis sont : ܚܲܕ݂, un – ܚܲܕ݂ܟܡܵܐ ou ܡܸܢܕܝܼ, quelque – ܚܲܕ݂...ܐܚܪܢܵܐ, l'un...l'autre – ܐܲܟ݂ܚܲܕ݂, ensemble – ܐܲܝܢܝܼ, quiconque – ܟܠ, tout – ܐܢܵܫܵܐ. ܐܢܵܫܵܐ, des gens, on – ܡܸܢܕܝܼ, chose – ܦܠܵܢ, tel, un tel – ܚܲܕ݂ܟܡܵܐ ... ܚܲܕ݂ܟܡܵܐ, quelques-uns ... quelques autres – ܐܝܼܬ݂ ܕ ... ܐܝܼܬ݂ ܕ, il y en a qui ... d'autres qui. – ܟܡܵܐ, de quelque manière que.

234.– Les pronoms indéfinis, en se composant avec d'autres mots, prennent différents sens que nous verrons.

235.– Ils deviennent *adjectifs indéfinis* quand ils se rapportent à un nom.

---

(1) Classique : ܐܲܝܢܵܐ - Achitha : ܐܲܝܢܝܼ - Ailleurs : ܐܲܝܕܝܼ .

236.– 1° ܚܰܕ ، ܚܕܳܐ , *un, une, certain, certaine.* ܫܡܺܝܥ ܠܝ ܡܢ ܚܰܕ ܬܰܥܠܳܐ . j'ai appris d'un, de certain renard.– On adjoint ܡܢ pour corroborer le sens de *certain.* Ex. ܚܰܕ ܡܢ ܝܘܡܳܬܳܐ , un certain jour (mot-à-mot : un des jours) – ܚܰܕ ܡܢ ܦܰܠܚ̈ܶܐ , un des soldats, un certain soldat – ܚܰܕ ܡܩܰܕܫ̈ܶܐ ܕܥܺܕܬܳܐ ܕܶܗ ܠܶܗ ܐܶܬܚܙܺܝ ܠܶܗ , un des Saints, un certain Saint lui apparut.

237.– ܚܰܕ composé avec les négations ܠܳܐ , ܕܶܘ , forme les pronoms : *Aucun, nul, personne, absolument aucun, pas un .* Ex. ܠܳܐ ܚܰܕ ܐܳܬܶܐ ܠܶܗ ܠܒܰܝܬܝ , aucun, personne n'est venu à ma maison – ܕܶܘ ܚܰܕ ܠܳܐ ܚܙܶܐ ܠܝ , je n'ai vu personne – ܗܶܘ ܚܰܕ ܠܳܐ ܒܰܥܒܶܝܢܶܗ , je n'en veux absolument aucun.

238.– 2° ܚܰܕܟܡܶܕܳܐ ou ܚܰܕܡܶܕܳܐ . *Quelque, une quantité, certain.* Ex. ܐܗܘ ܚܰܕܡܶܕܳܐ ܝܘܡܳܬܳܐ ܒܦܳܠܚ ، ܚܰܕܡܶܕܳܐ ܠܳܐ , certains jours, il travaille, et certains, non – ܗܰܒ ܠܝ ܚܰܕܡܶܕܳܐ ܠܰܚܡܳܐ , donne-moi quelque pain, une quantité de pain.

Quand ܚܰܕܡܶܕܳܐ , est adjectif, il *peut être* mis au pluriel : ܚܰܕܡܶܕܳܐ ܓܳܗ̈ܶܐ , quelques fois.

239.– 3° ܐܚܪܺܢܳܐ ... ܚܰܕ , *l'un, l'autre, mutuel*– ܚܕܳܕ̈ܶܐ , *ensemble.* Ex. ܒܪܳܚܡܺܝ ܚܰܕ ܠܐܚܪܺܢܳܐ ou ܠܚܕܳܕ̈ܶܐ , ils s'aiment l'un l'autre, mutuellement – ܐܡܺܪܝ ܚܰܕ ܠܶܗ ܗܰܘ ܐܚܪܺܢܳܐ ou ܠܚܕܳܕ̈ܶܐ , ils se dirent l'un à l'autre – ܐܳܢܳܐ ܘܗܳܢܳܐ ܗܰܘ ܐܚܪܺܢܳܐ ܠܳܐ ܗܘܺܝ ܒܦܰܝܫܝ , ni l'un ni l'autre ne sont de mon goût.

240. — 4° ܐܢܫ suivi d'un *Dalath* a le sens de *quiconque, quel que, celui qui, celui que*. Ex. ܐܢܫ ܕܡܚܢܸܦ ܠܟ، ܠܐ ܡܗܝܡܢܝܬ ܠܗ, quiconque te flatte, ne le crois pas — ܗܒ ܠܝ ܦܘܢܝܐ ܐܢܫ ܕܗܘ, donne-moi une réponse, quelle qu'elle soit — ܐܢܫ ܕܗܘܘ ܛܪܘܕ ܠܗܘܢ, quels qu'ils soient, chasse-les.

241. — 5° ܟܠ, *koul*, tout. Ex. ܟܠ ܐܢܫ ܡܝܘܬܐ ܗ̱ܘ, tout homme est mortel.

ܟܠ ܐܢܫ ܕ, ܟܠ ܡܢ ܕ, *quiconque*. Ex. ܕܫܡܥ ܠܗ ܢܟܐ ܫܩܠ, quiconque l'écoute souffrira dommage — ܟܠ ܡܢ ܕܣܠܩ ܢܚܝܬ, quiconque monte descendra.

ܟܠܗ ܚܕ, *tout un, même chose*. Ex. ܟܠܗ ܚܕ ܗ̱ܘ, c'est tout un, c'est la même chose.

ܟܠ se remplace fautivement par ܟܘܕ, lorsqu'il a le sens de *chaque, chacun*. Ex. ܟܘܕ ܐܢܫ, chacun, chaque homme — ܟܘܕ ܝܘܡ, chaque jour — ܟܘܕ ܚܕ ܒܟܐ, chacun pleura — ܟܘܕ ܚܕ ܐܟܠ ܠܗ ܚܕ ܚܙܘܪܐ, chacun mangea une pomme.

ܟܠ peut prendre les pronoms affixes possessifs et alors il a le sens de *tout entier*. Ex. ܒܝܬܗ ܟܠܗ, sa maison tout entière — ܩܪܝܬ ܨܠܘܬܝ ܟܠܗ, j'ai récité ma prière tout entière — ܟܠܗܘܢ ܥܠܡܐ, tout le monde — ܐܢܬܘܢ ܟܠܟܘܢ ܒܝܫܐ ܐܢܬܘܢ, vous tous êtes des méchants — ܐܢܫ ܕܡܬܐ ܟܠܗ, les gens du village, en totalité.

242. – 6° ܐܢܫܐ, *un homme, quelqu'un*. Ex. ܚܕ ܐܢܫܐ ܐܡܝܪܗ ܩܐܠܝ, quelqu'un m'a dit – ܠܐ ܚܕ ܐܢܫܐ, ܗܘ ܐܢܫܐ personne, aucun – ܠܝܬ ܐܢܫܐ, il n'y a pas d'homme, personne.

Au pluriel, ܐܢܫ̈ܐ, *des gens, on, certains*. Ex. ܐܢܫ̈ܐ ܟܐܡܪܝ, les gens disent, on dit – ܐܢܫ̈ܐ ܡܢܝܗܝ, des gens d'entre eux, certains d'entre eux.

On peut s'exprimer simplement par le verbe au pluriel. Ex. ܟܐܡܪܝ ܕܒܕ ܐܙܠܘܬ، ܡܟܐ, on dit que tu t'en iras d'ici.

243. – 7° ܡܢܕܝ, *chose* (class. ܡܕܡ), suivi de *Dalath* signifie *ce que*. Ex. ܡܢܕܝ ܕܫܩܝܠ ܠܘܟ, ce que tu as emporté.

Précédé d'un nom, ܡܢܕܝ signifie *quelque, quelqu'un*. Ex. ܠܚܡܐ ܡܢܕܝ ܠܝܬܗ ܠܘܟ ܕܝܗܒܬܠܝ, tu n'as pas quelque (morceau) de pain à me donner à manger ? – ܐܢܫܐ ܡܢܕܝ ܠܐ ܚܙܐ ܠܘܟ، ܒܐܘܪܚܐ, tu n'as pas vu quelqu'un en chemin ? – Avec les négations ܠܐ et ܗܘ, ܡܢܕܝ signifie *rien*. Ex. ܡܢܕܝ ܠܐ ܐܟܝܠ ܠܝ, je n'ai rien mangé – ܗܘ ܡܢܕܝ ܠܝܬܗ ܠܝ, je n'ai rien – ܥܠܡܐ ܒܪܐ ܡܠܐ ܡܢܕܝ, le monde a été créé de rien.

244. – 8° ܦܠܢ (A. فلان) ou ܦܠܢܝܐ ; fém. ܦܠܢܝܬܐ, ܦܠܢܝܬܝ ; *un tel, une telle*. Ex. ܠܐ ܡܫܘܝܬ ܒܦܘܡܐ ܕܦܠܢ ܘܦܠܢ, ne parle pas par la bouche de tel ou tel – ܦܠܢܝܬܐ ܐܬܝܐ ܠܗ̇, une telle est venue.

Tel que s'exprime par ܒ ܐܝܟ – ܒ ܐܢܫܐ ܗܘ – ܒ ܝܢܝ –

ܐܝܟ ܗܕܐ܀ ܐܝܟ ܡܗ ܕܡܣܒܪܬ܀ ܐܘܝܐ܂ ܐܝܟ ܗܕܐ܂ , il n'est pas tel que tu penses — ܠܝܬ ܐܟܘܬܗ, il n'y a pas tel que lui.

On rend aussi *tel* par ܗܘ܂ ܕܐܝܟ... ܕܐܝܟ. Ex. ܐܝܟ. ܐܝܟ ܒܒܐ ܗܘ ܒܪܗ, tel père, tel fils.

245. — 9° ܡܢܝ̈܆܂ ܘܡܢܝ̈܆, quelques-uns ... quelques autres... ܡܢܝ̈ ܡܝܬܘ ܘܡܢܝ̈ ܐܒܕܘ, quelques-uns moururent et quelques autres se perdirent (mot-à-mot : d'eux moururent, d'eux se perdirent).

246. — 10° ܐܝܬ ܕ ... ܐܝܬ ܕ, il y a des gens qui, il y a en qui... et d'autres qui. — Quelques-uns ... quelques autres. — Certains — Ex. ܐܝܬ ܕܓܚܟܝܢ ܘܐܝܬ ܕܒܟܝܢ, il y en a qui rient et d'autres qui pleurent. Quelques-uns rient, quelques autres pleurent.

247. — 11° ܐܝܟ, de quelque manière que, quoi que. — ܐܝܟ ܕܥܒܕܬ ܠܐ ܡܨܝܬ, de quelque manière que, quoi que tu fasses, tu ne peux rien sur lui.

On rend aussi cette expression par ܡܕܡ ܕ - ܡܐ ܕ - ܕܐܝܟ ܐܝܕܐ ܕ. Ex. ܕܐܝܟ ܡܐ ܕܥܒܕܬ ou ܡܕܡ, quoi que tu fasses — ܕܐܝܟ ܐܝܕܐ ܕܡܡܠܠܐ ܐܢܬ ܠܗ ܣܪܝܩܐܝܬ, de quelque manière que tu lui parles, c'est sans profit.

La même chose se dit en redoublant le verbe et en mettant la négation ܠܐ devant le second verbe. Ex. ܥܒܕܬ ܐܘ ܠܐ ܥܒܕܬ ܡܐܬ ܐܢܬ, de quelque manière que tu fasses, quoi que tu fasses, tu mourras (mot-à-mot : que tu fasses ou ne fasses pas, tu mourras).

ܗܘ ܐܝܟ ܕ, quelque, quoi que, quel ... que, tout ... que

Ex. ܗܿܘ ܡܐ ܕܩܵܢܹܐ ܙܘܼܙܹ̈ܐ ܡܵܚܣܘܿܪܹܗ ܠܵܐ ܠܹܗ , quelque fortune qu'il acquière, il n'a pas de profit — ܗܿܘ ܐܝܼܢܵܐ ܕܪܲܒܵܐ ܝܘܸܬ ܦܘܿܫ ܕܿܪ ܡܟܝܼܟܼܵܐ , tout grand docteur que tu es, reste humble.

CHAPITRE VII

Le Verbe (ܡܸܠܬܼܵܐ)

I.- Racine du Verbe

248.— Le fondement du Verbe est sa racine, ܫܸܪܫܵܐ, ܝܲܒܼܠܵܐ.— Les lettres radicales des verbes, ܐܵܬܼܘܵ̈ܬܼܐ ܫܸܪ̈ܫܵܝܹܐ, ne sont pas moins de trois, en Soureth, et elles peuvent aller jusqu'à quatre et même cinq : d'où les verbes sont appelés *trilittères*, *quatrilittères* et *quintilittères* (1).

249.— Les lettres radicales se trouvent, à l'infinitif, en retranchant l'*Alap* final dans les verbes trilittères simples. Ex. ܩܛܵܠܵܐ , tuer (Racine ܩܛܠ). S'il s'agit d'un verbe composé, outre l'*Alap* final, on retranche aussi la lettre composante, qui est toujours un *Mim* initial. Ex. ܡܒܲܛܠܵܐ , annuler (Rac. ܒܛܠ) - ܡܦܲܫܩܵܐ , interpréter (Rac. ܦܫܩ) - La lettre ܘ est une voyelle et ne compte pas pour la racine.

Il est à noter que, dans les verbes *quatrilittères* et *quintilittères*, toutes les lettres fondamentales ne sont pas radicales; car il est des verbes qui se tirent

---

(1) Quoiqu'il n'y ait pas de verbes simples à deux radicales, en Soureth, on en voit cependant parmi les verbes composés; mais alors les deux radicales sont redoublées. Ex. ܡܓܲܠܓܠܵܐ , se hâter (Rac. ܓܠ).

de noms dont ils gardent la forme. Ainsi ܡܶܢܝܳܢܽܘܬܳܐ, compter, vient de ܡܶܢܝܳܢܳܐ, compte, dans lequel la racine est ܡܢܐ, parce que sa terminaison ܢܐ n'est qu'un suffixe nominal. Aussi, pour les verbes composés, le terme de *lettres principales du verbe* conviendrait mieux que celui de *lettres radicales* (1).

II.- LES DIFFÉRENTES ESPÈCES DE VERBES

Les Verbes se distinguent de différentes manières:

250.- 1° *Verbes trilittères, quatrilittères, quintilittères*, comme nous l'avons vu plus haut (n° 248).

251.- 2° *Verbes simples*, ܡܶܠܳܐ ܦܫܺܝܛܳܐ, et *Verbes composés*, ܡܶܠܳܐ ܡܪܰܟܒܳܐ. Les premiers n'ont que trois radicales, les seconds ont leurs lettres radicales ou principales augmentées d'un *Mim* préfixe. Ex. ܩܛܰܠ, tuer — ܡܩܰܛܶܠ, faire tuer.

252.- 3° *Verbes sains*, ܡܶܠܳܐ ܫܰܠܡܳܐ et *Verbes infirmes*, ܡܶܠܳܐ ܚܣܺܝܪܳܐ. Les premiers sont ceux qui n'ont ni *Alap*, ni *Iodh* dans leurs radicales. Les seconds sont, au contraire, ceux qui ont un *Alap* ou un *Iodh* dans leurs radicales. Ex. ܢܦܰܩ, sortir (*sain*) — ܩܪܳܐ, appeler (*infirme*) — ܐܙܰܠ, aller (*infirme*). Ces deux lettres sont regardées comme faibles, et par suite, frappées d'*infirmité*.

253.- 4° *Verbes transitifs ou actifs*, ܡܶܠܳܐ ܡܥܰܒܪܳܢܳܐ, et *Verbes intransitifs ou neutres* — ܡܶܠܳܐ

---

(1) Il y a quelques verbes composés où le *Mim* est une radicale, comme ܡܚܰܣܶܢ, favoriser, de ܚܰܣܢܳܐ, faveur.

ܕܪܝܫܐ — Les premiers ont un régime direct, les seconds n'ont qu'un régime indirect, comme dans notre langue. Les verbes n'ont rien, dans leur forme extérieure, qui indique leur signification transitive ou intransitive; seule, la forme composée en *Mim* mobile est toujours transitive (1).

254.- 5° *Verbes réguliers*, ܐܢ̈ܫ ܣܘܟ̈ܣܐ, et *irréguliers*, ܠܐ ܐܢ̈ܫ ܣܘܟ̈ܣܐ, c'est-à-dire verbes qui suivent les règles établies ou ne les suivent pas.

255.- 6° *Verbe impersonnel*, ܠܐ ܦܪܨܘܦܝܐ. Ex. ܐܝܬ, il y a.

256.- *Note*. Selon l'usage, nous énoncerons les formes des verbes et des autres mots au moyen des trois lettres: ܦܥܠ. Les voyelles dont elles sont marquées, et les lettres dont elles sont augmentées, forment autant de types particuliers.

Ainsi ܣܥܪ est sur le type ܦܥܠ, - ܦܥܘܠܐ sur le type ܦܥܘܠܐ, - ܡܦܥܠܐ sur le type ܡܦܥܠܐ, - ܡܬܦܥܠܐ sur le type ܡܬܦܥܠܐ, etc.

III.- Conjugaisons du Verbe (ܣܘܟ̈ܣܐ)

257.- Il y a trois conjugaisons, que l'on distingue par la forme de l'infinitif:

1°- Type ܦܥܠܐ, pour les verbes simples, comme ܒܛܠܐ, être annulé.

2° - Type ܡܦܥܠܐ, pour les verbes composés en *Mim* quiescent, comme ܡܒܛܠܐ, annuler.

---

(1) Voir le n° 340.

3° – Type ؜ܡܫܲܟܸܦܬܵܐ ؜, pour les verbes composés en *Mim* mobile, comme ؜ܡܫܲܒܸܛܸܠ؜, faire annuler.

258.– Quant au sens, la 1ère et la 2ème conjugaisons sont intransitives ou transitives; la 3ᵉ est toujours transitive.

259.– On appelle ؜ܐܸܫܟܹܐܠ؜, tableau – ؜ܡܸܫܚܵܐ؜, mesure – ؜ܛܘܼܦܣܵܐ؜, type – un paradigme de conjugaison.

260.– Le *Verbe passif* n'a pas de conjugaison propre; on la compose, comme en français, avec le participe passé et le verbe *Être*. Ex. Je suis aimé, ؜ܡܘܼܚܸܒܵܢܸܐ؜ – Je fus aimé, ؜ܝܘܸܢ ܗܘܵܐ ܡܘܼܚܸܒܵܐ؜.

261.– Les *Modes* de la conjugaison, ؜ܙܢܹ̈ܐ؜, sont les mêmes que dans notre langue; mais l'*Infinitif* et le *Participe présent* sont plutôt des noms.

262.– L'infinitif est appelé *Mode indéfini*, ؜ܙܢܵܐ ܠܵܐ؜ ؜ܡܫܘܼܚܠܦܵܐ؜ – ou *Nom d'action*, ؜ܫܸܡ ܣܘܼܥܪܵܢܵܐ؜. Il exprime l'action dans un sens absolu. Ex. ؜ܟܦܘܼܪܹܐ؜, nier, et négation.

263.– Le *Participe présent* s'appelle *Nom d'Agent*, ؜ܫܸܡ ܥܵܒܘܿܕܵܐ؜ ; il correspond à nos noms d'agent en EUR. Ex. ؜ܩܵܛܘܿܠܵܐ؜, tueur; mais non *tuant*.

264.– Le *Participe passé*, appelé *Nom de patient*, ؜ܫܸܡ ܟܫܝܼܫܵܐ؜, correspond à notre participe passé. Ex. ؜ܒܩܸܛܠܵܐ؜, tué.

265.– Les *Temps*, ؜ܘܸܕܵ̈ܢܹܐ؜, se rapportent à deux formes principales : celle du *Présent* et celle du *Prétérit*.

Du Présent se forment le *Futur* et le *Subjonctif* au moyen de certains préfixes. Ex. ؜ܫܵܩܸܠ؜, il prend –

ܒܶܕ ܫܳܩܶܠ , il prendra – ܕܫܳܩܶܠ , qu'il prenne. En ajoutant ܗܘܳܐ (il fut) à ces temps, on leur donne un *Imparfait.* Ex. ܫܳܩܶܠ ܗܘܳܐ , il prenait – ܒܶܕ ܫܳܩܶܠ ܗܘܳܐ , il prendrait (c'est à peu près notre Conditionnel) – ܕܫܳܩܶܠ ܗܘܳܐ , qu'il prît.

Du Prétérit se forme le *Plus-que-parfait* en ajoutant encore ܗܘܳܐ après le verbe. Ex. ܫܩܝܼܠ ܠܝܼ , je pris – ܫܩܝܼܠ ܗܘܳܐ ܠܝܼ , j'avais pris – Notons que le Présent est *indéfini* ou *défini*; et ce dernier se distingue du premier par un *Kap* préfixe. Ex. ܟܫܳܩܶܠ , il prend.

266. – L'*Impératif*, qui est plutôt un *Mode*, a une forme spéciale dans les Verbes simples; mais, dans les Verbes composés, il se forme de la 3ᵉ pers. sing. masc. du Présent, comme nous le verrons.

267. – Les Temps que nous venons d'exposer sont présentés dans leur suite dans le *Paradigme* des Verbes. Il en est d'autres *non paradigmaux* ou *secondaires*, qui se composent avec divers temps du verbe *Être* et un participe passé. Ex. ܡܩܘܼܛܠܬܐ ܝܘܢ ܐܢܫܐ , j'ai tué un homme – ܒܶܕ ܗܵܘܝܢ ܡܩܘܼܛܠܬܐ , j'aurai tué – ܕܗܵܘܝܢ ܡܩܘܼܛܠܬܐ , que j'aie tué – ܡܩܘܼܛܠܬܐ ܝܘܢ ܗܘܳܐ , j'avais tué, etc. (Voir le n° 332).

268. – Les *Personnes*, ܦܪ̈ܨܘܿܦܐ , sont au nombre de trois. Au singulier, elles admettent chacune les deux genres; mais, au pluriel, elles sont du genre commun.

269. – Le *Nombre*, ܡܢܝܵܢܐ , est singulier ou pluriel à tous les temps et à tous les Modes; seul l'infinitif, employé comme tel, reste invariable.

IV.- Paradigme de la Conjugaison du Verbe simple

270. – Il s'agit du Verbe simple *sain*, qu'il soit à signification transitive ou intransitive.

Type ܦܪܵܩܵܐ, *comme* ܓܪܵܫܵܐ, *tirer*

271.– Présent indéfini (ܙܲܒ݂ܢܵܐ ܕܩܵܐܹܡ)

Sing. 1ère pers. masc. ܓܵܪܸܫܢ, je tire, je tirerai.

» » fém. ܓܵܪܫܵܢ » »

» 2e pers. masc. ܓܵܪܸܫܬ, tu tires, tu tireras.

» » fém. ܓܵܪܫܵܬ » »

» 3e pers. masc. ܓܵܪܸܫ, il tire, il tirera.

» » fém. ܓܵܪܫܵܐ, elle tire, elle tirera.

Plur. 1ère pers. des 2 g. ܓܵܪܫܲܚ, ܓܵܪܫܲܚܢ, nous tirons, nous tirerons.

» 2e pers. » ܓܵܪܫܝܼܬܘܿܢ, ܓܵܪܫܘܿܬܘܿܢ, vous tirez, vous tirerez.

» 3e pers. » ܓܵܪܫܝܼ, ils ou elles tirent, tireront.

272.–**Remarques**. 1° ܓܵܪܫܲܚ, ܓܵܪܫܲܚܢ, viennent du *classique* ܓܵܪܫܝܼܢ ܚ݂ܢܲܢ. Le Soureth, prononçant le ܚ comme ܟ݂, écrit, mais fautivement : ܓܵܪܫܲܟ݂ . ܓܵܪܫܘܿܟ݂ . ܓܵܪܫܸܟ݂ .

2° ܓܵܪܫܝܼܬܘܿܢ vient du *classique* ܓܵܪܫܝܼܢ ܐܲܢ̄ܬܘܿܢ ou ܓܵܪܫܝܼܬܘܿܢ. Cette personne peut prendre, comme en classique, un *Noun* paragogique : ܓܵܪܫܘܿܬܘܿܢ . ܓܵܪܫܝܼܬܘܿܢ .

273.– Présent défini

Il ne diffère du présent indéfini que par le préfixe *Kap,* ܟ (1) :

ܟܓܵܪܫܸܢ , je tire.

ܟܓܵܪܫܲܬ , tu tires, etc.

274.– Imparfait

Il se compose du Présent indéfini ou défini auquel on ajoute, à toutes les personnes, le verbe ܗ̄ܘܵܐ invariable :

Sing. 1ère pers. masc. ܗ̄ܘܵܐ ܟܓܵܪܫܸܢ ou ܗ̄ܘܵܐ ܓܵܪܫܸܢ , je tirais.

» » fém. ܗ̄ܘܵܐ ܟܓܵܪܫܵܢ ou ܗ̄ܘܵܐ ܓܵܪܫܵܢ » etc.

Plur. 1ère p. d. 2 g. ܗ̄ܘܵܐ ܟܓܵܪܫܲܚ ou ܗ̄ܘܵܐ ܓܵܪܫܲܚ , n. tirons.

275. – Remarque. *A la 3e personne du pluriel,* on peut dire aussi : ܗ̄ܘܵܘ ܓܵܪܫܝܼ , ils tiraient; ܗ̄ܘܵܘ , pluriel class. de ܗ̄ܘܵܐ (2) .

276.– Futur simple (ܙܲܒܢܵܐ ܕܐܵܬܹܐ ܦܫܝܼܛܵܐ)

Il se compose avec le Présent indéfini précédé de la particule ܒܸܕ :

ܒܸܕ ܓܵܪܫܸܢ , je tirerai, etc.

277. – Remarques. 1e Le *Dalath* de ܒܸܕ peut se perdre : ܒܓܵܪܫܸܢ, je tirerai.

2o Dans les verbes commençant par *Alap,* – comme

(1) En certains pays, le préfixe est ܟܹܐ . Ex. ܟܹܐ ܓܵܪܫܸܢ , je tire. Dans le Bohtan, on ne met aucun préfixe. A Achitha et autres lieux, le Présent défini se rend par l'infinitif et le verbe *Être*. Ex. ܒܓܪܵܫܵܐ ܝܘܸܢ – ܒܓܪܵܫܵܐ ܝܘܸܬ , je tire actuellement – tu tires (Voir plus loin).

(2) A. Achitha, on dit ܓܵܪܫܝܼ ܗ̄ܘܵܝ ܐܵܘ ܗ̄ܘܵܝ (ܗ̄ܘܵܝ pl. fém. de ܗ̄ܘܵܐ ,class.).

ܐܳܡܰܪܢ, je dis, — la voyelle de l'*Alap* peut être attirée sur le *Dalath* de ܒܶܕ . Ex. ܒܶܕܐܳܡܰܪܢ ou ܒܶܕܳܡܰܪܢ, je dirai.

278.— CONDITIONNEL

On le compose avec le Futur suivi de ܗ̱ܘܳܐ :

ܒܶܕ ܓܳܪܫܶܢ ܗ̱ܘܳܐ, je tirerais

ܒܶܕ ܓܳܪܫܝܼ ܗ̱ܘܳܐ ou ܗ̱ܘܰܘ, ils tireraient, etc.

279.— SUBJONCTIF PRÉSENT

On met devant le Présent indéfini la conjonction ܕ, que:

ܕܓܳܪܫܶܢ, que je tire.

ܕܓܳܪܫܰܬ, que tu tires, etc.

280.— **Remarque.**— Au lieu du *Dalath*, on emploie aussi ܐܳܕ. — ܒܳܥܶܢ ܐܳܕܓܳܪܶܫ ܠܝ, je veux qu'il me tire. Il y a encore ܩܘܕ, *que* énergique : ܩܘܕ ܓܳܪܶܫ ܠܝ, qu'il me tire.

281.— IMPARFAIT DU SUBJONCTIF

On met ܗ̱ܘܳܐ après le Subjonctif présent :

ܕܓܳܪܫܶܢ ܗ̱ܘܳܐ, que je tirasse.

ܕܓܳܪܫܰܬ ܗ̱ܘܳܐ, que tu tirasses, etc.

282.— PRÉTÉRIT (ܙܰܒܢܳܐ ܕܓܕܝܼܕܳܐ)

SING. 1ère pers. des 2 g.	ܓܪܝܼܫ ܠܝ	, je tirai, et j'ai tiré.
» 2e pers. masc.	ܓܪܝܼܫ ܠܘܟ݂	, tu tiras, tu as tiré.
» » fém.	ܓܪܝܼܫ ܠܟ݂ܝ	» »
» 3e pers. masc.	ܓܪܝܼܫ ܠܗ	, il tira, il a tiré.
» » fém.	ܓܪܝܼܫ ܠܗܿ	, elle tira, elle a tiré.

PLUR. 1ᵉʳᵉ pers. des 2 g. ܠܓ݁ܕ݂ܫܹܠܲܢ, nous tirâmes, nous avons tiré.

» 2ᵉ pers. » (1) ܓ݁ܕ݂ܫܹܠܵܘܟ݂ܘܢ, vous tirâtes, vous avez tiré.

» 3ᵉ pers. » (2) ܓ݁ܕ݂ܫܹܠܲܝ, ils tirèrent, ils ont tiré.

283. — Remarque. — 1° On prononce et on écrit le plus souvent ܓ݁ܪܸܫ au lieu de ܓ݁ܪܝܼܫ, la voyelle I tendant toujours à se prononcer E (3).

2° On écrit aussi en joignant les pronoms ܠܝܼ, ܠܘܟ݂, etc, avec le verbe. Ex. ܓ݁ܪܸܫܠܘܟ݂, ܓ݁ܪܸܫܠܵܘܟ݂ܘܢ ; mais ces pronoms, selon l'orthographe régulière, doivent être séparés comme nous l'avons fait.

3° La 2ᵉ personne du pluriel peut prendre un *Noun* paragogique. Ex. ܓ݁ܕ݂ܫܹܠܵܘܟ݂ܘܢܢ.

284. — PLUS-QUE-PARFAIT

On intercale ܗ݇ܘܵܐ entre le verbe au prétérit et son pronom :

ܓ݁ܕ݂ܫܹܠܝܼ ܗ݇ܘܵܐ ܠܝܼ, j'avais tiré

ܓ݁ܕ݂ܫܹܠܝܼ ܗ݇ܘܵܐ ܠܘܟ݂, tu avais tiré

285. — Remarque. Le vulgaire, ne se basant pour l'orthographe que sur la phonétique, tend toujours à agglomérer ensemble le verbe et les petits mots qui s'y rapportent. Il écrit donc ܓ݁ܕ݂ܫܹܠܘܗ݇ܘܵܐܠܝܼ, j'avais tiré — de même qu'il écrit ܓ݁ܪܸܫܸܢܘܵܐ, je tirais, etc.

---

(1) A Achitha, ܓ݁ܕ݂ܫܹܠܘܟ݂ܘܢ.

(2) ܓ݁ܕ݂ܫܹܠܲܝ et ܓ݁ܕ݂ܫܹܠܘܢ, ܓ݁ܕ݂ܫܹܠܲܝܗܝ (v. n° 192), class. ƒ. ܓ݁ܪܲܫ. Dans la montagne et en Perse, on dit ܓ݁ܕ݂ܫܹܠܘܢ = Class. m. ܓ݁ܕ݂ܫܹܠܘܗܝ.

(3) A Achitha, on prononce I : *grich ly, grich lokh,* etc.

286.– Impératif (ܦܘܩܕܢܐ)

Sing. 2e pers. des 2 g. ܓܪܘܫ , tire.

Plur. » » ܓܪܘܫܘ , tirez.

287.– Remarques. 1° Le pluriel peut prendre un *Noun* : ܓܪܘܫܘܢ – 2e Il en est qui disent : ܓܪܫܘ , tirez – ܒܗܬܘ , ayez honte – ܩܒܠܘ , acceptez.

288.– Infinitif, ou *Mode Indéfini* (ܘܢܐ ܠܐ ܡܬܚܡܢܐ)

et *Nom d'action* (ܫܡܐ ܣܘܥܪܢܐ)

ܓܪܫܐ , tirer, le tirer.

289.–Participe présent ou *Nom d'agent* (ܫܡܐ ܥܒܘܕܢܐ)

Sing. masc. ܓܪܘܫܐ , qui tire, tireur. – f. ܓܪܘܫܬܐ

Plur. comm. ܓܪܘܫܐ - f. cl. ܓܪܘܫܝܬܐ

290.–Participe passé ou *Nom de Patient* (ܫܡܐ ܚܫܘܫܐ).

Sing. masc. ܓܪܝܫܐ , tiré – fém. ܓܪܝܫܬܐ , tirée (Vulg. ܓܪܝܫܬ)

Plur. comm. ܓܪܝܫܐ , tirés – plur. fém. class. ܓܪܝܫܬܐ .

V.– Formation du Présent et du Prétérit Origine de l'Impératif et des Participes.

291–. Le Présent et le Prétérit, en Soureth, sont issus des deux formes secondaires que la langue classique emploie aussi pour ces deux temps; mais le Soureth les a quelque peu modifiées.

292.– *Présent.* – Il se compose du Participe présent de la langue classique, ܓܪܫ - f. ܓܪܫܐ - pl. ܓܪܫܝܢ

(Sour. ܓܳܪ̈ܫܝ) , auquel on donne pour suffixes les pronoms verbaux, selon une contraction particulière que voici :

ܐܢܐ se contracte en ܢ masc., ܢ fém. – ܐܢܬ en ܬ – ܐܢܬܝ en ܬܝ – ܐܚܢܢ (class. ܚܢܢ) en ܚ – ܐܢܬܘܢ en ܬܘܢ.

Les pronoms des 3ᵉˢ pers. sing. et pluriel restent abscons et le verbe paraît seul : ܓܳܪܶܫ , il tire – ܓܳܪܫܳܐ , elle tire – ܓܳܪ̈ܫܝ , ils tirent.

293. – Ces pronoms contractes se lient au verbe de la manière suivante :

Au singulier, le participe présent ܓܳܪܶܫ , fém. ܓܳܪܫܳܐ s'attache aux suffixes en attirant leur voyelle initiale sur le ܫ , et en rejetant le *Zlama* du *Rech*, qui n'a plus de raison d'être. Ex. ܓܳܪܫܢ , f. ܓܳܪܫܳܢ – ܓܳܪܫܬ , f. ܓܳܪܫܳܬ .

Au pluriel, le participe présent devient ܓܳܪ̈ܫܝ (pour le class. ܓܳܪ̈ܫܝܢ) ; il s'attache simplement et directement aux pronoms suffixes. Ex. ܓܳܪ̈ܫܝܚ – On dit aussi : ܓܳܪ̈ܫܝܚ – ܓܳܪ̈ܫܚ (É changé en E) – ܓܳܪ̈ܫܝܬܘܢ et ܓܳܪ̈ܫܬܘܢ (1).

Ces explications étant données, le sens direct du *Présent* est : *moi tirant*, *toi tirant*, *lui tirant*, etc.

294. – *Prétérit*. Le prétérit se forme du participe passé classique, ܓܪܝܫ , fém. ܓܪܝܫܐ , plur. ܓܪ̈ܝܫܝܢ (Soureth ܓܪ̈ܝܫܝ), auquel on ajoute les suffixes possessifs ܝ . ܘܟ . ܗ , etc., précédés d'un *Lamadh* de direction; ce qui fait ܠܝ . ܠܘܟ . ܠܗ , etc. Ex. ܓܪܝܫ ܠܝ –

---

(1) Les formes ܓܳܪ̈ܫܚ ou vulg. ܓܳܪ̈ܫܝܚ . ܓܳܪ̈ܫܬܘܢ sont défectueuses en ce qu'elles ne montrent pas le *Iodh* de ܓܳܪ̈ܫܝ .

ܓܪܝܫ ܠܗ, f. ܓܪܝܫ ܠܗ̇ - ܓܪܝܫ ܠܘܟ݂, f. ܓܪܝܫ ܠܟ݂ܝ - ܓܪܝܫ ܠܗܘܢ -
ܓܪܝܫ ܠܝ - ܓܪܝܫ ܠܘܟ݂ܘܢ - ܓܪܝܫ ܠܢ.

D'après cela, le sens direct de cette forme est passif et se traduit : *Il a été tiré, par moi, par toi, par lui*, etc.; mais, dans la parole, nous ramenons ce sens à l'actif en disant : *Je tirai, j'ai tiré*. Ex. ܓܪܝܫ ܠܝ ܟܐܦܐ, j'ai tiré, extrait une pierre (mot-à-mot : une pierre a été tirée par moi.) Pour les verbes neutres comme ܦܠܝܛ ܠܝ, *je sortis*, il faudrait traduire : *moi sorti*.

295.– Notons que la forme ܓܪܝܫ peut rester invariable, sans regard au genre ou au nombre du complément du verbe. Ex. ܓܪܝܫ ܠܝ ܬܘܪܬܘܟ݂, j'ai tiré ta vache (mot-à-mot : ta vache a été tirée par moi) – ܩܛܝܠ ܠܗܘܢ ܟܬ̈ܝܬܘܟ݂, ils ont tué tes poules (mot-à-mot : tes poules ont été tuées par eux).

Dans les verbes intransitifs, il doit toujours en être ainsi : ܕܡܝܟ݂ ܠܗ̇, elle a dormi – ܐܙܝܠ ܠܢ, nous sommes allés – Mais, quand le verbe est actif ou transitif, il peut s'accorder en genre et en nombre avec le complément : lequel est, en réalité, sujet du Verbe. ܓܪ̈ܝܫܐ ܠܝ ܬܘܪ̈ܬܘܟ݂ - ܩܛܝ̈ܠܝ ܠܗܘܢ ܟܬ̈ܝܬܘܟ݂. Cette manière de dire, connue dans la plaine, est habituelle dans la montagne.

296.– *Impératif*. Il est le même qu'en classique; mais il n'a pas le féminin, sauf dans les verbes infirmes à la 3e radicale (voir n° 372).

297. – L'*Infinitif*, le *Participe présent* et le *Participe passé* ont des formes classiques; mais ce dernier a la forme pleine et non contracte ܓܪܝܫܐ, f. ܓܪܝܫܬܐ, pl. ܓܪ̈ܝܫܐ.

VI.- Particularités des verbes simples

ayant à la 3ème radicale ܒ (adouci), ܠ. ܥ. ܪ. ܟ. ܢ.

298. — Verbes avec ܒ (adouci), comme ܟܬܵܒ݂ܵܐ, *kthaoua*, écrire. — Il ne s'agit, pour ces verbes, que de particularités relatives à la prononciation, savoir ܒ݁ ܒܼ . ܒܿ ܒܹ se prononcent *ou*. Ex. ܟܬܼܒ݂, *kathou*, il écrit — ܟܬܒ݂ܠܼܝ, *kthouli*, j'écrivis — ܟܬܿܒ݂, *kthou*, écris — ܡܲܟܬܼܒ݂, *makthou*, fais écrire — ܟܬܝܼܒ݂ܬܵܐ, *kthouta*, écrite(1).

299. — Verbes avec ܠ final, comme ܫܩܵܠܵܐ, prendre. — Ces verbes s'écrivent régulièrement, à tous les temps; mais, dans l'écriture populaire, au *prétérit*, on unit le *Lamadh* final avec celui du pronom. Ex. ܫܩܸܠܼܝ j'ai pris — ܫܩܸܠܘܿܟ݂, tu as pris — au lieu de ܫܩܝܼܠ ܠܼܝ, ܫܩܝܼܠ ܠܘܿܟ݂. C'est irrégulier.

300. — Verbes avec ܢ final, comme ܟܦܵܢܵܐ, avoir faim — Au prétérit de ces verbes, le pronom s'attache directement, sans *Lamadh*, à la dernière lettre du verbe, laquelle est redoublée. Ex. ܟܦܸܢܼܢܝ, *kpinni*, j'ai eu faim (Populaire : ܟܦܸܢܼܝ, *kpenni*), ܟܦܸܢܼܢܝ . ܟܦܸܢܼܬܘܿܟ݂.

301. — Verbes avec ܪ final, comme ܟܦܵܪܵܐ, renier. — De même que les verbes terminés par *Noun*, ceux-ci s'unissent, au *Prétérit*, directement avec le pronom, mais sans que la dernière lettre soit redoublée. Ex. ܟܦܼܝܪܝ, *kpiri* — ܟܦܼܝܪܲܢ, *kpiran* (Pop. ܟܦܼܝܪܝ ou ܟܦܹܪܝ, *kpéri*).

---

(1) Dans la montagne, on fait mieux sentir la voyelle I : ܟܬܝܼܒ݂ܠܼܝ, *kthiouli* - ܟܬܝܼܒ݂ܬܵܐ, *kthiouta*.

Mais, en certains pays de la plaine, comme Zakho, et dans toute la montagne, le *Rech* final est redoublé. Ex. ܟܦܪܝ, kpirri (Pop. ܟܦܪܝ, kperri).

302.– VERBES AVEC ܥ . ܩ A LEUR FINALE, comme ܫܡܥܐ, entendre – ܕܚܠ craindre.

Ces deux espèces de verbes ont les particularités suivantes :

1° *Au présent*, à la 3ᵉ pers. sing. masc., ils prennent, à la 2ᵉ radicale, un *Zlama kachia* au lieu d'un *Pchika*. Ex. ܫܡܥ, il entend – ܕܚܠ, il craint.

2° *Le prétérit* s'écrit régulièrement : ܫܡܥ ܠܝ . ܕܚܠ ܠܝ ; mais, dans la prononciation populaire, on fait sentir un *Zlama kachia* à la 2ᵉ radicale et on écrit même : ܫܡܥ ܠܝ . ܫܡܥܠܝ ou ܕܚܠ ܠܝ . C'est fautif.

VII. – EMPLOI DES TEMPS DU VERBE
ET LEUR CORRESPONDANCE EN FRANÇAIS

303.– PRÉSENT INDÉFINI – Il rend le *Présent* ou le *Futur* : ܩܛܠܢ, je tue, ou je tuerai. Le sens et certains mots de la phrase indiquent comment il faut traduire. Ex. ܒܕܝܘܡ ܫܘܝܐ, aujourd'hui, je la verrai (et non : je la vois).

On emploie le Présent indéfini :

1° A l'impératif négatif. Ex. ܠܐ ܩܛܠܬ, ne tue pas – ܠܐ ܙܢܝܬ, ne commets pas d'impuretés.

2° Après un infinitif corroboratif : ܩܛܠ ܩܛܠܢܗ, je le tuerai certainement.

3° Après la particule verbale préformante ܒܕ,

Ex. ܩܵܝܸܡ ܩܵܛܸܠ ܠܹܗ , se levant, il le tue (ou le **tua**).

4° Après certaines conjonctions, comme ܐܸܢ , *si* — ܟܲܕ , *lorsque*. Ex. ܐܸܢ ܦܵܪܫܸܢ ܡܸܢܘܼܟ݂ , si je me sépare de toi — ܟܲܕ ܦܵܠܛܲܬ ܡܼܢ ܐܵܟ݂ܵܐ , lorsque tu sortiras d'ici — ܐܸܢ ܡܵܪܝܵܐ ܡܲܨܠܸܚ , si le Seigneur favorise.

5° Après les pronoms interrogatifs ܡܲܢܝܼ - ܡܲܢ , *qui ?* — ܡܵܐ , *quoi ? quel ?* — Ex. ܡܲܢܝܼ ܡܲܪܝܸܡ ܩܵܠܹܗ ܩܲܕܵܡܹܗ , qui élèvera la voix devant lui ? — ܡܵܐ ܐܵܡܪܸܢܘܼܟ݂ , que te dirai-je ?

6° Pour exprimer un vœu. Ex. ܡܵܪܝܵܐ ܡܲܥܕܸܪܘܼܟ݂ , que Dieu t'aide ! — ܡܲܝܬܸܬ ܒܥܠܝܼܡܘܼܬܵܐ , puisses-tu mourir jeune ! — ܗܵܘܹܝܢ ܚܙܵܝܬܹܗ ܒܚܘܼܠܡܵܢܘܼܬܵܐ , puissé-je la voir guérir ! .

304. — Présent défini. — C'est l'*Indicatif présent français*; mais parfois ce temps indique aussi un *Futur*. ܡܲܚܙܹܐ ܠܝܼ ܡܫܘܼܚܠܦܬܵܐ , il me trouve changé — ܠܵܐ ܥܵܒܕܸܢ ܐܵܕܝܼ ܒܝܼܫܘܼܬܵܐ , je ne ferai pas cette méchanceté .

Pour exprimer un présent actuel, on emploie l'infinitif, précédé de la préposition ܒ ,*dans*,et suivi du verbe *Être*. Ex. ܒܟܬܵܒ݂ܬܵܗ ܝܘܸܢ , j'écris actuellement (mot-à-mot je suis dans l'écrire).

305 . — Imparfait. C'est l'*Imparfait français*. Ex. ܟܠ ܝܘܿܡ ܣܵܚܹܝܢ ܗܘܵܐ , chaque jour, je me baignais — Il ne prend pas le préfixe *Kap* quand il est indéfini. Ex. ܐܸܢ ܚܵܙܹܝܢ ܗܘܵܐ ܠܹܗ , si je le voyais.

306.— Futur simple. Il correspond au *Futur français*. Ex. ܒܸܕ ܦܵܠܛܸܢ ܡܼܢ ܐܵܟ݂ܵܐ , je partirai d'ici — *Le Futur passé français* se rend par le Futur de l'Auxiliaire *Être* et le participe passé du Verbe. Ex. ܒܕ ܗܘܝܢ ܓܡܝܪܘܗ ܩܕܡܬܐ, je l'aurai terminé demain. (1)

307.- CONDITIONNEL. Il correspond, à peu près, au *Conditionnel français*. Ex. ܒܕ ܦܠܛܝܢ ܗܘܐ ܡܢ ܡܬܐ، ܐܢ ܠܗܘܝܬ ܗܘܐ ܐܟܐ, je partirais du village, si tu n'étais pas ici. Le *Conditionnel passé français* se rend par le participe passé du verbe avec le Conditionnel de l'Auxiliaire *Être*. Ex. ܐܢ ܠܐ ܗܘܝܢ ܗܘܐ ܠܝ ܩܛܘ̈ܐ ، ܒܕ ܗܘܝܢ ܗܘܐ ܐܟܝܠܝ ܥܩܘܒܪ̈ܐ, si je n'avais pas eu de chats, les rats m'auraient mangé.

308. - SUBJONCTIF PRÉSENT. Il reproduit ce *même temps français*. Ex. ܠܙܡ ܕܩܝܡܬ ܒܚܦܝܛܘܬܐ, il faut que tu te lèves avec zèle (c'est-à-dire que tu agisses avec zèle).

On forme un subjonctif énergique avec ܩܘܕ, *que*. Ex. ܩܘܕ ܦܩܥ, qu'il crève ! – ܩܘܕ ܐܙܠܗ, qu'il s'en aille ! – C'est aussi un impératif.

On se sert souvent du subjonctif présent ou passé pour rendre un infinitif. Ex ܒܥܝܢ ܕܢܚܬܢ ܠܡܘܨܠ, je veux aller (descendre) à Mossoul. On peut supprimer le *Dalath* : Ex. ܒܥܝܢ ܗܘܐ ܢܚܬܢ ܗܘܐ, je voulais descendre.

309.- IMPARFAIT DU SUBJONCTIF. Il rend le *même temps français*. Ex. ܠܙܡ ܗܘܐ ܕܡܚܝܢ ܗܘܐ ܠܘܟ, il fallait que je te battisse.

On fait un *Passé* et un *Plus-que-parfait* du Subjonctif avec le participe passé du Verbe et le présent ou l'imparfait de l'Auxiliaire *Être* :- ܠܙܡ ܕܗܘܝܢ ܓܡܝܪܘܗ,

(1) Pour cet exemple et ceux du Conditionnel passé, Subj. passé, voir n° 332.

ܟܲܡܸܠܵܗܿ, il faut ou il faudra que je l'aie terminé ce soir. ܠܘܼܬ݂ ܕܘܿܡܹܐ ܗܘܵܐ ܕܲܟܲܡܸܠܝܼ ܗܘܵܐ ܩܲܕ݇ܡ ܕܲܕ݇ܝܵܪܹܬ݇ ܗܘܵܐ, il faudrait que je l'eusse terminé avant que tu ne revinsses.

310. — Prétérit. Il rend à la fois *notre passé défini et le passé indéfini*. Ex. ܐܘܟ݂ܠܝܼ ܬܲܡ ܚܲܒ݂ܘܼܫܹ̈ܐ, là je mangeai ou j'ai mangé des pêches — Il traduit parfois *notre présent*. Ex. ܡܸܐܝܼܟܵܐ ܐܵܬܹܝܬ݇, d'où viens-tu ? — ܦܠܝܼܛܠܲܢ ܡܸܢܹܗ, nous sommes délivrés de lui — Un domestique appelé répond en criant : ܐܵܬܹܝܢ, je viens ! (mot-à-mot : je suis venu).

On forme un autre *prétérit* avec le participe passé du verbe et le verbe *Être* : ܐܲܟ݂ܝܼܠܝܼܘܸܢ, j'ai mangé — ܕܡܝܼܟ݂ܵܐ ܝ݇ܘܸܬ݇ ܒܒܲܝܬܵܐ, tu as dormi à la maison (n°˚ 315, 332, 493).

Le Prétérit rend *un infinitif*, surtout après le verbe *Ne pas pouvoir*. Ex. ܠܵܐ ܗܘܵܐ ܒܝܼ ܐܵܬܹܝܢ, je n'ai pu venir (mot-à-mot : je n'ai pu je suis venu).

311. — Plus-que-parfait. — Il correspond à notre *Plus-que-parfait*. Ex. ܠܲܩܸܛܠܘܼܢ ܗܘܵܐ, ils avaient glané — 2ᵉ forme, ܠܲܩܸܛܠܵܐ ܗܘܘܿ ܗܘܵܐ . it.

312. — Impératif. Il a le *même sens que le nôtre*. On accentue l'Impératif en lui ajoutant les pronoms ܐܲܢ݇ܬ݇, ܐܲܢ݇ܬܘܿܢ. Ex. ܝܬ݂ܘܿܒ݂ ܐܲܢ݇ܬ݇, assieds-toi donc — ܦܠܘܿܛܘܼܢ ܐܲܢ݇ܬܘܿܢ, sortez, vous autres.

On forme aussi un Impératif avec le Subjonctif. Ex. ܕܩܵܝܡܲܚ, levons-nous — On donne plus d'énergie en mettant ܓ݂ܕ݂ܘܿ devant le verbe. Ex. ܓ݂ܕ݂ܘܿ ܐܵܙܸܠ݇ܝ, qu'ils s'en aillent !

313. — Infinitif. — Nous avons vu qu'il est à la fois

mode *indéfini* comme notre infinitif et *nom indéfini*.
ܝܵܕܥܬ ܩܵܪܝܬ ܣܘܪܝܐܝܬ, sais-tu lire en Soureth — ܚܙܝܬܐ ܕܐܠܗܐ, la vue de Dieu — ܫܩܠܬܐ ܕܢܩܡܬܐ, la prise de vengeance — ܚܫܝܓܬܐ ܕܓܘܪܒܐ, le lavage des habits.

On corrobore un verbe en le faisant précéder ou suivre de son infinitif. Ex. ܢܦܠܬܐ ܢܦܠ ܠܗ, il tomba — ܠܒܟ ܠܗ ܒܝܕܗ ܠܒܟܬܐ, il l'accusa.

L'infinitif est employé pour rendre un présent actuel (Voir n° 304).

On forme des gérondifs en *do*, *dum*, et un Participe présent, en mettant devant l'infinitif les prépositions
ܠ . ܒ — ܐܬܝܡܝܬ ܠܝ ܒܟܬܒܐ, *sedi scribendo*, je me suis mis à écrire — ܦܘܩܚܢ ܠܛܝܠܬܐ, sortons nous promener, (*ad ambulandum*) — ܦܢܝܐ ܠܝ ܡܘܪܒ ܕܐܡܪܐ, elle se tourna vers moi en disant (*dicendo, dicens*).

314. — PARTICIPE PRÉSENT. C'est un nom verbal correspondant à *notre nom d'Agent en* EUR. Ex. ܦܵܪܘܩܐ ܕܥܠܡܐ, Sauveur du monde. — Il est parfois *Adjectif*: ܓܒܪܐ ܩܛܘܠܐ, un homme tueur, assassin.

315. — PARTICIPE PASSÉ. Il correspond *au nôtre*.
ܛܪܝܕܐ ܝܠܗ ܡܢ ܚܒܪܘܬܢ, il est chassé de notre société.

Le Participe passé uni au Présent du verbe *Être* prend un sens actif passé, quand le verbe est actif : ܣܒܝܠܬܘܟ ܟܐܒܐ ܪܒܐ, tu as supporté une grande douleur — ܓܢܝܒܠܝܗܝ ܢܦܫܝ, ils ont volé mon âme — On pourrait traduire mot-à-mot : *tu es ayant supporté; ils sont ayant volé*, etc. — Quand le verbe est intransitif ou neutre, on traduit le participe passé avec *étant*. Ex. ܦܠܝܼܛܵܢܘܸܢ ܠܐܓܵܪܹ̈ܐ, je suis sorti (monté) à la terrasse = *Je suis étant sorti* (1).

VIII. — Le Verbe négatif

316. — Pour rendre négatifs les verbes, quels qu'ils soient, on les fait précéder de la négative ܠܵܐ, *non*, *ne*. Ex. ܠܵܐ ܓܵܪܹܫܢ, je ne tire pas — ܠܵܐ ܒܸܬ ܓܵܪܫܹܬ, tu ne tireras pas — ܠܵܐ ܓܪܸܫܠܹܗ, il ne tira pas — ܠܵܐ ܓܪܵܫܵܐ, ne pas tirer — ܠܵܐ ܓܵܪܘܿܫܵܐ, non tireur, pas tireur — ܠܵܐ ܓܪܝܼܫܵܐ, non tiré — Au Subjonctif, ܠܵܐ se met après le ܕ. Ex. ܕܠܵܐ ܓܵܪܸܫ, qu'il ne tire pas.

L'impératif négatif se forme de la 2ᵉ personne singulier ou pluriel du présent indéfini. Ex. ܠܵܐ ܩܵܛܠܹܬ, ne tue pas — ܠܵܐ ܪܵܩܕܵܐ, f. ne danse pas — ܠܵܐ ܛܵܠܒܝܼܬܘܿܢ, ne demandez pas.

Parfois on entend l'impératif exprimé par sa forme ordinaire avec ܠܵܐ. Ex. ܠܵܐ ܓܪܘܿܫ, ne tire pas — ܠܵܐ ܓܪܘܿܫܘܼܢ, ne tirez pas.

IX. — Verbes simples a conjuguer

317. — ܒܫܵܠܵܐ, être cuit — ܓܵܚܵܟܐ, rire — ܓܵܪܕܵܐ, racler — ܓܵܪܫܵܐ, saisir — ܕܵܚܹܐ, pousser, repousser — ܣܡܵܟܐ, se grossir — ܣܝܵܟܐ, conclure, se conclure — ܛܵܠܩܵܐ, se perdre — ܟܢܵܫܵܐ, balayer — ܛܵܒܥܵܐ, s'enfoncer, enfon-

---

(1) En Syriaque classique, il y a des verbes actifs dont le participe passé donne à la fois un sens passif et actif. Ex. ܕܒܝܼܪ, *ductus et ducens*.

cer, tremper – ܠܬܒ , lécher – ܡܛܫ , *detersit, lavit* – ܣܚܦ , descendre – ܢܚܬ , avoir honte – ܒܗܬ , sortir – ܢܦܩ , se vider – ܣܦܩ , être baptisé – ܥܡܕ , devenir profond, s'enfoncer – ܥܡܩ , (Ar.) s'anéantir, tomber dans la misère – ܢܩܒ , se réjouir – ܚܕܝ , se séparer, séparer – ܦܪܫ , s'ouvrir, ouvrir – ܦܬܚ , crier, pousser des cris – ܩܥܐ , (A.) dévaliser – ܒܙܙ , ronger – ܟܪܣܡ , traire – ܚܠܒ , se ruiner, s'écrouler – ܢܦܠ , acheter – ܙܒܢ , semer – ܙܪܥ , subir du dommage – ܚܣܪ , être submergé dans le sommeil, dormir – ܫܢܐ , tousser – ܫܥܠ , moudre – ܛܚܢ , devenir infirme – ܫܚܠ et ܫܚܦ , répandre – ܣܦܚ , rester, cesser, habiter –  , se gâter, se taler – ܣܪܐ , attendre (ܣ probablement pour ܣ . ܣܪܐ) .

CHAPITRE VIII
Verbes auxiliaires

318.— Les Verbes Auxiliaires sont au nombre de deux : ܗܘܐ , être – ܗܘܐ , devenir (1). Ils sont employés pour la formation des temps secondaires des Verbes et pour la conjugaison du verbe passif.

I.— VERBE AUXILIAIRE ܗܘܐ , *Être*

Ce verbe a trois formes pour le Présent :

---

(1) Ces deux verbes sont de la classe des verbes infirmes. Ils ont une conjugaison régulière que nous étudierons en son lieu.

1ère Forme : — Présent contracte

319.—Le verbe auxiliaire prend une forme contractée où le ܗ disparaît pour être remplacé par ܝ ; de plus il se lie au mot qui le précède comme un suffixe.

Sing. 1ère pers. masc. ܐܺܝܬܰܝ, anaiouen, je suis (pr ܐܺܝܬ ܐܢܳܐ)

» » fém. ܐܺܝܬܰܝ » »

» 2ᵉ pers. masc. ܐܺܝܬܰܝܟ, aiétiouet, tu es.

» » fém. ܐܺܝܬܰܝܟܝ » »

» 3ᵉ pers. masc. ܐܺܝܬܰܘܗܝ ou ܐܺܝܬܘܗܝ, il est.

» » fém. ܐܺܝܬܶܝܗ ou ܐܺܝܬܶܝܗ, elle est.

Plur. 1ère pers. des 2 g. ܐܺܝܬܰܝܢ ou ܐܺܝܬܰܝܢ, nous sommes.

» 2ᵉ pers. » ܐܺܝܬܰܝܟܘܢ ou ܐܺܝܬܰܝܟܘܢ ou ܐܺܝܬܟܘܢ, vous êtes (1).

» 3ᵉ pers. » ܐܺܝܬܰܝܗܘܢ ou ܐܺܝܬܝܗܘܢ, ils, elles sont.

320.— **Remarque.**— 1° Quand l'*Iodh* de l'auxiliaire est précédé d'une consonne quiescente, il se transforme en la voyelle I. Ex. ܐܺܝܬܰܝܟ, aiétiouet, tu es — ܡܪܚܡܢ ܗܘ, il est clément.

2° L'attribut de l'auxiliaire peut se mettre ou avant ou après celui-ci : ܐܺܝܬܰܝ ܟܪܝܗܐ ou ܟܪܝܗܐ ܐܺܝܬܰܝ, je suis malade.

3° Le Présent contracte a son *Imparfait* : ܐܺܝܬܰܝ ܗܘܐ, j'étais — ܐܺܝܬܰܝܟ ܗܘܐ, tu étais — ܐܺܝܬܰܝܢ ܗܘܐ, nous

---

(1) On écrit aussi ܐܺܝܬܟܘܢ ܗܘ. Le ܗ, perdu dans la forme contracte, reparaît ici.

étions – ܐܝܬܘܟܘܢ ܗ̄ܘܐ , vous étiez.– Mais la 3ᵉ personne du singulier et celle du pluriel se rendent d'une manière particulière. Ex. ܐܘܗ ܗܘܐ ܗ̄ܘܐ , il était – ܐܝܗܝ ܗܘܐ ܗ̄ܘܐ , elle était – ܐܢܗܝ ܗܘܝ ܗ̄ܘܐ ou ܐܢܝ ; ils ou elles étaient – Le ܗ reparaît dans l'auxiliaire, mais ne se prononce pas.

2ème Forme : – Présent actuel

321.–Cette forme se compose du préfixe démonstratif ܗܳܐ , *voici*, du Verbe auxiliaire contracté, sans le *Iodh*.

Sing. 1ère pers. masc. ܗܘܘܢ ܡܫܟܪܐ , je suis *actuellement* embarrassé.

» » fém. ܗܘܘܢ ܡܫܟܪܬܐ » » embarrassée.

» 2ᵉ pers. masc. » ܗܘܘܬ , tu es » embarrassé.

» » fém. » ܗܘܘܬ » » embarrassée.

» 3ᵉ pers. masc. » ܗܘܠܗ , il est » embarrassé.

» » fém. » ܗܘܠܗ̇ , elle est » embarrassée.

Plur. 1ère pers. d. 2 g. ܗܘܘܝܢܢ ܡܫܟܪ̈ܐ , n. sommes » embarrassés.

» 2ᵉ pers. » ܗܘܘܬܘܢ , vous êtes » »

» 3ᵉ pers. » ܗܘܠܝ , ils ou elles sont » »

322.– Imparfait. ܗܘܘܢ ܗ̄ܘܐ , j'étais – ܗܘܘܬ ܗ̄ܘܐ, tu étais – ܗܘܐ ܗ̄ܘܐ , il était – ܗܘܘܝܢܢ ܗ̄ܘܐ , nous étions – ܗܘܘܬܘܢ ܗ̄ܘܐ , vous étiez – ܗܘܝ ܗ̄ܘܐ , ils étaient.

Notez que la 3ᵉ personne du singulier et celle du pluriel ont une forme particulière au Présent ܗܘܠܝ . ܗܘܠܗ .

323.– **Remarque.** Quand le démonstratif ܗܳܐ , *voici*, est suivi des pronoms ܠܗ̇ . ܠܘܟ݂ . ܠܝ etc., le sens est simplement : *me voici, te voici*, etc., car il ne s'agit plus d'un verbe. Ex. ܗܘܼܠܝ ܡܵܐ ܒܵܥܹܬ, me voici, que veux-tu ? — ܗܘܼܠܵܟܼ . ܐܲܝܟܵܐ ܒܹܙܵܠܵܐ, toi que voici, où vas-tu ? — ܗܘܼܠܹܗ est une forme qui peut rester invariable, avec le sens de *voici*. Ex. ܗܘܼܠܹܗ ܐܵܬܹܐ ܠܹܗ, ecce veni — ܗܘܼܠܹܗ ܐܵܙܝܼܠܝܼ ܠܹܗ, ecce profecti sunt. On écrit aussi ܗܘܿܠܹܗ - ܗܘܼܠܹܗ . ܗܘܼܠܹܗ et ܗܘܼܠܹܗ se retrouvent aussi dans le *Présent actuel*, mais avec le sens de : *il, elle est, ils sont*.

3ᵐᵉ Forme : — Présent normal

324. — C'est le Présent du verbe ܗܘܵܐ avec sa forme normale, comme on le verra dans la conjugaison de ce verbe, que nous donnons ci-dessous dans toute sa suite.

325. — II. Conjugaison de l'auxiliaire ܗܘܵܐ, *Être*

Présent indéfini

Sing. 1ᵉʳᵉ pers. masc. ܗܘܹܝܢ (1), je suis.

» » fém. ܗܘܹܝܢ »

» 2ᵉ pers. masc. ܗܘܹܝܬ, tu es.

» » fém. ܗܘܹܝܬܝ »

» 3ᵉ pers. masc. ܗܘܹܐ, il est.

» » fém. ܗܘܵܐ, elle est.

---

(1) ܗܘܹܝܢ . ܗܘܹܝܬ, sont plus réguliers que ܗܘܿܝ . ܗܘܿܬ. Mais il faut écrire ܐܵܙܠܝܼܢ . ܗܘܿܢ . ܗܘܿܬ ces dernières formes étant propres au Soureth, nous les laissons telles quelles.

Plur. 1ère pers. des 2 g. ܗܵܘܹܝܚ , nous sommes.

» 2e » » ܗܵܘܹܝܬܘܿܢ ou ܗܵܘܘܵܬܘܿܢ , vous êtes.

» 3e » » ܗܵܘܝܼ , ils sont.

Ex. ܟܡܵܐ ܕܐܵܬܹܝܬ ܐܸܢ ܗܵܘܹܝܢ ܒܕܲܝܪܵܐ ܟܠܝ ܬܵܡܵܐ , quand tu viendras, si je suis à la maison, reste là — ܕܠܵܐ ܗܵܘܝܵܐ ܡܝܼܬܬܵܐ , pourvu qu'elle ne soit pas morte !

IMPARFAIT INDÉFINI

ܗܵܘܹܝܢ ܗܘܵܐ , j'étais — ܗܵܘܹܝܬ ܗܘܵܐ , tu étais — ܗܵܘܹܐ ܗܘܵܐ , il était — ܗܵܘܹܝܚ ܗܘܵܐ , nous étions — ܗܵܘܹܝܬܘܿܢ ܗܘܵܐ , vous étiez — ܗܵܘܝܼ ܗܘܵܐ , ils étaient.

Ex. ܐܸܢ ܠܵܐ ܗܵܘܹܐ ܗܘܵܐ ܡܲܪܝܼܥܵܐ ܒܸܕ ܗܵܘܹܐ ܗܘܵܐ ܐܵܬܹܐ ܠܟܵܐ , s'il n'était pas malade, il serait venu ici.

PRÉSENT DÉFINI

ܒܗܵܘܹܝܢ , je suis — ܒܗܵܘܹܝܬ , tu es, etc. — ܡܲܪܝܼܥܵܐ ܒܗܵܘܹܝܢ , je suis malade.

IMPARFAIT DÉFINI

ܒܗܵܘܹܝܢ ܗܘܵܐ , j'étais — ܒܗܵܘܹܝܬ ܗܘܵܐ , tu étais — ܒܗܵܘܹܐ ܗܘܵܐ , il était, etc.

FUTUR SIMPLE

ܒܸܕ ܗܵܘܹܝܢ , je serai — ܒܸܕ ܗܵܘܹܝܬ , tu seras — ܒܸܕ ܗܵܘܹܝܚ , nous serons, etc.

FUTUR PASSÉ

ܒܸܕ ܗܵܘܹܝܢ ܦܝܼܫܵܐ , j'aurai été (mot-à-mot : je serai devenu) etc.

Conditionnel simple

ܒܸܕ ܗܵܘܹܝܢ ܗ̱ܘܵܐ , je serais, etc.

Conditionnel passé

ܒܸܕ ܗܵܘܹܝܢ ܗ̱ܘܵܐ ܦܝܼܫܵܐ , j'aurais été (mot-à-mot : je serais devenu), etc.

Subjonctif présent

ܕܗܵܘܹܝܢ , que je sois, etc.

Imparfait du Subjonctif

ܕܗܵܘܹܝܢ ܗ̱ܘܵܐ , que je fusse , etc.

Subjonctif passé

ܕܗܵܘܹܝܢ ܗ̱ܘܵܐ ܦܝܼܫܵܐ , que j'aie été, que j'eusse été (mot-à-mot que je fusse devenu) , etc.

Prétérit (*1ère forme*)

Sing. 1ère pers. des 2 g. ܗܘܵܐ ܠܝܼ , je fus ou j'ai été.

» 2e pers. masc. ܗܘܵܐ ܠܘܼܟ݂ - f. ܗܘܵܐ ܠܵܟ݂ܝ , tu fus, tu as été.

» 3e pers. masc. ܗܘܵܐ ܠܹܗ - f. ܗܘܵܐ ܠܵܗ̇ , il, elle fut, a été.

Plur. 1ère pers. des 2 g. ܗܘܵܐ ܠܲܢ , nous fûmes, avons été.

» 2e pers. » ܗܘܵܐ ܠܵܘܟ݂ܘܿܢ , vous fûtes, avez été.

» 3e pers. » ܗܘܵܐ ܠܗܘܿܢ , ils, elles furent, ont été.

Prétérit (*2e forme, peu usitée*)

Elle correspond à notre Passé indéfini :

ܗܘܝܼܬܵܐ ܝܘܸܢ , j'ai été – ܗܘܝܼܬܵܐ ܝܘܸܬ , tu as été – ܗܘܝܼܬܵܐ ܝܠܹܗ , il a été – ܗܘܝܼܬ݂ܵܐ ܝܠܵܗ̇ (fém.) , elle a été.

Plus-que-parfait (*1ère forme*)

ܗܘܐ ܗܘܐ ܠܝ , j'avais été -- ܗܘܐ ܗܘܐ ܠܘܟ , tu avais été - ܗܘܐ ܗܘܐ ܠܗ , il avait été - ܗܘܐ ܗܘܐ ܠܢ , nous avions été - ܗܘܐ ܗܘܐ ܠܘܟܘܢ , vous aviez été - ܗܘܐ ܗܘܐ ܠܗܝ , ils avaient été.

Plus-que-parfait (*2ème forme, peu usitée*)

ܗܘܝܐܝܘܢ ܗܘܐ , j'avais été - ܗܘܝܐܝܘܬ ܗܘܐ . tu avais été - ܗܘܝܬܐܝܘܬ ܗܘܐ (fém.) , tu avais été - ܗܘܝܐ ܗܘܐ ܗܘܐ , il avait été - ܗܘܝܬܐ ܗܘܐ ܗܘܐ (fém.) , elle avait été - ܗܘ̈ܝܐܝܘܚ ܗܘܐ , nous avions été, etc.

Impératif

Sing. masc. ܗܘܝ , sois - fém. ܗܘ̇ܝ - plur. des 2 genres, ܗܘ̇ܘ , soyez.

Infinitif

ܗܘܝܐ , être, l'être.

Participe présent

Il n'est pas usité comme *auxiliaire*.

Participe passé

Sing. masc. ܗܘܝܐ , fém. ܗܘܝܬܐ , été - plur. ܗܘ̈ܝܐ , été - Usité surtout en Perse.

Note.– Le mot ܦܝ̈ܫܐ , *devenu, été*, que nous voyons entrer dans certains temps composés, est le participe passé de ܦܝ̈ܫܐ , dont nous allons donner la conjugaison.

326.— III. Conjugaison de l'auxiliaire
ܟ̣ܵܘܹܐ, *Devenir, Être*

Présent indéfini

Sing. masc. ܟܵܘܹܢ . fém. ܟܵܘܵܢ , je deviens, je suis — m. ܟܵܘܹܬ , fém. ܟܵܘܵܬܝ , tu deviens, tu es — m. ܟܵܘܹܐ , fém. ܟܵܘܵܐ , il, elle devient, est, etc. — Ex. ܟܵܘܹܬ ܕܲܓܵܠܐ , tu deviens, tu es menteur.

Imparfait indéfini

ܟܵܘܹܢ ܗ݇ܘܵܐ , je devenais, j'étais.

Présent défini et Imparfait

Ces temps sont selon la règle.

Futur simple

ܒܸܕ ܟܵܘܹܢ , je deviendrai, je serai.

Futur passé

ܒܸܕ ܗܵܘܹܢ ܕܲܓܵܠܐ , je serai devenu, j'aurai été menteur.

Conditionnel

ܒܸܕ ܟܵܘܹܢ ܗ݇ܘܵܐ , je deviendrais, je serais.

Conditionnel passé

ܒܸܕ ܗܵܘܹܢ ܗ݇ܘܵܐ ܕܲܓܵܠܐ , je serais devenu, j'aurais été menteur.

Subjonctif présent

ܕܟܵܘܹܢ , que je devienne, que je sois.

Imparfait du Subjonctif

ܕܟܵܘܹܢ ܗ݇ܘܵܐ , que je devinsse, que je fusse.

Subjonctif passé

ܕܗܘܹܝܢ ܗܘܵܐ ܦܝܵܫܵܐ, que je fusse devenu, que j'aie été, eusse été.

Prétérit (1ère forme)

ܦܝܸܫ ܠܝܼ, je devins, je fus — ܦܝܸܫ ܠܘܼܟ݂. ܦܝܸܫ ܠܵܗ̇. ܦܝܸܫ ܠܲܢ, etc.

Prétérit (2ème forme)

ܦܝܼܫܵܢܝܼ, je suis devenu, j'ai été — ܦܝܼܫܵܢܘܵܬ̣, tu es devenu, as été — masc. ܦܝܼܫܹܬܘܿܗܝ, fém. ܦܝܼܫܹܬܵܗ̇, il est devenu, elle est devenue — plur. ܦܝܼܫܹܢܲܝ, ils sont devenus. Ex. ܦܝܼܫܵܢܝܼ ܚܣܝܼܪܵܐ, je suis devenu, j'ai été méprisable.

Plus-que-parfait

ܦܝܸܫ ܗܘܵܐ ܠܝܼ, j'étais devenu, j'avais été.

Impératif

ܦܘܼܫ (des 2 genres), deviens, sois — plur. des 2 genres ܦܘܼܫܘܼܢ, devenez, soyez.

Ex. ܦܘܼܫ ܗܘܼܢܵܢܵܐ, deviens, sois raisonnable — ܦܘܼܫܘܼܢ ܒܲܫܠܵܡܵܐ, soyez en paix.

Infinitif

ܦܝܵܫܵܐ, devenir, être, le devenir, l'être.

Participe présent

Il n'est pas usité comme *auxiliaire*.

Participe passé

Sing. masc. ܦܝܼܫܵܐ, devenu, été — fém. ܦܝܼܫܬܵܐ — pluriel des 2 genres, ܦܝܼܫܹܐ, devenus, été.

Ex. ܩܲܕ݂ܡܵܝܵܐ ܘܝܼܠܝܼ , je suis devenu le premier – ܟܡܝܼܪܵܐ ܝܗ݇ܘܵܐ ܠܹܒ݁ܝܼ ܟܡܝܼܪܵܐ , j'étais devenu triste, j'avais été triste.

IV.– REMARQUES SUR LES VERBES AUXILIAIRES ET EXEMPLES DIVERS

327.– 1° Les deuxièmes formes du prétérit et du plus-que-parfait de ܗܘܵܐ ne sont usitées qu'en Perse, où l'on dit : ܗܘܝܼܬܵܗ̇ ܗܲܝܡܵܢܘܼܬ݂ܵܐ ܕܟ݂ܠ ܕܵܪܹ̈ܐ , telle a été la foi de tous les siècles.

328.– 2° Les temps composés simultanément avec ܗܘܵܐ et ܦܝܼܫ étant lourds, on peut les remplacer par d'autres temps plus simples. Ex. ܐܸܢ ܗܘܵܐ ܐܲܟ݂ܵܐ ܠܵܐ . ܡܝܼܬ݂ ܗܘܵܐ , si tu avais été ici, il ne serait pas mort (au lieu de : ܐܸܢ ܦܝܼܫ ܗܘܵܐ ܐܲܟ݂ܵܐ) – ܠܵܙܸܡ ܗܘܵܐ ܕܗܵܘܹܐ ܗܘܵܐ ܡܘܼܪܚܩܵܐ , il aurait fallu qu'il fût éloigné (au lieu de ܠܵܙܸܡ ܗܘܵܐ ܕܗܘܹܐ ܗܘܵܐ ܦܝܼܫܵܐ ܡܘܼܪܚܩܵܐ).

329.– 3° Le Verbe ܦܝܼܫ , avec le sens de *devenir*, n'est vraiment auxiliaire que quand il se combine avec ܗܘܵܐ pour former des temps composés spéciaux. Il s'emploie souvent avec le sens de *rester*. Ex. ܠܵܐ ܦܝܼܫ ܠܵܗ̇ ܐܠܵܗ̇ ܣܢܝܼܩܘܼܬ݂ܵܐ ,il ne lui (f.) resta plus de secours – ܦܝܼܫ ܠܹܗ ܠܬܲܡܵܐ , il est resté là-bas – ܦܘܼܫ ܒܒܲܝܬ݂ܝܼ , reste dans ma maison – ܡܢ ܙܘܼܙܹ̈ܐ ܕܡܘܼܦܠܸܚܠܘܼܟ݂ ܟܡܵܐ ܦܝܼܫ ܠܘܼܟ݂ , de l'argent que tu as dépensé, combien en as-tu de reste (mot-à-mot : *resté*) ? – ܠܵܐ ܦܝܼܫ ,il n'est rien resté, il ne reste rien.

330.- Exemples divers: - ܐܝܼܟܵܐܝܼܠܹܗ , où est-il ? - ܡܝܼܟܵܐܝܼܠܘܼܟ݂ , d'où es-tu ? - ܚܲܕܝܼܪ̈ܝܼܠܗܘܿܢ , ils sont prêts - ܗܘܿܠܹܗ ܒܒܘܼܪܟܵܐ ܩܕܵܡܘܼܟ݂ , il est agenouillé devant toi - ܕܵܐܪ ܒܵܠܘܼܟ݂ ܕܠܵܐ ܗܵܘܹܝܬ݂ ou ܕܠܵܐ ܦܵܝܫܹܬ݂ ܡܒܘܼܣܪܵܐ ܡܸܢ ܚܲܒܪ̈ܘܼܟ݂ , prends garde à n'être pas méprisé de tes compagnons - ܠܵܐ ܒܦܵܝܫܸܢ ܟܪܝܼܗܵܐ ܒܓܲܒܹܗ , je ne suis ou ne serai pas triste à son sujet - ܐܵܕܝ ܦܝܼܫܵܐ ܠܹܗ ܒܥܸܠܬ݂ܘܼܟ݂ , cela a été par ta faute - ܦܝܼܫܵܐ ܗܘܵܐ ܠܝܼ ܒܲܢܵܝܵܐ ܒܡܘܿܨܸܠ , j'avais été maçon à Mossoul - ܐܸܢ ܥܒܝܼܕܹܬ݂ ܗܘܵܐ ܗܵܕ݂ܟ݂ܘܼܢ ܒܹܕ ܦܝܼܫܹܬ݂ ܗܘܵܐ ܥܬ݂ܝܼܪܵܐ , si tu avais fait ainsi, tu serais devenu riche - ܐܸܢ ܠܵܐ ܗܘܹܝܬ݂ ܗܘܵܐ ܓܲܐܘܬ݂ܵܢܵܐ , ܒܹܕ ܗܘܹܝܬ݂ ܗܘܵܐ ܡܩܘܼܒܠܵܐ ܦܘܼܪܥܵܢܘܼܟ݂ , si tu n'étais pas orgueilleux, tu aurais reçu ta récompense.

V.- Verbes auxiliaires négatifs

331.- Le verbe ܗܘܵܝܵܐ , dans ses formes normales, et le verbe ܦܝܼܫܵܐ deviennent négatifs avec la particule ܠܵܐ , de la même manière que les autres verbes. Cependant, avec la forme contracte ܝܘܸܢ , la négation peut s'exprimer comme suit : ܠܝܼܘܸܢ , je ne suis pas - ܠܝܼܘܸܬ݂ , tu n'es pas - ܠܝܼܠܹܗ , il n'est pas - ܠܝܼܘܘܼܚ , nous ne sommes pas - ܠܝܼܘܝܼܬ݂ܘܿܢ , vous n'êtes pas - ܠܝܼܠܗܘܿܢ , ils ne sont pas (au lieu de ܠܵܐܝܘܸܢ , ܠܵܐܝܘܸܬ݂ , etc.).

La forme ܗܘܝܘܸܢ , *je suis actuellement*, ne prend jamais le négatif.

VI.- Les Verbes auxiliaires en composition avec les autres Verbes

1° Verbes auxiliaires avec les verbes actifs ou transitifs

332.- L'auxiliaire ܐܝܬܘ, employé avec le *Participe passé* des Verbes actifs sert à composer les temps secondaires ou *non-paradigmaux* (Voir n° 267).

Ces temps sont : un second *Prétérit* ou *Passé indéfini*, un *Plus-que-parfait*, un *Futur passé*, un *Conditionnel passé*, un *Subjonctif passé*, un *Plus-que-parfait du Subjonctif*.

Dans ces temps, l'Auxiliaire n'est exprimé que par le *Présent et ses dérivés*, mais il donne *un sens passé* à tous les temps nouveaux qu'il forme et se traduit par notre verbe *Avoir* (1).

Passé indéfini (*1ère forme*)

ܩܛܝܠܬܠܝ ܓܒܪܐ , j'ai tué un homme - ܩܛܝܠܘܟ , tu as tué - ܩܛܝܠܠܗ , il a tué - f. ܩܛܝܠܠܗ̇ , elle a tué - ܩܛܝܠܢ , nous avons tué - ܩܛܝܠܘܟܘܢ , vous avez tué - ܩܛܝܠܗܘܢ , ils ont tué - Le sens mot-à-mot est : Je suis ayant tué , tu es ayant tué.

Passé indéfini (*2ème forme*)

ܗܘܢ ܩܛܝܠܐ ܓܒܪܐ , j'ai tué un homme (maintenant je suis ayant tué) - ܗܘܢ ܩܛܝܠܐ ܥܘܩܒܪܐ, f. j'ai tué des rats - ܗܘܚ ܩܛܝܠܐ ܚܕ ܕܒܐ , nous avons tué un ours.

---
(1) En latin : *Imitatus sum*, j'imitai, j'ai imité - *Pollicitus est*, il promit, il a promis.

Passé indéfini (*3ème forme*)

ܗܳܘܶܢ ܩܛܺܝܠܳܐ, j'ai tué (je suis ayant tué) —
ܗܳܘܳܐ ܩܛܺܝܠܬܳܐ, elle a tué.

Plus-que-parfait (*1ère forme*)

ܩܛܺܝܠܺܝܢ ܗܘܳܐ, j'avais tué (j'étais ayant tué).

Plus-que-parfait (*2ème forme*)

ܗܳܘܶܢ ܗܘܳܐ ܩܛܺܝܠܳܐ , etc.

Futur passé

ܒܶܕ ܗܳܘܶܢ ܩܛܺܝܠܳܐ , j'aurai tué (je serai ayant tué).

Conditionnel passé.

ܒܶܕ ܗܳܘܶܢ ܗܘܳܐ ܩܛܺܝܠܳܐ , j'aurais tué (je serais ayant tué).

Subjonctif passé

ܕܗܳܘܶܢ ܩܛܺܝܠܳܐ , que j'aie tué (que je sois ayant tué).

Plus-que-parfait du Subjonctif

ܕܗܳܘܶܢ ܗܘܳܐ ܩܛܺܝܠܳܐ , que j'eusse tué.

Les verbes actifs en *Mim* forment de la même manière les *temps secondaires*.

Remarque.— Dans ces temps, le *passé indéfini* ܩܛܺܝܠܺܝܢ et ܗܳܘܶܐ ܩܛܺܝܠܳܐ, etc. est très employé. Ex. ܩܛܺܝܠܺܝܢ ܬܪܶܝܢ ܕܺܐܒܶܐ, j'ai tué deux loups — ܗܳܘܶܐ ܢܟܺܝܣܳܐ ܥܶܪܒܰܝܟ, ils ont égorgé tes brebis — ܗܘܳܐ ܬܰܠܺܝܢܳܐ ܐܰܢܬ ܒܺܝ, c'est toi qui m'avais accusé.

2° *Verbes auxiliaires avec les Verbes intransitifs ou neutres*

333. – Ils se composent ensemble de la manière que nous venons de dire pour les verbes actifs. Les deux auxiliaires ܗܘܝܐ et ܦܝܫܐ, peuvent être employés indifféremment et on les traduit par *Avoir* ou *Être*, selon que le demande notre langue pour les verbes de cette nature.

Ex. ܦܠܝܛܐܝܘܢ ܡܢ ܡܬܐ, je suis sorti du village – ܥܪܝܩܬܐܝܘܬ ܠܛܘܪܐ, tu as fui à la montagne – ܗܘܝܢ ܢܦܝܠܬܐ ܡܢ ܫܘܠܝ, je suis déchue de mon état (antérieur) – ܢܚܝܬܐ; ܗܘܝܢ ܢܚܝܬܐ ܒܓܘ ܢܚܠܐ, je suis descendu dans le ravin – ܒܕ ܦܝܫܝܢ ܒܕ ܗܘܝܢ ܦܠܝܛܐ, je serai sorti, etc.

VII. – Verbes auxiliaires dans la formation du Passif

334. – En Soureth, on donne le sens passif à un verbe en composant son participe passé avec l'un ou l'autre Auxiliaire selon les divers temps.

Le Présent des Auxiliaires ܝܘܢ, ܗܘܝܢ, ܒܗܘܝܢ, qui, dans les verbes transitifs et intransitifs, donne *un sens passé*, garde dans les verbes passifs son *sens présent*.

Ex. *Actif* : ܩܛܝܠܐܝܘܢ ܐܢܫܐ, j'ai tué un homme – *Passif* : ܩܛܝܠܐܝܘܢ ܡܢ ܟܘܪܗܝ, je suis tué par mes soucis – Ces exemples nous montrent que c'est par le régime direct ou indirect du verbe qu'on distingue le sens actif ou passif du verbe, quand il est en composition avec l'auxiliaire ܗܘܝܐ à ses temps présents.

335. — Conjugaison des Verbes passifs

Présent (*1ère forme*)

ܡܹܢܓܵܪܒܼܝܼܢ ܚܕܵܪ ܕܵܓܼܐ, je suis tiré de tous côtés —
ܡܸܢܓܵܪܒܼܵܢܬܵܗ݇ܘܲܚ ܚܕܵܪ ܕܵܓܼܐ, elle est tirée de tous côtés.

Présent (*2ème forme*)

ܗܘܹܝܢ ܓܪܝܼܫܵܐ, je suis tiré actuellement.

Présent (*3ème forme*)

ܓܵܪܫܹܢ · ܓܵܪܫܹܢ ܠܟܼܠ ܓܹܒܵܐ, je suis tiré.

Imparfait (*de la 1ère forme*)

ܡܸܢܓܵܪܒܼܝܼܢ ܗܘܹܐ, j'étais tiré.

Imparfait (*de la 3ème forme*)

ܓܵܪܫܹܢ ܗܘܹܐ · ܓܵܪܫܹܢ ܗܘܹܐ ܠܟܼܠ ܓܹܒܵܐ, j'étais tiré.

Futur simple

ܒܸܕ ܓܵܪܫܹܢ · ܒܸܕ ܓܵܪܫܹܢ ܠܟܼܠ ܓܹܒܵܐ, je serai tiré.

Futur passé

ܒܸܕ ܓܵܪܫܹܢ ܟܵܐܒܼܪܵܐ ܠܟܼܠ ܓܹܒܵܐ, j'aurai été tiré.

Conditionnel

ܒܸܕ ܓܵܪܫܹܢ ܗܘܹܐ · ܒܸܕ ܓܵܪܫܹܢ ܠܟܼܠ ܓܹܒܵܐ ܗܘܹܐ, je serais tiré.

Conditionnel passé

ܒܸܕ ܗܘܹܝܢ ܗܘܹܐ ܓܪܝܼܫܵܐ ܠܟܼܠ ܓܹܒܵܐ, j'aurais été tiré.

Subjonctif présent

ܕܓܵܪܫܹܢ · ܕܓܵܪܫܹܢ ܠܟܼܠ ܓܹܒܵܐ, que je sois tiré.

IMPARFAIT DU SUBJONCTIF

ܕܗܘܝܢ ܗܘܐ ، ܕܦܝܫܢ ܗܘܐ ܓܪܝܫܬܐ , que je fusse tiré.

SUBJONCTIF PASSÉ

ܕܗܘܝܢ ܗܘܐ ܦܝܫܬܐ ܓܪܝܫܬܐ , que j'aie été tiré.

PRÉTÉRIT (*1ère forme*)

ܗܘܐ ܠܝ , ܦܝܫ ܠܝ ܓܪܝܫܬܐ , je fus tiré, j'ai été tiré.

PRÉTÉRIT (*2ème forme spéciale*)

Le participe passé classique ܓܪܝܫ , fém. ܓܪܝܫܬܐ , plur. ܓܪܝܫܝ (pour ܓܪܝܫܝܢ), s'unit aux pronoms personnels suffixes du Présent ܢ ، ܬ . etc. (1).

SING. 1ère pers. masc. ܓܪܝܫܢ , je fus, j'ai été tiré.

» » fém. ܓܪܝܫܢ » »

» 2e pers. masc. ܓܪܝܫܬ , tu fus, tu as été tiré.

» » fém. ܓܪܝܫܬ » »

» 3e pers. masc. ܓܪܝܫ , il fut, il a été tiré.

» » fém. ܓܪܝܫܬܐ , elle fut, elle a été tirée.

PLUR. 1ère pers. des 2 g. ܓܪܝܫܝܚ , nous fûmes, nous avons été tirés.

» 2e pers. » ܓܪܝܫܝܬܘܢ , ܓܪܝܫܬܘܢ , vous fûtes tirés.

» 3e pers. » ܓܪܝܫܝ , ils furent, ils ont été tirés.

Exemples : ܓܒܝܠܢ ܡܛܝܢܐ j'ai été formé de limon — ܡܢܒܝ ܡܢܝܠܗ ܡܚܝܠܘܟ , prophétise qui t'a frappé — ܕܘܪܟܬܐ ܕܥܒܝܕܬܐ ܠܡܥܒܕܬܐ ܡܢ ܡܪܝ , complainte qui a été faite par

(1) Cette forme est employée dans le Soureth de Djébel-Tour comme forme habituelle du *prétérit* des Verbes neutres. Ex. ܦܠܛܝܢ , je sortis, je suis sorti.

Cacha Somo. On met un ܠ devant l'auteur de l'action ܠܡܫܝܚܐ . ܠܡܫܝܚܝ .

PLUS-QUE-PARFAIT (*1ère forme*)

ܗܘܐ ܗܘܐ ܠܝ . ܦܝܫ ܗܘܐ ܠܝ ܠܓܕܝܫܐ , j'avais été tiré.

PLUS-QUE-PARFAIT (*2e forme spéciale*)

ܠܓܕܝܫܝܢ ܗܘܐ , j'avais été tiré.

Masc. ܠܓܕܝܫ ܗܘܐ – fém. ܠܓܕܝܫܐ ܗܘܐ , il (elle) avait été tiré.

ܠܓܕܝܫܝ ܗܘܐ . ܗܘܘ , ils avaient été tirés.

IMPÉRATIF

ܦܘܫ ܠܓܕܝܫܐ . ܗܘܝ ܠܓܕܝܫܐ , sois tiré.

ܦܘܫܘ ܠܓܕ̈ܝܫܐ . ܗܘܘ ܠܓܕ̈ܝܫܐ , soyez tirés.

INFINITIF

ܗܘܝܐ . ܦܝܫܐ ܠܓܕܝܫܐ , être, devenir tiré.

PARTICIPE PRÉSENT

Ce temps n'existe pas.

PARTICIPE PASSÉ

ܦܝܫܐ . ܗܘܝܐ ܠܓܕܝܫܐ , été tiré.

ܦܝܫܬܐ . ܗܘܝܬܐ ܠܓܕܝܫܬܐ , été tirée.

ܦܝ̈ܫܐ . ܗܘ̈ܝܐ ܠܓܕ̈ܝܫܐ , été tirés.

336.– Les verbes composés forment leur passif de la même manière :– ܡܬܦܣܩ ܐܢܐ ܡܢ ܟܗܢܘܬܐ , je suis suspens à *divinis*.– ܡܬܦܣܩܬ ܡܢ ܟܗܢܘܬܐ , tu as été suspens à *divinis*.

CHAPITRE IX

Verbes composés ou Verbes en *Mim*

I.—NOTIONS GÉNÉRALES

337.— Le Soureth forme des *Verbes composés* au moyen d'un *Mim préfixe* augmentant la racine verbale simple; c'est pourquoi ces verbes sont aussi appelés *Verbes en Mim*.

338.— Le *Mim* préfixe donne lieu à deux Conjugaisons :

La première, dans laquelle le *Mim* reste toujours quiescent. Ex. ܡܒܛܠܐ , annuler — ܡܒܛܠ , j'annule — ܡܒܘܛܠܐ , annulé — Cette conjugaison s'appelle 1ère Conjugaison en *Mim*; elle répond à la forme littéraire ܦܥܶܠ .

La seconde, dont le *Mim* est toujours *mobile*. Ex. ܡܩܛܠܐ , faire tuer — ܡܩܛܠ , je fais tuer — ܡܩܘܛܠܐ , qu'on a fait tuer. On l'appelle 2° Conjugaison en *Mim*. Elle répond à la forme littéraire ܐܦܥܶܠ .

339.— Quant au sens, les verbes de la 1ère Conjugaison sont actifs ou intransitifs. Cette conjugaison a pour effet :

1° De rendre *actifs* des verbes simples *intransitifs*; ainsi : de ܒܛܠ , *être nul*, on fait ܡܒܛܠܐ , annuler.

2° De former des verbes soit actifs, soit intransitifs, de simples noms. Ex. ܒܘܪܟܐ , bénédiction; ܡܒܪܟܐ , bénir — ܩܘܕܫܐ , sanctification ; ܡܩܕܫ , sanctifier — ܓܪܒܐ , galeux; ܡܓܪܒܐ , devenir galeux — ܩܠܝܠܐ , vite, prompt; ܡܩܠܠܐ , aller vite.

340.– La 2ᵉ Conjugaison en *Mim* est essentiellement active ou transitive. Avec elle on forme :

1° Des verbes actifs issus de verbes intransitifs. Ex. ܠܒܵܫܵܐ , se revêtir; ܡܲܠܒܘܼܫܹܐ , revêtir, habiller – ܡܬܦܲܟܘܼܪܹܐ , réfléchir; ܡܲܬܦܟܘܼܪܹܐ , faire réfléchir.

2° Des verbes doublement transitifs. Ex. ܩܛܵܠܵܐ , tuer; ܡܲܩܛܘܼܠܹܐ , faire tuer.

341.– Les temps du *Présent* et du *Prétérit* des verbes en *Mim* se composent de la même manière que pour les verbes simples, c'est-à-dire avec un participe actif ou un participe passif auquel on joint les pronoms personnels.

Le *Participe actif* employé pour former le *Présent* se tire des Conjugaisons classiques ܦܵܥܹܠ , ܦܲܥܸܠ . Ex.

1ère Conjug. (ܦܵܥܹܠ) ܡܩܲܕܸܫ , sanctifiant – fém. ܡܩܲܕܫܵܐ – plur. ܡܩܲܕܫܝܼܢ (Sour. ܡܩܲܕܫܝܼ).

2ème Conj. (ܦܲܥܸܠ) ܡܲܩܛܸܠ , faisant tuer – fém. ܡܲܩܛܠܵܐ – pl. ܡܲܩܛܠܝܼܢ (Sour. ܡܲܩܛܠܝܼ).

Le *Participe passif* employé pour composer le *Prétérit* est celui des Conjugaisons Soureth en *Mim*, mais avec forme contracte. Ex.

1ère Conj. ܡܩܘܼܕܸܫ , sanctifié – fém. ܡܩܘܼܕܫܵܐ – pl. ܡܩܘܼܕܫܝܼ .

2ème Conj. ܡܘܼܩܛܸܠ , fait tuer – f. ܡܘܼܩܛܠܵܐ – pl. ܡܘܼܩܛܠܝܼ .

L'*Impératif* se tire de la 3ème personne sing. masc. du Présent indéfini.

1ère Conj. ܡܩܲܕܸܫ et ܡܩܲܕܫܵܐ - pl. ܡܩܲܕܫܝ , sanctifie, sanctifiez.

2ème Conj. ܡܩܲܛܸܠ - pl. ܡܩܲܛܠܝ, fais, faites tuer.

L'*Infinitif* se tire de l'Infinitif classique avec quelques variantes :

1ère Conj. (فَعِيل) - Class. ܡܩܲܕܫܘ - Soureth ܡܩܲܕܘܫܐ, sanctifier.

2ème Conj. (إفْعِيل) - Class. ܡܩܲܛܠܘ - Soureth ܡܩܲܛܘܠܐ, faire tuer.

Le *Nom d'agent* est le même qu'en Syriaque cl.

1ère Conj. ܡܩܲܕܫܢܐ, sanctificateur.

2ème Conj. ܡܩܲܛܠܢܐ, qui fait tuer.

Le *Nom de Patient* ou *Participe passé* a une forme propre au Soureth :

1ère Conj. ܡܩܘܕܫܐ, sanctifié - fém. ܡܩܘܕܫܬܐ - pl. ܡܩܘܕܫܐ.

2ème Conj. ܡܩܘܛܠܐ, qu'on a fait tuer - fém. ܡܩܘܛܠܬܐ - pl. ܡܩܘܛܠܐ.

342.- II.- Paradigme de la 1ère Conjugaison,
en Mim quiescent, pour les verbes trilittères sains

Type ܡܩܲܕܫܐ, *comme* ܡܩܲܕܘܫܐ, *sanctifier*

(*du Class.* ܩܲܕܸܫ. *Racine* ܩܕܫ)

Présent indéfini

Sing. 1ère pers. masc. ܡܩܲܕܸܫܢ, je sanctifie.

» » fém. ܡܩܲܕܫܢ » »

Sing. 2ᵉ pers. masc. ܡܩܲܕܫܸܬ , tu sanctifies.

» » fém. ܡܩܲܕܫܵܐ » »

» 3ᵉ pers. masc. ܡܩܲܕܸܫ ou ܡܩܲܕܫ , il sanctifie.

» » fém. ܡܩܲܕܫܵܐ , elle sanctifie.

Plur. 1ʳᵉ pers. d. 2 g. ܡܩܲܕܫܝܼܢ , nous sanctifions.

» 2ᵉ pers. » ܡܩܲܕܫܝܼܬܘܿܢ , vous sanctifiez.

» 3ᵉ pers. » ܡܩܲܕܫܝܼ , ils, elles, sanctifient.

Présent défini

ܒܸܡܩܲܕܫܸܢ , je sanctifie.

ܒܸܡܩܲܕܫܸܬ , tu sanctifies, etc.

Imparfait

ܡܩܲܕܸܫ . ܒܸܡܩܲܕܫܸܢ ܗܘܿܐ , je sanctifiais, etc.

Futur simple

ܒܸܕ ܡܩܲܕܫܸܢ , je sanctifierai, etc.

Conditionnel

ܒܸܕ ܡܩܲܕܫܸܢ ܗܘܿܐ , je sanctifierais, etc.

Subjonctif présent

ܕܸܡܩܲܕܫܸܢ , que je sanctifie, etc.

Imparfait du subjonctif

ܕܸܡܩܲܕܫܸܢ ܗܘܿܐ , que je sanctifiasse, etc.

Prétérit

ܡܩܘܼܕܫܠܝܼ , (des 2 genres), je sanctifiai.

ܡܩܘܼܕܫܠܘܿܟ , fém. ܡܩܘܼܕܫܠܵܟܝ , tu sanctifias.

ܡܩܘܕܫܐ ܠܗ - fém. ܡܩܘܕܫܐ ܠܗ̇ , il, elle sanctifia.

ܡܩܘܕܫܐ ܠܢ , (des 2 genres), nous sanctifiâmes.

ܡܩܘܕܫܐ ܠܘܟܘܢ » » vous sanctifiâtes.

ܡܩܘܕܫܐ ܠܗܘܢ » » ils sanctifièrent.

PLUS-QUE-PARFAIT

ܡܩܘܕܫܐ ܗܘܐ ܠܗ , j'avais sanctifié, etc.

IMPÉRATIF

ܡܩܕܫ ou ܡܩܕܫ (des 2 genres), sanctifie.

ܡܩܕܫܘ » » sanctifiez.

INFINITIF

ܡܩܕܘܫܐ , sanctifier – ܒܡܩܕܘܫܐ , en sanctifiant.

PARTICIPE PRÉSENT OU NOM D'AGENT

SING. masc. ܡܩܕܫܢܐ , sanctificateur, sanctifiant.

» fém. ܡܩܕܫܢܝܬܐ , ܡܩܕܫܢܝܬܐ , sanctificatrice, sanctifiante.

PLUR. comm. ܡܩܕܫܢܐ̈ , sanctificateurs - f. class. ܡܩܕܫܢܝܬܐ̈ , sanctificatrices.

PARTICIPE PASSÉ OU NOM DE PATIENT

SING. masc. ܡܩܘܕܫܐ - fém. ܡܩܘܕܫܬܐ , sanctifié... fiée.

PLUR. d. 2. g. ܡܩܘܕܫܐ̈ - pl. ܡܩܘܕܫܝܬܐ̈ , sanctifiés... fiées.

343.–Remarques. 1° Les Verbes en *Mim* forment leurs temps non paradigmaux comme les verbes actifs ou les verbes intransitifs (voir nos 332,333):– ܡܩܘܕܫܐ ܝܘܢ ܚܕ ܒܝܬܐ , j'ai sanctifié (béni) une maison – ܒܕ ܗܘܝܢ ܡܦܢܝܬܗ ܗܘܐ , je lui aurais répondu.

2° Il en est de même des verbes passifs avec *Mim* (Voir n° 334). Ex. ܟܕ ܕܡܢ ܟܪܣܐ ܕܐܡܗ ܡܩܕܫܐ , il est sanctifié depuis les entrailles de sa mère.

3° La 2ème forme du prétérit passif s'emploie aussi avec les verbes en *Mim*. La voici pour la 1ère conjugaison :

Sing. 1ᵉ p. masc. ܡܩܘܕܫܢ – f. ܡܩܘܕܫܢ , je fus, j'ai été sanctifié.
» 2ᵉ p. masc. ܡܩܘܕܫܬ – f. ܡܩܘܕܫܬܝ , tu fus »
» 3ᵉ p. masc. ܡܩܘܕܫ – f. ܡܩܘܕܫܐ , il fut, elle fut »
Plur. 1ᵉ p. des 2 g. ܡܩܘܕܫܚ , nous fûmes, avons été sanctifiés.
» 2ᵉ pers. » ܡܩܘܕܫܬܘܢ , vous fûtes » »
» 3ᵉ pers. » ܡܩܘܕܫܝ , ils furent » »

4° Quoique les verbes de la 1ère Conjug. en *Mim* soient issus de la forme redoublée littéraire ܩܕܫ, *kaddech*, ce redoublement ne passe pas en Soureth : ܡܩܕܘܫܐ, *mkadoché*. On dit même, au Présent 3ᵉ pers. s. masc. et à l'Impératif : ܡܩܕܫ, *mkâdech*, pr. ܡܩܕܫ. Mais on redouble dans ܡܚܠܠܐ, *mkhallolé*, ܡܚܠܠ, *mkhallel*.

5° Les verbes dont la 2ᵉ et la 3ᵉ radicale sont semblables, comme ܡܚܠܠܐ, *mkhallolé*, laver (du class. ܚܠܠ – R. ܚܠ) doivent s'écrire toujours avec ces deux radicales. Ex. ܡܚܠܠܝ (non ܡܚܠܝ) – ܡܚܠܠܝܢ (non ܡܚܠܝܢ) – ܡܚܘܠܠ – fém. ܡܚܘܠܠܬܐ, non ܡܚܘܠܬܐ. Prétérit pass. 3ᵉ pers. sing. masc. ܡܚܘܠܠ, *mkhoulel*.

6° Dans la montagne, le *Mim* quiescent de cette conjugaison est ordinairement supprimé. On dit : ܡܩܕܘܫܐ, ܟܕܘܫܠܐ – ܟܕܫܬܐ, ܟܕܫܠܗ, ܟܕܫܝ, laver –

ܣܗܝܕ ܠܝ, ܢܝܠܝܟ , ܣܗܝܕ ܠܝ , ܢܝܠܠܟܐ, ܣܗܟܟܟܪ .etc. La conjugaison est du reste la même. Dans la plaine, on entend parfois la suppression du *Mim*; mais elle est ordinaire dans le verbe ܢܒܘܒܠ, emmener, emporter : — ܒܘܕܟ , j'emmène. — ܣܒܘܒܠ ܠܝ , j'emportai. — A la 3ᵉ pers. sing. masc. du Présent, on dit le plus souvent ܢܒܘܟܠ , il emmène (au lieu de ܢܒܘܒܠ — Class. ܢܘܒܠ ܠܗ).

344. — VERBES A CONJUGUER

1° *Comme* ܡܣܓܘܕܐ : — ܡܣܡܗܝ , *suavem facere*, guérir — ܡܒܪܘܟܐ , bénir — ܡܟܘܡܪܐ , obliger (de ܠܙܡ , être nécessaire) — ܡܒܫܠܐ , faire cuire — ܡܒܝܕܥܐ , annoncer — ܡܙܡܘܪܐ , chanter — ܡܙܡܢܐ , inviter — ܡܓܘܒܐ , répondre (A. ܓܘܒ ܠܝܠܟܐ) — ܡܓܘܡܝ . ܡܓܘܢܒ ܠܝ et ܡܐܓܘܒܐ ou ܡܓܘܢܒܐ . ܡܓܘܢܒ ܠܝ ou ܡܓܘܒܐ . châtier, punir — ܡܓܣܘܣܐ (A. ܩܨܨ) ܡܓܘܢܒܐ — et ܡܓܣܝ , il châtie — ܡܟܕܒܐ , mentir — ܡܛܥܡܐ , goûter — ܡܒܘܛܚܐ (de ܒܛܚ A. ܐܘܠ), promettre. — Prétérit ܡܣܘܒܕ ܠܝ — Part. passé ܡܣܘܒܕܐ ou ܡܣܛܘܒܐ .

2° *Comme* ܡܓܫܘܫܐ : — ܡܓܫܘܫܐ (A. ܓܣ), aller à la découverte, espionner — ܡܗܠܠܐ , chanter *alleluia* (R. cl. ܗܠ) — ܡܟܠܠܐ , couronner (R. cl. ܟܠ) — ܡܒܟܘܝܐ (A. ܒܟܐ), faire des lamentations — ܡܦܟܦܟܐ , (A. ܫܟ), douter — ܡܟܠܠܐ (A. ܕܠ), crier en public (ܕܠܠ , crieur public) — A Achitha : ܡܣܕܘܕܐ (R.cl. ܣܕ), *occludere* — ܡܣܕܘܕ ܠܗ ܒܪܐ , *ille occlusit puteum*.

**345.— III. Autre Paradigme des Verbes en *Mim*
quiescent, pour les verbes quatrilittères sains**

Type ܡܫܲܚܠܦܵܐ, — *comme* ܡܸܫܬܲܚܠܲܦ, *changer*
(*du Class.* ܫܚܠܸܦ - *Racine* ܚܠܦ)

La deuxième lettre verbale (ܫ) reste muette dans toute la conjugaison, et les voyelles se disposent sur les autres lettres comme pour les verbes trilittères. ܡܸܫܬܲܚܠܲܦ est aussi intransitif : *se changer*.

Présent indéfini

ܡܫܲܚܠܸܦܢܵܐ , je change, je me change.

ܡܫܲܚܠܸܦܸܬ , tu changes, tu te changes.

ܡܫܲܚܠܸܦ , il change, il se change.

Remarque. — Quand la seconde lettre (ܫ) est suivie d'une autre lettre quiescente, elle se prononce alors avec un *Zlama pchika*, lequel peut ne pas s'écrire ou être signifié soit par le *Zlama* lui-même, soit par un *Mhagiana*. Ex. ܡܫܲܚܠܸܦ . ܡܸܫܒܝܠܸܦ . ܡܸܫܚܠܸܦ .

Présent défini

ܟܹܐܡܫܲܚܠܸܦ , je change, etc.

Imparfait

ܟܹܐܡܫܲܚܠܸܦ ܗܘܵܐ ou ܡܫܲܚܠܸܦ ܗܘܵܐ , je changeais.

De même les autres temps dérivés du Présent.

Prétérit

ܒܝ ܡܫܘܚܠܸܦ , je changeai, j'ai changé.

Plus-que-parfait

ܡܫܘܚܠܦ ܗܘܐ ܠܝ , j'avais changé.

Impératif

Des 2 genres : ܡܫܚܠܦ , change – ܡܫܚܠܦܘܢ , changez.

Infinitif

ܡܫܚܠܘܦܐ , changer, se changer.

ܒܡܫܚܠܘܦܐ , en changeant.

Participe présent

Sing. masc. ܡܫܚܠܦܢܐ . changeant, changeur

fém. ܡܫܚܠܦܢܝܬܐ .

Plur. comm. ܡܫܚܠܦܢܐ – f. cl. ܡܫܚܠܦܢܝܬܐ .

Participe passé

Sing. masc. ܡܫܘܚܠܦܐ . changé – fém. ܡܫܘܚܠܦܬܐ .

Plur. comm. ܡܫܘܚܠܦܐ – f. cl. ܡܫܘܚܠܦܝܬܐ .

Prétérit passif spécial

ܡܫܘܚܠܦܢ , je fus, j'ai été changé – ܡܫܘܚܠܦܬ . ܡܫܘܚܠܦ .

346.– Verbes a conjuguer

1° ܡܗܘܕܢܘܬܐ , valoir – ܡܫܘܗܝܐ , retarder – ܡܬܪܓܡܘܬܐ , traduire – ܡܬܠܚܫܬܐ , parler à l'oreille – ܡܬܫܓܘܠܐ (A. شغل), tracasser – ܡܣܝܒܪܘܬܐ , patienter. (du class. ܣܝܒܪ) – ܡܗܝܡܢܘܬܐ , croire (Rac. class. ܗܝܡܢ) – ܡܬܪܛܢܘܬܐ ou ܡܬܪܛܢܘܬܐ (R. ܪܛܢ), murmurer.

2° Beaucoup de verbes dénominatifs de cette catégorie se forment de noms, d'adjectifs, et d'adverbes; la plupart sont intransitifs. Ex. ܡܬܠܡܕܘ, faire des disciples (de ܬܠܡܝܕܐ, disciple) – ܡܨܐܝܘ, devenir sale (de ܨܐܐ, sale) – ܡܟܠܒܘ, s'enchienner, devenir mauvais (de ܟܠܒܝܐ, de nature de chien) – ܡܟܫܪܘ remettre le signe des fiançailles (ܟܫܪܐ), fiancer – ܡܕܪܩܒܘ, faire opposition (ܕܪܩܒܠ, contre).

3° Beaucoup de verbes dont les racines sont augmentées d'un *Rech*. Ex. ܡܒܪܒܫܘ, faire bouton (de ܒܫ, *concepit*) – ܡܦܪܟܘ, diviser en petits morceaux (de ܦܟܐ, ouvrir) – ܡܟܪܡܫܘ, se flétrir (de ܟܡܫ, *emarcuit*) – ܡܟܪܟܘ, enchevêtrer, faire des claies, ܟܪܘܟܐ (de ܟܟ, *implicavit*) – A Achitha : ܡܬܩܪܘ, butter, broncher (A. ܢܬܐ - Class. ܬܩܠ) – ܡܒܪܕܘ, disperser (de ܒܕ) – ܡܒܪܩܘ, supplier, demander.

4° Beaucoup de verbes diminutifs, augmentatifs, imitatifs, à deux radicales redoublées. Ex. ܡܕܪܕܪܘ, jeter au vent, disperser (R. ܕܪ) – ܡܪܘܡܪܘ, exalter (R. ܪܡ) – ܡܕܦܕܦܘ, frapper à coups répétés (R. ܕܦ) – ܡܣܪܗܒܘ, se hâter (R. ܣܪ) – ܡܪܥܪܘ, retentir, braire (de ܪܥ) – ܡܪܛܢܛܘ, bourdonner (R. ܪܛ) – ܡܓܥܪܓܘ, gronder en se fâchant (R. ܓܥܪ, *incaluit*).

5° Des verbes dont la racine est augmentée d'un Zaïn. Ex. ܡܟܠܒܙܘ, faire la culbute (de l'Ar. ܩܠܒ, revenir)-ܡܛܲܟܠܸܩܘܼܢܹܐ, faire le bruit de *klak klak* (comme le cheval qui trotte), trotter.

347.- IV. PARADIGME DE LA IIe CONJUGAISON EN *Mim* MOBILE, POUR LES VERBES TRILITTÈRES SAINS

Type ܡܦܲܥܸܠܵܐ, -*comme* ܡܓܲܪܘܼܫܹܐ, *faire tirer*
(*Class.* ܐܲܓܪܸܫ - *Rac. prim.* ܓܪܸܫ).

La première lettre radicale du verbe (ici ܓ) reste quiescente dans toute la conjugaison. Quand sa suivante est quiescente aussi, on prononce la première avec Zlama pchika, écrit ou non, comme nous avons dit précédemment (1). On applique les voyelles dans la conjugaison, comme dans les verbes quatrilittères en *Mim* quiescent, leur *Mim* non compris. Ex. ܡ(ܣܲܟܠܸܦܹܐ) . ܡܓܲܪܘܼܫܹܐ.

PRÉSENT INDÉFINI

ܡܓܲܪܸܫܹܢ, je fais tirer. — ܡܓܲܪܸܫ, il fait tirer, etc.

PRÉSENT DÉFINI

ܟܹܐܡܓܲܪܸܫܹܢ, je fais tirer, etc.

IMPARFAIT

ܟܹܐܡܓܲܪܸܫܹܢ ܗܘܵܐ . ܡܓܲܪܸܫܹܢ ܗܘܵܐ, je faisais tirer, etc.

PRÉTÉRIT

ܡܘܼܓܪܸܫ ܠܝܼ, je fis tirer, j'ai fait tirer, etc.

PLUS-QUE-PARFAIT

ܡܘܼܓܪܸܫ ܗܘܵܐ ܠܝܼ, j'avais fait tirer, etc.

---

(1) Voir n° 345, Remarque.

IMPÉRATIF

ܡܲܓܪܸܫ , tire – ܡܲܓܪܸܫܘܿ , tirez.

INFINITIF

ܡܲܓܪܘܿܫܹܐ , faire tirer – ܒܡܲܓܪܘܿܫܹܐ ,en faisant tirer.

PARTICIPE PRÉSENT

SING. masc. ܡܲܓܪܫܵܢܵܐ, qui fait tirer – fém. ܡܲܓܪܫܵܢܝܼܬܵܐ.

PLUR. comm. ܡܲܓܪܫܵܢܹܐ – f. cl. ܡܲܓܪܫܵܢܝܵܬܵܐ .

PARTICIPE PASSÉ

SING. masc. ܡܘܼܓܪܫܵܐ , qu'on a fait tirer.

» fém. ܡܘܼܓܪܫܬܵܐ .

PLUR. comm. ܡܘܼܓܪܫܹܐ – f. cl. ܡܘܼܓܪܫܝܵܬܵܐ .

PRÉTÉRIT PASSIF SPÉCIAL

ܡܘܼܓܪܸܫܝܢ , je fus, j'ai été fait tirer – ܡܘܼܓܪܸܫܬ .
ܡܘܼܓܪܸܫ , etc.

348. – VERBES A CONJUGUER

ܡܲܒܪܘܿܟܹܐ , faire mettre à genoux, de ܒܪܵܟܵܐ ,s'agenouiller.
ܡܲܕܡܘܿܟܹܐ , faire coucher, de ܕܡܵܟܵܐ , se coucher.
ܡܲܢܒܘܿܥܹܐ , *scaturire fecit*, de ܢܒܵܥܵܐ , *scaturivit*.
ܡܲܟܬܘܿܒܹܐ , faire écrire, de ܟܬܵܒܵܐ , écrire.
ܡܲܟܪܘܿܙܹܐ , prêcher, du Class. ܟܪܲܙ , inusité.
ܡܲܥܡܘܿܕܹܐ , baptiser, de ܥܡܵܕܵܐ , être baptisé.
ܡܲܦܨܘܿܚܹܐ , faire réjouir, réjouir, de ܦܨܵܚܵܐ , se réjouir.
ܡܲܦܠܘܿܛܹܐ ,extraire,faire sortir,(pr ܡܲܢܦܠܘܿܛܹܐ) de ܢܦܠܵܛܵܐ ,sortir.

ܡܲܚܸܒ , ‒ ܡܲܚܘܼܒܹܐ . ܒܸܟ ܡܲܚܘܼܒܹܐ . ܡܲܚܘܼܒܹܐܠܹܗ . ܡܲܚܸܒ , aimer (pour ܡܲܚܘܼܒܹܐܕ), de ܚܘܼܒܵܐ , amour ‒ ܡܲܚܕܹܐ , faire devenir agréable, *exhilarare*, faire guérir (ܡܲܚܠܸܡ , guérir ‒ ܚܠܸܡܵܐ , être agréable) ‒ ܡܲܙܡܸܪ , faire chanter (ܡܲܙܡܘܼܪܹܐ ‒ ܙܡܵܪܵܐ , chanter) ‒ ܡܲܟܠܸܠ , faire couronner, (ܡܲܟܠܘܼܠܹܐ , couronner) ‒ ܡܲܥܨܸܪ , presser, comprimer (du class. ܥܨܲܪ).

V. — Autre Paradigme des Verbes en *Mim* mobile pour les verbes quatrilittères sains

Type ܡܲܬܲܪܓܸܡ, *comme* ܡܲܬܲܪܓܘܼܡܹܐ, *faire traduire* (*Class.* ܬܲܪܓܸܡ *inus.* ‒ *Racine* ܬܲܪܓܸܡ)

En supposant que la 1ère lettre verbale (ici ܬ), n'existe pas, on applique les voyelles sur les lettres restantes, *Mim* y compris, comme dans le paradigme précédent (ܡܲܚܘܼܒܹܐ).

Quand la 1ère lettre verbale (ܬ), qui est toujours quiescente, est suivie d'une autre lettre également quiescente, elle se prononce avec un *Zlama pchika* dans les conditions que nous avons dites plus haut (1). Si la 3ème lettre est aussi quiescente, la 1ère prend le *Zlama* dans l'écriture.

Présent indéfini

ܡܲܬܲܪܓܸܡܹܢ , je fais traduire ‒ ܡܲܬܲܪܓܸܡ , il fait traduire.

Présent défini

ܟܡܲܬܲܪܓܸܡܹܢ , je fais traduire ‒ ܟܡܲܬܲܪܓܸܡ , il fait traduire.

---

(1) Voir n° 345, Remarque.

PRÉTÉRIT

ܡܘܬܪܓܡ ܠܝ , je fis, j'ai fait traduire.

PLUS-QUE-PARFAIT

ܡܘܬܪܓܡ ܗܘܐ ܠܝ , j'avais fait traduire.

IMPÉRATIF

ܡܬܪܓܡ , fais traduire. – ܡܬܪܓܡܘ , faites traduire.

INFINITIF

ܡܬܪܓܡܘܢܐ , faire traduire – ܒܡܬܪܓܡܘܢܐ , en faisant traduire.

PARTICIPE PRÉSENT

Sing. masc. ܡܬܪܓܡܢܐ , qui fait traduire.

fém. ܡܬܪܓܡܢܝܬܐ ou ܡܬܪܓܡܢܝܬܐ .

Plur. comm. ܡܬܪܓܡܢ̈ܐ – f. cl. ܡܬܪܓܡܢ̈ܝܬܐ .

PARTICIPE PASSÉ

Sing. masc. ܡܘܬܪܓܡܐ , fait traduire – f. ܡܘܬܪܓܡܬܐ .

Plur. comm. ܡܘܬܪܓܡ̈ܐ – fém. ܡܘܬܪܓܡ̈ܬܐ .

PRÉTÉRIT PASSIF SPÉCIAL

ܡܘܬܪܓܡܢܝ , je fus, j'ai été fait traduire – ܡܘܬܪܓܡܬ , tu fus, tu as été fait traduire – ܡܘܬܪܓܡ , il fut, il a été fait traduire.

Exemples. – ܟܬܒܐ ܡܘܬܪܓܡܢܐ ܠܣܘܠܛܢܐ , livre dont le Sultan a fait faire la traduction – ܡܬܪܓܡܢܐ ܕܗܢܐ ܟܬܒܐ ܦܠܢ ܝܠܗ , celui qui a fait traduire ce livre est un tel.

350.— Verbes a conjuguer

ܡܷܦܰܟܷܪ ܒܸܐ , faire réfléchir (ܦܰܟܷܪ ܒܸܐ , réfléchir – A. فكر).

ܡܓܰܪܓܷܒ ܠܹܗ, rendre galeux (ܓܰܪܓܷܒ ܠܹܗ , devenir galeux – ܓܰܪܒܵܐ , gale).

ܡܣܰܕܷܪ ܠܹܗ , faire mettre en ordre (ܣܰܕܷܪ ܠܹܗ , mettre en ordre – A. ترتيب).

ܡܛܰܢܷܦ ܠܹܗ, faire salir (ܛܰܢܷܦ ܠܹܗ, se salir – ܛܸܢܦܵܐ, saleté).

ܡܪܰܛܷܢ ܠܹܗ (1), faire murmurer (ܪܰܛܷܢ ܠܹܗ, murmurer. R. class. ܪܛܢ).

ܡܒܰܠܒܷܠ ܠܹܗ, faire disperser (ܒܰܠܒܷܠ ܠܹܗ, disperser – R.cl. ܒܠܠ).

ܡܛܰܚܷܢ ܠܹܗ , concasser (ܛܰܚܷܢ ܠܹܗ , concasser – R.cl. ܛܚܢ).

351.— Autre Paradigme des Verbes en *Mim* mobile, pour les Verbes quintilittères sains.

Type ܡܫܰܡܷܫ ܠܹܗ, *comme* ܡܫܰܡܷܫ ܠܹܗ, *employer* (A. استعمل *Rac. cl.* ܫܡܫ, *labori se dedit*)

La conjugaison est exactement celle des verbes quatrilittères en *Mim* quiescent; il n'y a qu'à mettre à la place du *Mim* quiescent les deux lettres ܡܫ à tous les temps. Ex. ܡܫܰܡܷܫ ܠܹܗ · ܡܣܰܕܷܪ ܠܹܗ .

PRÉSENT INDÉFINI

ܡܫܰܡܷܫ ܠܝ , j'emploie.

ܡܫܰܡܷܫ ܠܹܗ , il emploie.

---

(1) Voir n° 346, 1°.

Présent défini

ܒܡܫܬܡܕܝܢ, j'emploie.

Prétérit

ܒܝ ܡܫܘܡܕܠ ܘܫܬܡܕܝ, j'employai, j'ai employé.

Impératif

ܫܬܡܕܠ, emploie – ܡܫܬܡܕܘ, employez.

Infinitif

ܡܫܘܡܕܘܝܐ, employer – ܒܡܫܘܡܕܘܝܐ, en employant.

Participe présent

Sing. masc. ܡܫܬܡܕܢܐ, qui emploie.
» fém. ܡܫܬܡܕܢܬܐ ou ܡܫܬܡܕܢܝܬܐ.
Plur. comm. ܡܫܬܡܕܢܐ – f. cl. ܡܫܬܡܕܢܝܬܐ.

Participe passé

Sing. masc. ܡܫܘܡܕܠܐ, employé – f. ܡܫܘܡܕܠܬܐ.
Plur. comm. ܡܫܘܡܕܠܐ – f. cl. ܡܫܘܡܕܠܬܐ.

Prétérit passif spécial

ܡܫܘܡܕܝܢ, je fus, j'ai été employé – ܫܘܡܕܠ, il fut, etc.

Exemple. ܗܕܐ ܡܠܬܐ ܠܝܬܝܗ̇ ܡܫܘܡܕܠܬܐ ܕܠܫܢܢ, ce mot n'est pas employé dans notre langue — ܡܫܘܡܕܠ ܠܒ ܒܢܝܫܬܐ ܕܡܘܟ, j'ai mis en pratique tes conseils.

352. — Verbes a conjuguer

ܡܬܐܢܚܢܐ, se plaindre, gémir (class. ܡܬܐܢܚ).

Rac. ܐܠܚ), d'où ܐܠܚܘܬܐ, plainte ardente, gémissement.
Présent ܡܐܠܚܝ̈ܢ ، ܡܐܠܚܝ̈ܢ — Prétérit ܡܐܠܚܠܝ ،
ܡܐܠܚܠܗ — Partic. présent masc. ܡܐܠܚܢܐ — fém.
ܡܐܠܚܢܝܬܐ — plur. ܡܐܠܚܢ̈ܐ — fém. ܡܐܠܚܢܝ̈ܬܐ — Qui
fait des gémissements, gémisseur, pleureur. — Participe passé masc. ܡܐܠܚܢܐ ، ܡܐܠܚܢܝܐ — pl. comm. ܡܐܠܚܢ̈ܐ -
f. cl. ܡܐܠܚܢܝ̈ܬܐ — Prétérit passif spécial ܡܐܠܚܝܢ, n'est pas usité.

Remarquez, au Prétérit et au Participe passé,
ܡܐܠܚܠܝ pour ܡܐܠܘܚܠܝ — ܡܐܠܚܢܐ pour ܡܐܠܘܚܢܐ.

ܡܐܟܡܠܘܬܐ (cl. ܐܬܟܡܠܝ, ܡܟܡܠ — Rac. ܟܡܠ),
parfaire, compléter, consommer — Prés. ܡܟܡܠܝ̈ܢ.
ܡܟܡܠܝܐ — Prétérit ܠܝ ܡܟܡܠܘ — Part. prés.
ܡܟܡܠܢܐ - Part. passé ܡܟܡܠܘܢܐ.

Note. — Au lieu de ܡܫܡܫܢܘܬܐ, on peut user de
ܡܦܠܚܘ, faire servir, employer (Rac. ܦܠܚܐ , travailler).

Au lieu de ܡܐܠܚܘܬܐ, on peut employer ܐܢܚܘ
ou ܡܐܢܚܘ, usité à Achitha et ailleurs (du classique
ܐܬܐܢܚ, d'où s'est formé ܐܢܚܐ . ܐܢܘܚܐ . ܐܢܝܚܐ, gémissement — ܐܢܝܚ, gemebundus).

CHAPITRE X

Verbes infirmes (ܡܶܠܹ̈ܐ ܟܪ̈ܝܼܗܹܐ)

253.— I. Notions générales

Dans les langues sémitiques, on appelle *verbes infirmes* ceux dans lesquels entre, comme radicale, une des trois consonnes ܐ , ܘ , ܝ , dites lettres faibles ou *infirmes*, parce qu'elles se transforment ou se perdent dans les mots.

En Soureth comme en Syriaque, la consonne *Ouaou*, ayant pris, dans la prononciation, de la consistance, se maintient toujours, de sorte qu'il ne reste plus, comme lettres faibles, que ܐ et ܝ . Cela étant, les Verbes *infirmes* sont ceux dans lesquels entrent, comme radicales, *Alap* ou *Iodh* ou même ces deux lettres à la fois.

On distingue cinq sortes de verbes infirmes.

1° Verbes infirmes à la 1ère radicale, appelés ܟܪ̈ܝܼܗܹܐ ܕܦܹܐ .

2° Verbes infirmes à la 2ème radicale : ܟܪ̈ܝܼܗܹܐ ܥܹܝܢ .

3° Verbes infirmes à la 3ème radicale : ܟܪ̈ܝܼܗܹܐ ܠܵܡܲܕ .

4° Verbes infirmes à la 1ère et 2e radicales : ܟܪ̈ܝܼܗܹܐ ܕܦܹܐ ܘܥܹܝܢ .

5° Verbes infirmes à la 1ère et 3ème radicales : ܟܪ̈ܝܼܗܹܐ ܕܦܹܐ ܘܠܵܡܲܕ .

6° Verbes infirmes à la 2ème et 3ème radicales : ܟܪ̈ܝܼܗܹܐ ܥܹܝܢ ܘܠܵܡܲܕ .

354.– II. Verbes infirmes a la 1ère radicale

(ܡܚܝܠܐ ܦܐ)

Les Verbes infirmes à la 1ère radicale peuvent l'être par *Alap* ou par *Iodh*. Les Grammairiens appellent les premiers *infirmes en Pé-Alap*, et les seconds *en Pé-Iodh*. C'est-à-dire qu'en partant du type ܦܥܠ, le ܦ se trouve représenté chez les premiers par un *Alap* et chez les seconds par un *Iodh*. Ex. ܐܡܪ, *dixit* – ܝܕܥ, *scivit* (cl.).

355.– Verbes simples, infirmes en *Pé-Alap*

Ces verbes ont un *Alap* à la 1ère radicale. Ex. ܐܟܠܐ, (R. cl. ܐܟܠ), manger – ܐܡܪܐ (R. cl. ܐܡܪ), dire – Cet *Alap* persiste dans toute la conjugaison, mais ne s'articule pas quand il est quiescent (1). Ex. ܟܠܠܝ, *khil-li*, je mangeai. Cependant, à l'infinitif, il s'articule légèrement comme E muet ou I. Ex. ܐܟܠܐ, *ekhala* – ܐܡܪܐ, *emara*, ou mieux ܐܝܟܠܐ, ܐܝܡܪܐ, *ikhala, imara*.

Paradigme de la Conjugaison

des Verbes simples infirmes en *Pé-Alap*

Sauf de légères particularités, cette conjugaison ressemble à celle du verbe sain ܦܥܠ.

Type ܦܥܠ, *comme* ܐܟܠܐ *ou* ܐܝܟܠܐ, *manger*

Présent indéfini

ܐܟܠܢ, je mange – ܐܟܠ, il mange.

---

(1) D'après la langue classique, les lettres faibles ܐ ܘ ܝ au commencement d'un mot doivent être marquées d'une voyelle pour être prononcées, mais le Soureth ne s'astreint pas à cette règle.

Présent défini

ܟܐܟܸܠܢ, je mange – ܟܐܟܸܠ, il mange.

Futur

ܒܸܕܐܟܸܠܢ, je mangerai.

Subjonctif présent

ܕܐܟܸܠܢ, que je mange.

Prétérit

ܒܝ ܐܟܝܼܠ, *khil-li*, je mangeai.

Impératif

ܐܟܘܿܠ, *khol*, mange – ܐܟܘܿܠܘ, *khoulou*, mangez.

A Alcoche : ܐܟܠܘ,

Participe présent

Sing. masc. ܐܟܘܿܠܵܐ, qui mange, mangeur – fém. ܐܟܘܿܠܬܵܐ.
Plur. comm. ܐܟܘܿܠܹܐ – pl. fém. class. ܐܟܘܿܠܵܢܹܐ.

Participe passé

Sing. masc. ܐܟܝܼܠܵܐ, *khila*, mangé – f. ܐܟܝܼܠܬܵܐ (vulg. ܐܟܼܠܬܵܐ).
Plur. comm. ܐܟܝܼܠܹܐ – fém. ܐܟܝܼܠܵܬܵܐ.

Prétérit passif spécial

ܐܟܝܼܠܢ, je fus mangé – ܐܟܼܝܼܠܹܐ – ܐܟܝܼܠ, *khil*.

356. Remarque. — 1° Le Présent défini et son Imparfait ont une forme populaire, savoir : — ܟܸܟܠܢ, ܟܸܟܠܹܗ, ܟܸܟܠ, je, tu, il mange, etc. — ܟܸܟܠܢ ܗܘܵܐ, je mangeais, etc. (Voir n° 393).

2° Au Prétérit et à l'Impératif, on entend parfois prononcer ܒܝ ܐܝܟܼܠ, je mangeai – ܐܝܟܘܿܠ, mange.

Ces remarques s'appliquent aussi aux verbes : — ܐܡܪ, dire — ܐܣܪ, lier — ܐܣܩ, monter — ܐܙܠ, aller — ܐܬܐ, venir — Mais ces deux derniers verbes ont un Impératif propre (Voir nos 382, 392).

357. — Verbes composés, infirmes en *Pé-Alap*

Ils sont de la IIe Conjugaison en *Mim* et perdent l'*Alap* initial à tous les temps.

Paradigme de la IIe Conjugaison en *Mim* (*Pé-Alap*)

Comme ܡܐܟܠ, faire manger, cibare (Cl. ܐܟܠ)

Présent indéfini

ܡܟܠ, je fais manger — ܡܟܠ ou ܡܐܟܠ, il fait manger.

Prétérit

ܡܟܠ ܠܝ, je fis manger.

Impératif

ܡܟܠ, fais manger — ܡܟܠܘ ou ܡܐܟܠܘ, faites manger.

Infinitif

ܡܡܟܠܘ, faire manger.

Participe présent

ܡܟܠܢܐ ou ܡܐܟܠܢܐ, qui fait manger.

Participe passé

Masc. ܡܘܟܠܐ — Fém. ܡܘܟܠܬܐ, qu'on a fait manger

Prétérit passif spécial

ܡܘܟܠ, je fus fait manger.

Ex. ܡܘܟ̈ܠܝ ܣܲܡܵܐ, on me fit manger du poison.

Remarque.— A la 3ᵉ personne sing. ou plur. du Présent, les formes ܡܲܘܟܸܠܵܗ . ܡܲܘܟܸܠ , rappellent la racine classique ܐܘܟܸܠ.

358. — Liste de Verbes infirmes en *Pé-Alap*

1° ܐܡܵܪܵܐ ou ܐܡܝܼܪܵܐ , dire (Racine class. ܐܡܪ) — Verbe composé : ܡܲܐܡܘܿܪܹܐ, faire dire (peu usité).

2° ܐܣܵܪܵܐ ou ܐܣܝܼܪܵܐ, lier (Rac. class. ܐܣܪ) — Dans la *plaine*, il garde le *Iodh* à tous les temps du Présent : — ܐܵܣܹܪ . ܐܵܣܪܝܼ — Dans la *montagne*, il est régulier : — ܣܵܪ . ܣܵܪܝܼ . Ex. ܟܐܵܣܪܹܢ ou ܟܐܵܣܪܹܢܵܐ ܒܢܝܼܫܵܐ ܥܲܡܘܼܟ݂, je m'unis d'intention avec toi — ܡܲܐܣܘܿܪܹܐ, faire lier.

3° ܐܣܵܩܵܐ ou ܐܣܝܼܩܵܐ, monter (Rac. class. ܣܠܩ. Le Soureth a partout retranché le ܠ) — Présent ܐܵܣܹܩ . ܐܵܣܩܝܼ (Montagne : ܣܵܩ . ܣܵܩܝܼ) — Prétérit : ܣܝܼܩ ܠܝܼ, (pas d'*Alap*). On dit aussi ܐܣܝܼܩ ܠܝܼ — Impératif ܣܘܿܩ et ܐܣܘܿܩ — Partic. prés. ܐܵܣܘܿܩܵܐ — Partic. passé ܣܝܼܩܵܐ — ܡܲܐܣܘܿܩܹܐ , (cl. ܐܣܩ), faire monter — Présent ܡܲܐܣܹܩ, je fais monter — ܡܲܣܸܩ ou ܡܲܐܣܸܩ, il fait monter — Prét. ܡܲܣܸܩ ܠܝܼ — Part. prés. ܡܲܐܣܘܿܩܵܐ — Le *Lamadh* radical, reparaît dans le mot ܣܘܼܠܵܩܵܐ, Ascension.

4° ܐܙܵܠܵܐ ou ܐܙܝܼܠܵܐ, aller (Rac. class. ܐܙܠ). Ce verbe, à cause de ses irrégularités nombreuses, est rangé parmi les verbes irréguliers (Voir n° 392).

5° ܐܡܵܨܵܐ, oser (Voir n° 394).

359. — Verbes infirmes en *Pé-Iodh*
ou Verbes assimilés

En général l'*Iodh* se maintient dans toute la conjugaison simple, comme une lettre saine : ce qui fait que ces verbes *assimilent* leur conjugaison à celle des Verbes sains. Toutefois il y a, dans cette catégorie, des verbes qui perdent l'*Iodh* au Prétérit, à l'Impératif, au Participe passé, comme nous le verrons (n° 364).

Paradigme de la conjugaison des Verbes simples, infirmes en *Pé-Iodh*

L'*Iodh* persiste à tous les temps avec quelques modifications.

Type ܝܳܕܥܳܐ, — comme ܝܳܕܥܳܐ, *connaître, savoir*
(*Rac. class.* ܝܕܥ)

Présent indéfini

ܝܳܕܥܝܢ , je sais — ܝܳܕܥ , il sait — ܝܳܕܥܳܐ , elle sait, etc.

Présent défini

ܟܝܳܕܥܝܢ , je sais, etc.

Prétérit

ܝܕܥ ܠܝ , je sus, etc.

Impératif

ܝܕܘܥ , sache — ܝܕܘܥܘ , sachez.

Participe présent

Sing. masc. ܝܳܕܘܥ , qui sait, savant — fém. ܝܳܕܘܥܬܐ .
Plur. comm. ܝܳܕܘܥܝܢ — fém. ܝܳܕܘܥܬܐ .

PARTICIPE PASSÉ

SING. masc. ܝܺܕܺܝܥܳܐ, su, connu — fém. ܝܺܕܺܝܥܬܳܐ.

PLUR. comm. ܝܺܕܺܝܥܶܐ — fém. ܝܺܕܺܝܥܳܬܳܐ.

PRÉTÉRIT PASSIF SPÉCIAL

ܝܺܕܺܝܥܶܬ, je fus, j'ai été su, connu.

ܝܺܕܺܝܥ, il fut, il a été su, connu.

360.— Remarques.— 1° On peut mettre un petit *Alap* sur le *Iodh* initial pour indiquer qu'il est radicale. Ex. ܐܝܺܕܰܥ. On écrit de même ܐܝܶܫܘܽܥ, Jésus; mais souvent on néglige ce petit *Alap*.

2° L'*Iodh* initial devient affecté de la voyelle I dans les temps où la 2ᵉ radicale (ܕ) est mobile. Ex. ܝܺܕܰܥ - ܝܺܕܰܥܘ. — Mais on peut aussi supprimer complètement l'*Iodh* à ces temps. Ex. ܕܰܥܠܝ, je sus, je connus — ܕܰܥ, ܕܰܥܘ, sache, sachez — ܕܺܝܥܳܐ su, connu.

3° On entend, à l'impératif pluriel : ܝܕܰܥܘ (*iedh'ou*).

4° Ce verbe est très gâté dans la prononciation populaire, aux temps du Présent. On entend dire : *iâen*, je sais — *la iâen*, je ne sais pas — A Achitha : *mô ien*, que sais-je ? (pour ܡܳܐ ܝܳܕܰܥ).

361.— VERBES COMPOSÉS, INFIRMES EN *Pé-Iodh*

Ils sont de la Iʳᵉ ou de la IIᵉ conj. en *Mim*. Les uns gardent le *Iodh* après le *Mim*, d'autres le perdent.

362.— PARADIGME DE LA Iᵉ CONJUG. EN *Mim*(*Pé-Iodh*)

Les verbes de la Iʳᵉ Conjugaison sont réguliers, comme ܡܝܰܩܰܪ, honorer — L'*Iodh* persiste comme une lettre saine (Voir ܡܫܰܝܕܰܢ, n° 342).

363.– Paradigme de la 2e Conjug. en *Mim* (*Pé-Iodh*)

Certains verbes de cette conjugaison gardent le *Iodh* et sont réguliers, sauf de légères particularités, comme ܡܲܝܕܘܿܥܹܐ, faire savoir (de ܝܕܵܥܵܐ, savoir) – D'autres perdent le *Iodh*, comme ܡܵܘܬܘܿܒܹܐ, faire asseoir (de ܝܬܵܒܵܐ, s'asseoir – cl. ܝܬܸܒ).

1° ܡܲܝܕܘܿܥܹܐ, *faire savoir, informer* (*cl.* ܐܘܿܕܲܥ)

Présent indéfini

ܡܲܝܕܸܥܸܢ, je fais savoir, j'informe – ܡܲܝܕܸܥ, il fait savoir.

Prétérit

ܡܘܼܝܕܸܥ ܠܝܼ, je fis savoir. On dit aussi ܡܲܝܕܸܥ ܠܝܼ.

Impératif

ܡܲܝܕܸܥ, fais savoir – ܡܲܝܕܸܥܘܼ, faites savoir.

Participe présent

Masc. ܡܲܝܕܥܵܢܵܐ, qui fait savoir – fém. ܡܲܝܕܥܵܢܬܵܐ.

Participe passé

Masc. ܡܘܼܝܕܥܵܐ, informé – fém. ܡܘܼܝܕܲܥܬܵܐ.

Prétérit passif spécial

ܡܘܼܝܕܸܥܸܢ, je fus informé – ܡܘܼܝܕܸܥ, il fut informé.

2° ܡܵܘܬܘܿܒܹܐ, *faire asseoir, établir, poser* (*cl.* ܐܘܿܬܸܒ)

Présent indéfini

ܡܵܘܬܒܸܢ, je fais asseoir, établir – ܡܵܘܬܒܵܐ - ܡܵܘܬܸܒ (*matou*).

et ܡܘܼܬܸܒ

Prétérit

ܡܘܼܬܸܒ ܠܝܼ (*moutou*), je fis asseoir, j'établis, je posai.

IMPÉRATIF

ܡܲܬܘܸܒ,fais asseoir,établis,pose-ܡܲܬܘܸܒܘ (*matwou*),établissez.

PARTICIPE PRÉSENT

ܡܲܬܘܒܵܢܵܐ, qui fait asseoir, qui établit, fondateur.

PARTICIPE PASSÉ

ܡܘܼܬܘܒܵܐ, établi, fondé, posé – fém. ܡܘܼܬܘܒܬܵܐ.

PRÉTÉRIT PASSIF SPÉCIAL

ܡܘܼܬܘܒܝܼ,je fus établi,posé – ܡܘܼܬܘܸܒ (*moutou*), il fut établi.

363 *bis*. – LISTE DE VERBES INFIRMES EN *Pé-Iodh*

ܝܵܪܬܘܼܬܵܐ (cl. ܝܵܪܸܬ), hériter – ܡܲܝܪܘܼܬܹܐ, faire hériter (class. ܐܘܿܪܸܬ).

ܝܘܼܪܵܟܵܐ (cl. ܝܵܪܸܟ), s'allonger – Prétérit ܝܪܝܼܟ݂ ܠܹܗ et ܝܪܝܼܟ݂ ܠܹܗ - ܡܲܝܪܘܼܟܹܐ, allonger (class. ܐܘܿܪܸܟ).

ܝܘܼܩܵܪܵܐ (cl. ܝܵܩܸܪ), être lourd, peser – ܡܲܝܩܘܼܪܹܐ, rendre lourd (class. ܐܘܿܩܸܪ).

ܡܝܲܩܘܼܪܹܐ, honorer (traiter avec gravité), d'où : ܡܲܝܩܘܼܪܹܐ ,faire honorer – ܡܝܲܬܘܼܪܹܐ, révérer – ܡܲܝܬܘܼܪܹܐ, faire révérer.

ܝܘܼܪܵܩܵܐ (cl. ܝܵܪܸܩ), verdir – ܡܲܝܪܘܼܩܹܐ, faire verdir, verdir (class. ܐܘܿܪܸܩ).

ܝܘܼܠܵܦܵܐ (cl. ܝܵܠܸܦ), apprendre–ܡܲܠܘܼܦܹܐ, faire apprendre, enseigner (class. ܐܲܠܸܦ) – Prés. indéf. ܡܲܠܸܦ. ܡܲܠܦܸܢ et ܡܘܼܠܸܦ – Prétérit ܡܘܼܠܸܦ ܠܹܗ – Impératif ܡܲܠܸܦ et ܡܘܼܠܸܦ. ܡܲܠܸܦܘ et ܡܘܼܠܸܦܘ – Participe prés. ܡܲܠܦܵܢܵܐ – Part. passé m. ܡܘܼܠܦܵܐ – fém. ܡܘܼܠܦܬܵܐ.

ܝܠܕܐ (cl. ܝܠܕ), enfanter, surtout mettre bas – ܡܘܠܕܐ, faire mettre bas (class. ܐܘܠܕ).

ܝܪܡܐ (cl. ܝܪܡ), s'élever – ܡܘܪܡܐ, élever, enlever (class. ܐܘܪܡ).

ܝܬܒܐ, s'asseoir. Ce verbe fait au Prétérit simple ܝܬܝܒ ܠܝ, qu'on prononce *itouli*, ou ܬܝܒ ܠܝ, *touli*, etc. – Impératif ܝܬܘܒ, *itou*, ou ܬܘܒ (class. ܬܒ) – ܝܬܘܒܘ ou ܬܘܒܘ – Part. passé m. ܝܬܝܒܐ ou ܬܝܒܐ – fém. ܝܬܝܒܬܐ, *itouta*, ou ܬܝܒܬܐ, *touta* (1) – ܡܘܬܒܐ, faire asseoir, établir.

364.– Les verbes qui suivent perdent toujours le *Iodh* dans la conjugaison simple au *Prétérit*, à l'*Impératif* et au *Participe passé*, enfin dans la conjugaison en *Mim*, à *tous les temps*.

ܝܩܕܐ (cl. ܝܩܕ), se brûler :– ܩܝܕ ܠܝ – ܩܘܕ – ܩܕܐ – ܡܘܩܕܐ, faire brûler (cl. ܐܘܩܕ) : – ܡܘܩܕܢ . ܡܘܩܕ ou ܡܘܩܕ, etc.

ܝܒܫܐ (cl. ܝܒܫ), se sécher : – Prétérit ܝܒܝܫ ܠܝ ou ܒܝܫ ܠܝ, *ouich li* – Impératif ܝܒܘܫ ou ܒܘܫ, *ouoch* – Participe passé ܝܒܝܫܐ ou ܒܝܫܐ, *ouicha* (il est mieux d'écrire le *Iodh* en l'annulant) – ܡܘܒܫܐ, faire sécher (cl. ܐܘܒܫ). Ce verbe a les particularités suivantes dans sa conjugaison: Présent indéfini ܡܘܒܫܢ, je fais sécher – ܡܘܒܫ, il fait sécher – fém. ܡܘܒܫܐ – Prétérit ܡܘܒܫ ܠܝ – Impératif ܡܘܒܫ – Part. prés. ܡܘܒܫܢܐ – Participe passé ܡܘܒܫܐ – fém. ܡܘܒܫܬܐ et ܡܘܒܫܬܐ – Prétérit passif spécial

(1) A. Achitha : *itiouta*, *tiouta*.

ܡܘܼܚܒܸܫ , je fus fait sécher, on me fit sécher — ܡܘܼܚܒܸܫ , il fut fait sécher.

ܡܝܲܒܸܠ , donner (class. ܝܗܒ) - (Voir *Verbes irréguliers*, n° 396).

Note. - Dans la montagne, l'*Iodh* initial de la plupart des verbes infirmes en *Pé-Iodh* passe, par métathèse, à la 2ᵉ radicale, et l'on dit : ܕܢܿܚܕ . ܕܢܿܚܕ . ܕܢܿܚܕ - ܓܒܸܠܒ - ܓܡܸܟ devient ܕܟܹܠ . ܕܟܹܝ . ܕܡܸܟ ou ܓܠܹܒ - ܣܢܹܓ . Les composés sont ܡܕܢܸܚܢܝ̈ܐ . ܡܕܢܸܚܬܐ . ܡܕܢܸܚܢܐ . ܡܕܡܟܠܐ - Pour ܡܗܘܡܢܝ , on dit ܗܘܡܢܝ , croire, ou ܡܗܘܡܢܝ .

III. - VERBES INFIRMES A LA 2ᵉ RADIC. (ܕܟܢܝܫܐ ܡܢ ܒܬܪܗ)

NOTIONS GÉNÉRALES

365. - En Soureth, tous les verbes infirmes à la 2ᵉ radicale sont ceux qui ont un *Iodh* à cette radicale. Ex. ܡܝܼܬܐ , mourir.

On appelle aussi ces verbes *Verbes concaves*, à cause de la présence d'une lettre faible au milieu de la Racine.

Selon la classification des grammairiens, ils sont nommés *Verbes infirmes en Aïn-Iodh*, c'est-à-dire qu'en prenant le type ܦܥܠ , c'est un *Iodh* qui vient à la place de l'*Aïn*. Ex. ܡܝܼܬ (1) .

Il y a, en Soureth, des verbes dont la 2ᵉ radicale

---
(1) Dans la langue classique, les verbes concaves ont leur seconde radicale sous-entendue. Ex. ܗܘܐ , il devint. Les grammairiens supposent que cette seconde radicale est un *Ouaou* et les dictionnaires sont rédigés d'après cette supposition. Aussi, pour trouver ܗܘܐ , il faut le chercher sous ܗܘܐ .

est *Alap* ou bien *Ouaou*. Ex. ܕܵܐܰܪ , revenir (A. دار) – ܕܘܨ , être dans l'allégresse (Class. ܕܘܨ) – ܪܓܫ , ressentir, (cl. ܪܓܫ) – ܫܓܫ , se troubler (Cl. ܫܓܫ A. شاش) (1). Mais ces deux lettres faibles se comportent, dans la conjugaison et les mots dérivés, comme des lettres fortes et persistantes.

Parmi les verbes en *Iodh* 2ᵉ radicale, il y en a un certain nombre qui, dans la langue classique, ne sont pas infirmes par *Iodh*, comme ܣܐܒ , vieillir (cl. ܣܐܒ) – ܕܝܩ , concasser (class. ܕܩܩ), etc. Il est bon de le savoir pour reconnaître l'origine de ces verbes et des noms qui en dérivent.

Les verbes de cette classe sont ou transitifs ou intransitifs.

Le *Iodh* 2ᵉ radicale persiste dans toute la conjugaison simple, excepté à l'Impératif. Au Participe passé, le *Iodh* radicale se confond avec la voyelle I qui l'affecte.

366. – Paradigme de la Conjugaison simple des Verbes infirmes en *Aïn-Iodh*

Type ܩܝܡ , comme ܡܝܬ , mourir (Rac. cl. ܡܘܬ)

Présent indéfini

ܡܝܬ , je meurs – ܡܝܬ , fém. ܡܝܬܐ , il, elle, meurt.

Présent défini

ܕܡܝܬ , je meurs.

Prétérit

ܡܝܬ ܠܝ , je mourus.

---

(1) A Achitha, on dit : ܫܓܫ . ܪܓܫ . ܪܓܫܐ .

IMPÉRATIF.

ܡܳܘܬ݂ (au lieu de ܡܽܘܬ݂), meurs – ܡܳܘܬ݂ܘ (pour ܡܽܘܬ݂ܘ), mourez.

PARTICIPE PRÉSENT

ܡܳܐܶܬ݂ܐ , qui meurt, mourant, mortel.

PARTICIPE PASSÉ

ܡܺܝܬ݂ܐ (pour ܡܺܝܬ݂ܐ), mort – fém. ܡܺܝܬ݂ܬ݁ܐ (pour ܡܺܝܬ݂ܬ݁ܐ), morte.

PRÉTÉRIT PASSIF SPÉCIAL

ܡܺܝܬ݂ ، ܡܺܝܬ݂ܝܢ , peu usité.

Remarque. — A l'Impératif singulier, il en est qui écrivent ܡܳܘܬ݂ ، ܩܳܘܡ , au lieu de ܡܽܘܬ݂ ، ܩܽܘܡ , et c'est en effet plus régulier. Nous avons cette orthographe dans ܩܳܘܡ , lève-toi.

367. — VERBES COMPOSÉS, INFIRMES EN *Aïn-Iodh*

Les Verbes infirmes en *Aïn-Iodh* ont leurs composés sous les deux conjugaisons en *Mim*.

369. — PARADIGME DE LA Iʳᵉ CONJUGAISON
EN *Mim* (*Aïn-Iodh*)

Comme ܡܰܨܺܝܕ݂ܐ , aller à la chasse, chasser, pécher

(*Rac. class.* ܨܳܕ݂ – ܨܺܝܕ݂)

L'*Iodh* persiste dans toute la conjugaison, et celle-ci suit exactement la conjugaison des verbes sains, comme ܡܰܕ݂ܒ݁ܪܐ (n° 342), excepté au Participe passé où l'on peut dire: ܡܰܨܺܝܕ݂ܐ et ܡܨܺܝܕ݂ܐ – pl. ܡܰܨܺܝܕ݂ܝܢ et ܡܨܺܝܕ݂ܝܢ. Le féminin ne change pas: ܡܰܨܺܝܕ݂ܬ݁ܐ ، ܡܰܨܺܝܕ݂ܬ݁ܐ .

269. — Paradigme de la IIᵉ Conjugaison en *Mim* (*Aïn-Iodh*)

Parmi les verbes de cette conjugaison, il en est qui perdent l'*Iodh* à l'infinitif, d'autres qui le gardent, et il en est qui ont les 2 formes à la fois. Ex. ܡܡܝܬܘ, faire mourir (class. ܡܡܝܬ) - ܡܣܝܘܕܐ (class. ܡܨܝܕ), faire chasser — ܡܗܘܝܐ et ܡܗܘܕܐ (class. ܡܗܘܐ), faire devenir. A part cette différence, à l'infinitif, ces verbes se conjuguent tous de même, à tous les temps.

Conjugaison de ܡܡܝܬܘ, *faire mourir* *et de* ܡܣܝܘܕܐ, *faire chasser*

Présent indéfini

ܡܡܝܬܢ, je fais mourir — ܡܡܝܬ, il fait mourir.

ܡܣܝܕܢ, je fais chasser — ܡܣܝܕ, il fait chasser.

Présent défini

ܟܡܡܝܬܢ, je fais mourir — ܟܡܣܝܕܢ, je fais chasser.

Prétérit

ܡܘܡܬܠܝ, je fis mourir — ܡܣܝܕܠܝ, je fis chasser.

Impératif

ܡܡܝܬ, fais mourir — ܡܡܝܬܘܢ, faites mourir.

ܡܣܝܕ, fais chasser — ܡܣܝܕܘܢ, faites chasser.

Participe présent

ܡܡܝܬܢܐ, qui fait mourir, mortifiant.

ܡܣܝܕܢܐ, qui fait chasser.

Participe passé

ܡܘܡܬܢܐ, qu'on a fait mourir — fém. ܡܘܡܬܬܐ .

ܡܘܡܝܼܕܹܐ, qu'on a fait chasser – fém. ܡܘܡܝܼܕܬܵܐ.

PRÉTÉRIT PASSIF SPÉCIAL

ܡܘܡܝܼܬܹܢ, je fus fait mourir – ܡܘܡܝܼܬ, il fut, etc.

ܡܘܡܝܼܕܹܢ, je fus fait chasser – ܡܘܡܝܼܕ, il fut, etc.

Remarque.– Le *Iodh* est affecté de la voyelle I dans toute la conjugaison : ܡܡܝܼܕܹܢ · ܡܘܡܕܹܢ · ܡܝܼܕܹܢ. Vulgairement on dit aussi, à la 3ᵉ p. sing. m. du Présent : ܡܝܼܡܸܕ – ܡܝܼܕܸܕ et ܡܝܼܕ.

310.– LISTE DE VERBES INFIRMES EN *Aïn-Iodh*

Ils sont très nombreux et, le plus souvent, leurs composés sont de la IIᵉ Conjugaison en *Mim*.

ܟܵܐܹܐ, demeurer, faire station – ܦܘܫܘ ܒܸܠ ܐܲܝܡܲܟܵܝܵܬܹܐ, demeurez dans ces pensées – ܡܟܲܐܸܐ, faire demeurer.

ܒܵܙܹܐ, répandre, verser – ܡܒܲܙܸܐ, faire répandre.

ܒܵܓܸܐ, dégorger sa bave, son venin – ܡܒܲܓܸܐ, faire baver.

ܠܵܥܸܐ, écumer (de ܠܲܥܵܐ écume) – ܡܠܲܥܸܐ, faire écumer.

ܕܵܐܸܡ, durer, se perpétuer (de ܕܝܼܡ – A. دائماً, toujours) – ܡܕܲܝܸܡ, faire durer.

ܕܵܐܸܢ, juger – ܡܕܲܝܸܢ, faire juger. Le dérivé ܕܝܼܢܵܐ, dette, a donné lieu au verbe ܡܕܲܝܸܢ, contracter une dette, et ܡܕܲܝܸܢ, faire contracter une dette.

ܢܵܬܹܚ (R. class. ܪܣ), asperger, arroser – ܡܢܲܬܸܚ et ܡܢܲܬܸܚ, item.

ܘܵܣܸܦ (A. زاد), s'augmenter – ܡܘܲܣܸܦ, augmenter, multiplier.

ܡܝܢܩܐ (Rac. cl. ܝܢܩ) sucer le lait – ܡܝܢܩܘܬܐ , allaiter.

ܬܢܚܐ , se reposer, être défunt – ܬܢܝܚܐ ܢܦܫܗ ܡܪܝ ܝܘܣܦ , feu Monseigneur Joseph – ܡܢܝܚܘܬܐ , faire reposer.

ܣܝܒܐ , vieillir : – Prés. ܣܝܒܢ , je vieillis – ܣܐܒ et ܣܐܒܐ , il vieillit – fém. ܣܝܒܐ , elle vieillit – Prétérit ܣܝܒ ܠܝ , je vieillis – Impér. ܣܘܝܒ , vieillis – Participe passé ܣܝܒܐ , vieilli – fém. ܣܝܒܬܐ ,(*siouta*) – ܡܣܝܒܘܬܐ , faire vieillir.

ܩܝܡܐ , se lever – Impératif ܩܘܡ , *kou* – ܩܘܡܘ , *koumou* – Part. prés. ܩܝܘܡܐ , pas usité; on se sert de la forme littéraire ܩܝܘܡܐ , pour signifier *Vicaire*, représentant d'un autre. – ܡܩܝܘܡܐ , constituer, établir en dignité, et ܡܩܝܘܡܐ .

ܪܝܡܐ , s'élever (class. ܪܡ) – ܪܘܡ ܠܪܘܡܐ , élève-toi en haut – ܡܪܘܡܐ (class. ܐܪܝܡ) , élever, enlever (1) .

ܨܝܡܐ , jeûner – ܨܝܡܐ , à jeun – ܨܘܡܐ , jeûne – ܡܨܝܘܡܐ , faire jeûner, affamer.

ܬܝܒܐ , se repentir (comme ܣܝܒܐ) – ܡܬܝܘܒܐ , faire repentir.

371.– Il est des verbes infirmes en *Iodh* 2e *radicale* qui n'ont pas de verbe simple et n'ont que les deux conjugaisons composées :

ܡܓܠܝܘܬܐ , apparaître (Rac. cl. ܓܠܐ , ܓܠܝ) ou, Montagne : ܡܓܠܝܘܬܐ , même sens – ܡܟܢܝܘܫܐ , recueillir, réunir –

---

(1) Le plus souvent ܡܪܘܡܐ perd l'*Iodh* à tous les temps. Ex. ܡܪܘܡܢ . ܡܪܘܡ . ܡܘܪܡ ܠܝ : ܡܪܘܡܐ , ܡܘܪܡܐ – fém ܡܘܪܡܬܐ ,

ܡܟܕܘܫܐ, faire recueillir — ܡܟܘܝܕܪ (Rac. ܘܝܕ . ܘܝܕ),
approvisionner (ܙܘܕܐ, provisions, viatique) — ܡܟܣܝܒ
(Rac. ܣܝܒ . ܝܒܣ), accompagner avec pompe — ܡܟܫܡܪ,
(A. ܣܝܒ), lâcher. — ܡܟܫܡܘܫܐ, faire lâcher.

ܡܟܚܕܘܪ (A. ܟܝܦ), se réjouir, s'amuser — ܡܟܓܘܝܕ
(P. ܝܕܠ), se trouver dans, être contenu dans — ܡܟܕܘܫܐ .
faire contenir dans.

Il est des verbes qui n'ont d'autre conjugaison que
la II° en *Mim* :

ܡܟܕܟܕܐ et ܡܟܕܟܘܕܐ, (de ܟܕܒ — A. ܥܝܒ), faire
honte, reprocher.

ܡܟܣܘܓܐ et ܡܣܘܓܐ (Rac. class. ܣܓܐ : ܣܘܓ),
écouter, prêter l'oreille.

IV. — VERBES INFIRMES A LA 3ᵉᵐᵉ RADIC. (ܕܟܪ̈ܝܚܐ ܥܠ ܠܡܕܝ)

NOTIONS GÉNÉRALES

372. — En Soureth, on appelle *infirmes à la 3ᵉ radicale* les verbes qui ont un *Iodh* à cette place. Ex. ܩܪܝܐ, lire. — *Alap*, formant la 3ᵉ radicale, est toujours consistant. Ex. ܕܘܐܐ, craindre — ܕܘܐܠ, tu crains.

Selon la dénomination typique, ces verbes sont appelés *infirmes en Lamadh-Iodh.*

PARADIGME DE LA CONJUGAISON SIMPLE DES VERBES INFIRMES EN *Lamadh-Iodh.*

Comme ܩܪܐ, lire, appeler (Rac. class. ܩܪܐ)

PRÉSENT INDÉFINI

ܩܪܝܢ, fém. ܩܪܝܢ, je lis — ܩܪܝܬ, fém. ܩܪܝܬ, tu lis —

ܩܵܪܹܐ , fém. ܩܵܪܝܵܐ , il, elle, lit – ܩܵܪܹܝܢܲܢ , nous lisons –
ܩܵܪܹܝܬܘܿܢ, ܩܵܪܹܝܬܹܝܢ et ܩܵܪܝܵܬܘܿܢ , vous lisez – ܩܵܪܹܝܢ ,ils lisent.

Prétérit
ܩܪܹܐ ܠܝܼ , je lus.

Impératif
Masc. ܩܪܝܼ – fém. ܩܪܵܝ , lis – plur. ܩܪܘܿ , lisez.

Participe présent
ܩܵܪܘܿܝܵܐ, lecteur – fém. ܩܵܪܘܿܝܬܵܐ et ܩܵܪܘܿܝܼܬܵܐ .

Participe passé
Masc. ܩܪܝܵܐ, lu – fém. ܩܪܝܼܬܵܐ .

Prétérit passif spécial
ܩܪܝܼܚ , fém. ܩܪܝܼܚ , je fus lu – ܩܪܝܼܬ , fém. ܩܪܝܼܬܝ,
tu fus lu – ܩܪܹܐ , fém. ܩܪܝܵܐ ,il, elle, fut lu – ܩܪܝܼܢܲܢ ,nous
fûmes lus – ܩܪܝܼܬܘܿܢ,vous fûtes lus – ܩܪܹܝܢ ,ils furent lus.

Remarques.— 1° L'*Iodh* s'est changé en *Alap*,
à la 3ᵉ pers. sing. masc. du Présent, ܩܵܪܹܐ – au Prétérit,
ܩܪܹܐ ܠܝܼ – à la 3ᵉ pers. sing. masc. du Prétérit passif,
ܩܪܹܐ – 2° L'*Iodh* se perd complètement à l'Impératif pluriel,
ܩܪܘܿ , pour ܩܪܵܝܘ – 3ᵉ Les verbes de cette catégorie ont
un Impératif propre, avec féminin sing.– ܩܪܝܼ, fém. ܩܪܵܝ .

372 bis.—Verbes composés infirmes en *Lamadh-Iodh*

La terminaison de l'infinitif ܘܿܝܹܐ – ܡܫܲܪܘܿܝܹܐ , commencer, est parfois transformée en ܘܿܝܵܐ . ܡܫܲܪܘܿܝܵܐ .
ܡܫܲܪܘܿܝܵܐ ; mais ce n'est pas exact (1).

Dans certains lieux de la montagne, cette terminai-

_____
(1) En langue classique, l'Infinitif garde le *Iodh* : ܡܫܲܪܘܿܝܹܐ .

son est toujours en ܗܘܐ - ܐܪܗܘܐ - ܠܗܘܐ - ܡܬܠܗܘܐ,
c'est une forme propre au dialecte de ces pays.

373.— Paradigme de la Ière Conjugaison en *Mim* (*Lamadh-Iodh*)

ܡܫܲܪܘܝܹܐ, commencer (*Rac. class.* ܫܪܐ . ܫܪܝ)

PRÉSENT INDÉFINI

ܡܫܲܪܹܝܢ, je commence — ܡܫܲܪܹܐ, il commence.

ܡܫܲܪܝܵܐ, elle commence — ܡܫܲܪܹܝܢ, ils commencent.

PRÉSENT DÉFINI

ܟܡܫܲܪܹܝܢ, je commence.

PRÉTÉRIT

ܒܝ ܡܫܘܪܹܐ, je commençai.

IMPÉRATIF

ܡܫܲܪܝ, commence — fém. ܡܫܲܪܝܼ — plur. ܡܫܲܪܘ.

PARTICIPE PRÉSENT

ܡܫܲܪܝܵܢܵܐ, qui commence.

PARTICIPE PASSÉ

ܡܫܘܪܝܵܐ, commencé — fém. ܡܫܘܪܝܬܵܐ.

PRÉTÉRIT PASSIF SPÉCIAL

ܡܫܘܪܹܝܢ, je fus, j'ai été commencé — ܡܫܘܪܹܐ, il fut commencé — ܡܫܘܪܹܝܢ, ils furent commencés.

374.— Paradigme de la 2ᵉ Conj. en *Mim* (*Lamadh-Iodh*)

ܡܫܲܠܘܝܹܐ, faire lire (*Rac. class.* ܩܪܐ . ܐܩܪܝ)

PRÉSENT INDÉFINI

ܡܫܲܠܹܝܢ — fém. ܡܫܲܠܝܵܐ, je fais lire — ܡܫܲܠܝܵܢ —

fém. ܡܩܪܝܬܝ, tu fais lire – ܡܩܪܐ, fém. ܡܩܪܝܐ, il, elle, fait lire – plur. ܡܩܪܝܢܢ, nous faisons lire – ܡܩܪܝܬܘܢ, vous faites lire – ܡܩܪܝܢ, ils font lire.

PRÉSENT DÉFINI

ܒܡܩܪܐܢ, je fais lire.

PRÉTÉRIT

ܡܘܩܪܐ ܠܝ. je fis lire.

IMPÉRATIF

ܡܩܪܝ, fais lire – fém. ܡܩܪܝܢ – plur. ܡܩܪܘ.

PARTICIPE PRÉSENT

ܡܩܪܝܢܐ, qui fait lire, maître d'école.

PARTICIPE PASSÉ

ܡܘܩܪܝܐ, qu'on a fait lire – fém. ܡܘܩܪܝܬܐ.

PRÉTÉRIT PASSIF SPÉCIAL

ܡܘܩܪܐܢ, je fus, j'ai été fait lire – ܡܘܩܪܐ, fém. ܡܘܩܪܝܐ, il, elle, fut fait lire – plur. ܡܘܩܪܝܢ, ils furent, etc.

375.– Remarques. Le verbe ܗܘܝܐ, *être, exister, naître*, qui, nous l'avons vu, sert d'auxiliaire, a quelques particularités que partagent les autres verbes ayant sa forme. Ex. Participe passé ܗܘܝܐ, pour ܗܘܝܐ (ܩܪܝܐ). Il se compose en *Mim* IIe Conjugaison : – ܡܗܘܘܐ, engendrer – Participe présent ܡܗܘܝܢܐ, *genitor*, pour ܡܗܘܝܢܐ (ܡܩܪܝܢܐ) – Participe passé ܡܘܗܘܝܐ, engendré, pour ܡܘܗܘܝܐ (ܡܘܩܪܝܐ).

Tels sont : ܪܳܘܳܐ (R. ܪܳܘ), s'enfler – ܡܰܪܘܽܘܳܐ, faire enfler.

ܣܢܳܐ, recevoir l'hospitalité – ܡܰܣܢܽܘܳܐ, donner l'hospitalité.

ܥܘܳܐ (R. cl. ܥܘܳܐ), hurler – ܡܰܥܘܽܘܳܐ, faire hurler.

ܩܘܳܐ, être dur, sec, raide (Rac. ܩܘ) – ܡܰܩܘܽܘܳܐ, rendre dur, sec, etc.

ܚܣܳܐ (Rac. class. ܚܣܢ), être fort, résistant, solide – ܡܰܚܣܽܢܳܐ, rendre fort, etc.

ܪܘܳܐ (R. class. ܪܘܳܐ), s'enivrer – ܡܰܪܘܽܘܳܐ, enivrer.

ܡܫܰܘܫܳܐ (Rac. class. ܫܘܳܐ, ܫܘܝ), égaliser, arranger, étendre le lit, réconcilier – Le Participe passé de ce verbe s'écrit régulièrement ܡܫܰܘܫܳܐ ; on peut écrire aussi ܡܫܰܫܳܐ. Nous avons déjà vu ܫܶܘܬܳܐ pour ܫܰܘܬܳܐ (n° 344).

376. – Dans la montagne, tous les verbes ayant un *Aïn* pour 3ᵉ radicale changent cet *Aïn* en *Iodh*, et, à l'infinitif, ils ont la terminaison ܝܳܐ. Ex. ܠܡܶܟܢܳܝܳܐ pour ܠܡܶܟܢܳܥܳܐ, se rassembler – ܩܛܳܝܳܐ pour ܩܛܳܥܳܐ, couper (ܩܛܳܝܬܳܐ, baguette, pour ܩܛܳܥܬܳܐ).

Toute la conjugaison est comme celle de ܒܢܳܝܳܐ. Ex. ܟܳܢܶܢ, je me rassemble – ܟܢܺܝܠܶܗ, il se rassemble – ܟܢܺܝܠܺܝ, je me rassemblai, etc. En Perse, on écrit l'*Aïn* avec un *Mballâna*. Ex. ܟܢܳܥܳܐ, rassembler – ܫܡܳܥܳܐ, entendre – ܩܛܳܥܳܐ couper – ܩܛܳܥܬܳܐ baguette (1).

---

(1) Le changement de l'*Aïn* en *Iodh* vient de ce que le Soureth ne prononce plus la lettre ܥ et tend même à en faire un simple *Alap* de prolongation. L'orthographe de Perse a pour but de garder la radicale *Aïn* et aussi la terminaison vulgaire.

377.- LISTE DE VERBES INFIRMES EN *Lamadh-Iodh*

Cette classe de verbes est très nombreuse :

ܒܟܳܝܐ (R. cl. ܒܟܰܐ), pleurer – ܡܒܰܟܝܳܢܐ, faire pleurer.

ܒܥܳܝܐ (R. cl. ܒܥܰܐ), vouloir, aimer, demander, bêler – ܡܒܰܥܝܳܢܐ, faire vouloir, faire bêler.

ܒܪܳܝܐ (Rac. class. ܒܪܰܐ), créer, être engendré – ܡܒܰܪܝܳܢܐ, faire créer, engendrer.

ܓܒܳܝܐ (Rac. class. ܓܒܰܐ), être choisi, mendier – ܡܓܰܒܝܳܢܐ (class. ܓܒܰܐ), choisir, élire – ܡܓܰܒܝܳܢܐ, faire élire, faire mendier.

ܕܣܳܡ, mettre, poser, imposer.

ܕܓܳܝܐ (R. cl. ܕܓܰܐ), grandir, s'agrandir – ܡܕܰܓܝܳܢܐ, agrandir, augmenter – ܡܕܰܓܝܳܢܐ (cl. ܕܓܰܐ), *nutrivit, educavit.*

ܕܡܳܝܐ (R. class. ܕܡܰܐ), être semblable, ressembler – ܡܕܰܡܝܳܢܐ, assimiler – ܡܕܰܡܝܳܢܐ, faire ressembler.

ܚܙܳܝܐ (R. cl. ܚܙܰܐ), voir – ܡܚܰܙܝܳܢܐ, faire voir, montrer, démontrer.

ܚܛܳܝܐ (R. cl. ܚܛܰܐ), pécher – ܡܚܰܛܝܳܢܐ, faire pécher.

ܕܒܳܩܐ (R. cl. ܕܒܶܩ), se joindre, se coller, arriver – ܡܕܰܒܩܳܢܐ, joindre, coller – ܡܕܰܒܩܳܢܐ, faire joindre.

ܟܠܳܝܐ (R. class. ܟܠܰܐ), rester – ܡܟܰܠܝܳܢܐ, faire rester, empêcher, interdire, suspendre.

ܟܣܳܝܐ (Rac. class. ܟܣܰܐ), se couvrir – ܡܟܰܣܝܳܢܐ, couvrir – ܡܟܰܣܝܳܢܐ, faire couvrir.

ܡܛܳܝܐ (R. cl. ܡܛܰܐ), arriver – ܡܡܰܛܝܳܢܐ, faire arriver.

ܢܚܬܐ (R. cl. ܢܚܬ), descendre, tendre (un piège).

ܡܨܠܘܝܐ (cl. ܨܠܝ), prier – ܡܨܠܘܝܐ , faire descendre.

ܐܚܕܐ (R. class. ܐܚܕ . ܐܚܕ), tenir, saisir, se prendre (en parlant du ciel). Ex. ܐܚܕܐ ܠܗ ܕܘܢܝܐ , le temps, le ciel s'est pris, s'est couvert; d'où ܐܚܕܢܐ , pluie.

278.– Verbes composés infirmes a la 3e lettre n'ayant pas de Conjugaison simple

Ière Conjugaison

ܡܫܪܘܝܐ , dîner, de ܫܪܘܬܐ , le repas du matin (A. غداء).

ܡܥܫܘܝܐ , souper, de ܥܫܝܬܐ , repas du soir (A. عشاء).

ܡܕܟܘܝܐ (R. cl. ܕܟܝ . ܕܟܐ), purifier, nettoyer, monder.

ܡܕܪܘܝܐ (R. cl. ܕܪܐ . ܕܪܝ), exposer au vent (le grain), disperser.

ܡܙܟܘܝܐ (R. cl. ܙܟܝ ܘܙܟܐ), justifier.

ܡܢܒܘܝܐ , prophétiser, de ܢܒܝܐ , prophète.

ܡܚܡܘܝܐ (A. حما), protéger (Montagne : *curam dare*, recevoir comme hôte).

ܡܫܒܘܝܐ (A. شبه), ressembler.

ܡܫܗܘܝܐ (A. شها), désirer.

ܡܫܩܘܝܐ (A. شقى), se fatiguer à, prendre la peine de – ܡܫܩܘܝܐ , fatigué, pauvre, misérable – ܡܫܩܝ , prends la peine (de t'asseoir).

IIe Conjugaison

ܡܚܘܘܝܐ (R. cl. ܚܘܐ . ܚܘܝ), montrer, démontrer –

ܡܰܣܠܶܝܐ (Rac. class. ܣܠܳܐ . ܩܒܰܠ), rejeter, mépriser - ܡܰܡܠܶܠܐ (A. ܟܒ), parler - ܡܰܘܨܶܐ (A. ܘܨܝ), recommander - ܡܰܦܢܶܐ - ܡܰܚܶܒ ܠ ܡܕܝ (pour ܠ ܡܰܘܕܶܐ) - ܡܰܣܟܶܢ ܐ . ܡܰܣܘܶܐ (pour ܡܰܘܣܶܐ) - ܡܰܚܣܶܝܐ, favoriser, de ܚܰܣܕܐ (A. ܚܢ), faveur, obligation — ܡܰܚܣܰܝܐ, favorisé, obligé - ܡܰܫܒܶܩܐ (R. cl. ܫܒܰܩ . ܚܣܢ), pardonner - ܫܽܘܒܩܐ, pardon - ܫܒܺܝܩܐ, pardonné. Se dit des défunts : - ܡܫܰܒܩܐ ܫܰܡܳܫܐ ܗܳܡܽܘ, le pardonné, le défunt, feu Chemmas Homo.

V. - VERBES INFIRMES A LA 1ère ET A LA 2ᵉ RADICALES

(ܚܕ݂ܷ̈ܐ ܕܚ̈ܙ ܘܡܨܝܳܬܐ)

379. — Cette catégorie ne comprend que ܐܬܠ (P. ou K.), oser. Comme ce verbe a une conjugaison anormale, nous l'avons placé parmi les verbes irréguliers (n° 394).

VI. - VERBES INFIRMES A LA 1ère ET A LA 3ᵉ RADICALES

(ܚܕ݂ܷ̈ܐ ܕܚ̈ܙ ܘܡܰܠܘܳܬܐ)

NOTIONS GÉNÉRALES

380. — Chaque lettre infirme se comporte, dans la conjugaison, selon le paradigme de la catégorie infirme à laquelle elle appartient. Ainsi, dans ܝܺܡܳܐ, faire serment, la 1ère radicale est dans la catégorie des verbes infirmes en *Pé-Iodh*; elle suivra donc le paradigme de ces verbes, dont le type est ܝܺܕܰܥ ; — la 3ᵉ radicale suivra le paradigme des verbes infirmes à la dernière radicale, dont le type est ܩܪܳܐ.

Dans le verbe ܐܡܪ, la 1ère radicale est infirme en Pé-Alap et suivra le paradigme de cette classe (type ܐܟܠ).

Ces règles s'appliquent aussi aux Verbes composés.

381. — Paradigmes de la conjugaison des Verbes infirmes à la *1ère* et à la *3e* radicales

A. — Paradigme de ܝܡܐ, *faire serment* (R. cl. ܩܪܐ)

Présent indéfini ܝܡܝܢ, je fais serment — ܝܡܐ, fém. ܝܡܝܐ, il, elle, fait serment.

Prétérit ܝܡܐ ܠܝ, je fis serment.

Participe présent ܝܡܘܝܐ, qui fait serment, jureur.

Participe passé ܝܡܐ, et ܝܡܝܐ, juré — f. ܝܡܝܬܐ.

382. — Le composé de ܝܡܐ est ܡܘܡܐ (1), faire jurer (cl. ܐܘܡܝ). Il suit la IIe conjug. en *Mim*; l'Iodh initial du verbe simple (ܝܡܐ) est transformé en *Ouaou*.

Prétérit indéfini ܡܘܡܝܢ, je fais jurer — ܡܘܡܐ, fém. ܡܘܡܝܐ, il, elle, fait jurer.

Prétérit ܡܘܡܐ ܠܝ, je fis jurer.

Impératif ܡܘܡܝ, fém. ܡܘܡܝ, fais jurer — plur. ܡܘܡܘ.

Partic. présent ܡܘܡܝܢܐ, qui fait jurer, exorciste.

Participe passé ܡܘܡܝܐ (et ܡܘܡܝܐ), qu'on a fait jurer — fém. ܡܘܡܝܬܐ.

Prétérit passif spécial ܡܘܡܝܢ, ܡܘܡܝܬ, ܡܘܡܐ, etc.

---

(1) A Achitha, on dit ܡܘܡܐ.

383. *B.- Paradigme de* ܐܬܝܐ *ou* ܐܬܝܬܐ *, venir*
(*Rac. class.* ܐܬܐ)

Présent indéfini ܐܬܝܢ , je viens; fém. ܐܬܝܢܐ - ܐܬܐ , il vient; fém. ܐܬܝܐ .

Présent défini ܒܐܬܝܢ , je viens (Voir forme populaire, n° 393).

Prétérit ܐܬܐ ܠܝ , je vins, et ܐܬܝܬܐ ܠܝ .

Impératif ܗܝܐ (des 2 genres) ,viens – ܗܝܘ ,venez (1).

Partic. présent ܐܬܘܝܐ , ܐܬܝܐ , qui vient, venant.

Participe passé ܐܬܝܐ , venu – fém. ܐܬܝܬܐ .

384.–Le composé de ܐܬܝܐ est ܡܬܘܝܐ (R. cl. ܐܬܝ) ou ܡܝܬܘܝܐ , (R. cl. ܐܝܬܝ) ,faire venir, apporter, produire.

Présent indéfini ܡܬܝܢ , j'apporte; fém. ܡܬܝܢܐ – ܡܬܝܬ , tu apportes; fém. ܡܬܝܬܝ – ܡܬܐ , il apporte; fém. ܡܬܝܐ , etc.

Présent défini ܒܡܬܝܢ , fém. ܒܡܬܝܢܐ , j'apporte.

Prétérit ܡܘܬܝܐ ܠܝ , j'ai apporté.

Impératif ܡܬܝ , apporte – fém. ܡܬܝܝ – pl. ܡܬܘ .

Participe présent ܡܬܝܢܐ et ܡܬܝܢܐ , qui apporte.

Participe passé ܡܘܬܝܐ ,apporté – fém. ܡܘܬܝܬܐ .

---

(1) Cette forme d'impératif est prise d'un certain verbe ܗܝܬܐ pour ܐܬܝܐ . En certains pays, le *Taou* de ce verbe est prononcé comme *Hé*. A Cotchanés, on dit ܗܝܐ ܠܝ , je suis venu (pour ܐܬܐ ܠܝ). D'autres disent ܗܐ ܠܟܐ (pour ܬܐ) , viens ici. - La forme class. ܬܐ , ܬܘ . est employée dans la montagne; mais les Tiariens prononcent le *Taou* *CH* et disent : *Cha*, viens.

PRÉTÉRIT PASSIF ܡܘܼܒܠ, je fus, j'ai été apporté – ܡܘܼܒܠܐ, il a été apporté – fém. ܡܘܼܒܠܬܐ.

385.– Les seuls verbes à ajouter à la catégorie des verbes infirmes à la 1ère et à la 3ème radicales sont :

1° ܡܲܚܝ, faire le pain (R. cl. ܐܦܐ . ܡܚܐ) ; comme ܡܲܚܝܐ – ܡܲܚܘܝܐ (R. cl. ܐܘܕܝ), faire faire le pain – Présent ܡܲܚܝܡܝܢ – ܡܲܚܝܐ, fém. ܡܲܚܝܐ – Prétérit ܠܹܐ ܡܘܼܚܝܐ et ܠܹܐ ܡܲܚܝܐ – Participe présent ܡܲܚܝܢܐ et ܡܲܚܝܢܝܬܐ – Part. passé ܡܘܼܚܝܢܐ ou ܡܘܼܚܝܢܐ et ܡܲܚܝܐ.

2° ܡܘܕܝ (R. cl. ܐܘܕܝ, ܝܕܐ), avouer, confesser, se confesser; comme ܡܘܼܕܝܐ.

VII.– Verbes infirmes a la 2ème et 3ème radicales

(ܒܕܵܪܵܐ ܡܝܼܕܵܐ ܘܡܘܼܠܵܐ)

Comme ܚܝܐ (R. class. ܚܝܐ), vivre

386.– Ce verbe est le seul de sa classe. Les deux *Iodh* qui se suivent dans sa finale peuvent se confondre en un seul à tous les temps du verbe.

387.– *Conjugaison simple*

PRÉSENT INDÉFINI ܚܝܢ, je vis – ܚܝܐ, tu vis – ܚܝܐ, il vit ; fém. ܚܝܐ – ܚܝܝܢ, nous vivons – ܚܝܘܢ, vous vivez – ܚܝܝܢ, ils vivent.

PRÉTÉRIT ܠܹܐ ܚܝܐ, je vécus.

IMPÉRATIF ܚܝܝ ou ܚܝ, vis – f. ܚܝܝ – pl. ܚܝܘ, valete.

PARTICIPE PRÉSENT. Il n'est pas usité.

152

Participe passé ܚܳܝܳܐ ou ܚܰܝܳܐ, vécu – fém. ܚܰܝܬܳܐ et ܚܳܝܬܳܐ – plur. ܚܰܝܶܐ et ܚܳܝܶܐ – Ex. ܚܳܝܳܐ ܡܰܠܟܳܐ, *vivat rex.*

388. – *Conjugaison composée* (IIe *Conjug.*)

ܡܚܰܝܶܐ et ܡܚܰܝܶܐ (Cl. ܐܰܚܺܝ), *faire vivre, vivifier*

Présent indéfini ܡܚܰܝܶܢ, je fais vivre – ܡܚܰܝܶܐ, fém. ܡܚܰܝܳܐ ou ܡܚܰܝܬܳܐ, il, elle, fait vivre – ܡܚܰܝܺܝܢ, nous faisons vivre – ܡܚܰܝܺܝܬܽܘܢ, vous faites vivre – ܡܚܰܝܶܝܢ, ils font vivre.

Prétérit ܡܚܰܝܶܐ ܠܺܝ, je fis vivre.

Impératif ܡܚܰܝܺܝ ou ܚܰܝܺܝ – fém. ܚܰܝܳܐ, fais vivre – plur. ܚܰܝܰܘ, faites vivre.

Participe présent ܡܚܰܝܝܳܢܳܐ ou ܡܚܰܝܳܢܳܐ, vivificateur.

Participe passé ܡܚܽܘܝܳܐ ou ܡܚܰܝܳܐ et ܡܚܰܝܳܐ, vivifié – fém. ܡܚܰܝܬܳܐ.

Prétérit passif spécial ܡܚܽܘܝܶܢ, je fus, j'ai été vivifié – ܡܚܽܘܝܰܬ – ܡܚܽܘܝܳܐ – fém. ܡܚܽܘܝܳܐ – ܡܚܽܘܝܳܐ – ܡܚܽܘܝܺܝܬܽܘܢ – ܡܚܽܘܝܺܝܢ – Ex. ܗܰܝܡܳܢܽܘܬܳܟ ܡܚܽܘܝܰܬܳܟ, ta foi t'a vivifié. A Achitha : ܗܰܝܡܳܢܽܘܬܶܟܝ ܡܚܽܘܝܰܬܶܟܝ, (mot-à-mot : tu as été vivifié par elle (ܠܳܗܿ), ta foi).

389. – **Note.** Dans le langage populaire d'Alcoche, ce verbe prend un ܗ de renforcement à la place du *Iodh* 2e radicale. Ex. ܚܳܗܶܐ, vivre – ܚܳܗܶܐ ܠܺܝ, je vécus –

ܡܰܚܳܝܽܘܬܐ , faire vivre – ܡܰܚܶܝܢܰܐ , je fais vivre – ܡܰܚܶܐ,
fém. ܡܰܚܝܳܐ , il, elle fait vivre – ܡܽܘܚܝܳܠܺܝ , je fis vivre –
ܡܰܚܝܳܢܳܐ , vivificateur – ܡܽܘܚܝܳܐ , qu'on fait vivre.
Ex. ܗܰܝܡܳܢܽܘܬܳܟ ܡܰܚܝܳܠܳܟ ܗ݀ܘ , ta foi t'a vivifié (1).

CHAPITRE XI

Verbes irréguliers ()

390.– Nous comprenons sous ce titre les verbes qui s'écartent notablement de la conjugaison régulière. Il en est qui, avec une conjugaison régulière, ont aussi, dans le langage populaire, des formes anormales que nous présentons ici.

LISTE DES VERBES IRRÉGULIERS

1. ܒܳܥܶܐ , consentir, avoir plaisir à.
2. ܐܳܙܶܠ , aller.
3. ܐܳܟܶܠ , manger – ܐܳܡܰܪ , dire – ܥܳܒܶܕ , faire , ܐܳܬܶܐ , venir.
4. ܐܳܬܶܐ , être capable de, oser.
5. ܒܳܥܶܐ , aimer, vouloir, demander.
6. ܝܳܗܶܒ , donner.
7. ܩܳܪܶܪ , se refroidir.
8. ܡܳܨܶܐ , pouvoir, dépendre de.
9. ܡܶܨܝܳܐ , il est possible, il convient.
10. ܐܝܬ , il y a,
11. ܐܝܬ ܠܺܝ , j'ai.
12. ܡܨܶܐܠܝ , je puis.
13. ܘܳܠܶܐ , il faut.
14. ܡܶܬܒܳܥܶܐ , il convient, il importe.

---

(1) L'orthographe phonétique écrit ܓܰܐܕܳܐ . ܓܰܐܕܰܦ . ܡܽܘܚܕܳܪ . ܡܽܘܚܕܳܪܳܢܶܐ , mais, dans ܓܰܐܕܰܦ . ܡܰܚܕܳܪܶܐ , etc, qui reconnaîtra ܐܳܬܰܢ . ܡܰܚܰܦܪ ? C'est l'inconvénient de l'écriture purement phonétique de mettre la confusion dans les radicaux.

391.-1° ܥܓܒܬܐ (*A.* عجب), *consentir, avoir plaisir à, agréer.*

Présent indéfini ܥܓܒ݂ ܠܝ, je consens, il me plaît – ܥܓܒ݂ ܠܘܟ, tu consens, il te plaît – ܥܓܒ݂ ܠܗ, il consent, etc.

Présent défini ܒܥܓܒ݂ ܠܝ, je consens, il me plaît.

Imparfait ܒܥܓܒ݂ . ܥܓܒ݂ ܗܘܐ ܠܝ, je consentais, il me plaisait.

Prétérit ܥܓܝܒ݂ ܠܗ ܠܝ, je consentis, il m'a plu – ܥܓܝܒ݂ ܠܗ ܠܘܟ, tu consentis – fém. ܥܓܝܒ݂ ܠܗ ܠܟܝ – ܥܓܝܒ݂ ܠܗ ܠܗ. il consentit – fém. ܥܓܝܒ݂ ܠܗ ܠܗ̇ – ܥܓܝܒ݂ ܠܗ ܠܢ, nous consentîmes, etc.

Plus-que-parfait ܥܓܝܒ݂ ܗܘܐ ܠܝ, j'avais consenti.

Impératif ܥܓܘܒ݂, consens – ܥܓܘܒ݂ܘ, consentez.

Participe présent ܥܓܒܢܐ, consentant (peu usité).

Participe passé ܥܓܝܒܐ, fém. ܥܓܝܒܬܐ, consenti.

Ainsi se conjuguent:

1° ܗܢܝܐ, avoir plaisir à, avoir pour agréable. ܗܢܐ ܠܝ, il me plaît – ܗܢܐ ܗܘܐ ܠܝ – ܗܢܐ ܠܗ ܠܝ ou ܗܢܝܐ ܠܝ, il me plut – ܗܢܝܐ, fém. ܗܢܝܬܐ, plu, *gratus* – ܡܗܢܘܝܐ, rendre agréable – ܗܢܝܠܟ, bien te fasse !

2° ܦܪܝܓ (Ar.), avoir le temps, le loisir, la facilité. Ne s'emploie qu'au Présent défini et à son Imparfait, au négatif : ܠܐ ܒܦܪܝܓ ܠܝ, je n'ai pas le loisir – ܠܐ ܒܦܪܝܓ ܠܘܟ – ܠܐ ܒܦܪܝܓ ܗܘܐ ܠܝ – ܠܐ ܒܦܪܝܓ ܠܢ, je n'avais pas le loisir.

392.– 2° ܐܵܙܵܠܵܐ *ou* ܐܝܼܙܵܠܵܐ (*R. cl.* ܐܙܲܠ), *aller*

Ce verbe, même dans le langage classique, perd son *Lamadh* en certaines circonstances; cela a passé dans le Soureth, où se voient d'autres anomalies.

PRÉSENT INDÉFINI

Normal (1)	*Populaire (de la plaine)*
ܐܵܙܹܢ , fém. ܐܵܙܵܢ , je vais.	ܐܵܙܵܠ ܠܝܼ .
ܐܵܙܹܬ , fém. ܐܵܙܵܬ , tu vas.	ܐܵܙܵܠ ܠܘܿܟ݂ , fém. ܐܵܙܵܠ ܠܹܟ݂ .
ܐܵܙܹܠ , fém. ܐܵܙܠܵܐ ,il, elle, va.	ܐܵܙܵܠ ܠܹܗ , fém. ܐܵܙܵܠ ܠܵܗ̇ .
ܐܵܙܹܚ , nous allons.	ܐܵܙܵܠ ܠܲܢ - ܙܵܠܲܢ - ܙܲܢ .
ܐܵܙܝܼܬܘܿܢ , vous allez.	ܐܵܙܵܠ ܠܵܘܟ݂ܘܿܢ .
ܐܵܙܝܼ , ils vont.	ܐܵܙܵܠ ܠܗܘܿܢ .

PRÉSENT INDÉFINI

ܟܵܐܙܹܢ , je vais.	ܟܝܼܙܹܢ , fém. ܟܝܼܙܵܢ .
ܟܵܐܙܹܬ , tu vas.	ܟܝܼܙܹܬ , fém. ܟܝܼܙܵܬ .
ܟܵܐܙܹܠ , il va – fém. ܟܵܐܙܠܵܐ.	ܟܝܼܙܹܠ , fém. ܟܝܼܙܠܵܐ .
ܟܵܐܙܹܚ	ܟܝܼܙܹܚ .
ܟܵܐܙܝܼܬܘܿܢ	ܟܝܼܙܘܿܬܘܿܢ et ܟܝܼܙܝܼܬܘܿܢ .
ܟܵܐܙܝܼ	ܟܝܼܙܝܼ .

IMPARFAIT

ܟܵܐܙܹܢ ܗ̱ܘܵܐ . ܐܵܙܹܢ ܗ̱ܘܵܐ , j'allais.	ܟܝܼܙܹܢ ܗ̱ܘܵܐ .

(1) Dans la montagne, la forme normale seule est usitée. Il en est de même pour les verbes du n° 393.

FUTUR

ܒܸܕ ܐܵܙܸܠܢ, j'irai. | ܒܸܕ ܐܵܙܸܠ ܠܹܗ.

ܒܸܕ ܐܵܙܸܠܘܬ, tu iras. | ܒܸܕ ܐܵܙܸܠ ܠܗܘܿܢ.

CONDITIONNEL

ܒܸܕ ܐܵܙܸܠܢ ܗ݇ܘܵܐ, j'irais. | ܒܸܕ ܐܵܙܸܠ ܗ݇ܘܵܐ ܠܹܗ.

SUBJONCTIF

ܕܐܵܙܸܠܢ, que j'aille. | ܕܐܵܙܸܠ ܠܹܗ.

IMPARFAIT DU SUBJONCTIF

ܕܐܵܙܸܠܢ ܗ݇ܘܵܐ, que j'allasse. | ܕܐܵܙܸܠ ܗ݇ܘܵܐ ܠܹܗ.

PRÉTÉRIT

ܐܙܝܼܠ ܠܝܼ, j'allai. | ܐܙܝܼܠܹܗ.

IMPÉRATIF ܗܸܒ, va - fém ܗܝܼܒ - pl. ܗܒܘܿ - A Telkef : ܙܹܐ, fém. ܙܝܼ - pl. ܙܘܿ - (Litt. ܙܸܠ . ܙܸܠܘܿ) (1).

PARTICIPE PRÉSENT ܐܵܙܘܿܠܵܐ, qui va - Plus usité: ܐܵܙܠܵܐ.

PARTICIPE PASSÉ ܐܙܝܼܠܵܐ, allé — fém. ܐܙܝܼܠܬܵܐ.

PRÉTÉRIT PASSIF SPÉCIAL ܐܙܝܼܠܸܢ, je suis allé, j'ai été — fém. ܐܙܝܼܠܵܢ - ܐܙܝܼܠܸܬ, tu es allé — fém. ܐܙܝܼܠܵܬ - ܐܙܝܼܠ, il est allé -- fém. ܐܙܝܼܠܵܐ, etc. Cette forme est employée à Alcoche pour le Présent (je vais, etc.).

393.- 3° ܐܟܵܠܵܐ, *manger* - ܐܡܵܪܵܐ, *dire*.
ܥܒܵܕܵܐ, *faire* - ܐܬܵܝܵܐ, *venir*.

Ces quatre verbes ont une conjugaison simple ré-

---

(1) En Perse : ܗܸܒ, ܙܹܐ va - ܙܸܠܘܿܡܘܿܢ, allez.

gulière et usitée (1) ; ils ont de plus, dans le langage courant, un *Présent défini* avec son *Imparfait*, dans la forme suivante :

ܐܳܟܶܠ	Présent défini	ܐܳܡܰܪ
ܟܐܳܟܶܠ ou ܟܐܳܟܶܠܢܐ, je mange — fém. ܟܐܳܟܠܐܢܐ.		ܟܐܳܡܰܪ ou ܟܐܳܡܪܢܐ, je dis — fém. ܟܐܳܡܪܐ.
ܟܐܳܟܠܶܬ, fém. ܟܐܳܟܠܐܬ.		ܟܐܳܡܪܶܬ, fém. ܟܐܳܡܪܐܬ.
ܟܐܳܟܶܠ, fém. ܟܐܳܟܠܐ.		ܟܐܳܡܰܪ, fém. ܟܐܳܡܪܐ.
ܟܐܳܟܠܝܢ (Vulg. ܟܐܳܟܠܘܟ̄).		ܟܐܳܡܪܝܢ (Vulg. ܟܐܳܡܪܘܟ̄).
ܟܐܳܟܠܘܬܘܢ.		ܟܐܳܡܪܘܬܘܢ.
ܟܐܳܟܠܝ.		ܟܐܳܡܪܝ.

ܥܳܒܶܕ		ܐܳܬܶܐ
ܟܥܳܒܶܕ, *koudhen*, ou ܟܥܳܒܶܕܢܐ, je fais — fém. ܟܥܳܒܕܐܢܐ.		ܟܐܳܬܶܐ, je viens — fém. ܟܐܳܬܝܐ.
ܟܥܳܒܕܶܬ, fém. ܟܥܳܒܕܐܬ.		ܟܐܳܬܝܬ, fém. ܟܐܳܬܝܬܝ.
ܟܥܳܒܶܕ, fém. ܟܥܳܒܕܐ.		ܟܐܳܬܶܐ, fém. ܟܐܳܬܝܐ.
ܟܥܳܒܕܝܢ (Vulg. ܟܥܳܒܕܘܟ̄).		ܟܐܳܬܝܢ.
ܟܥܳܒܕܘܬܘܢ.		ܟܐܳܬܘܬܘܢ.
ܟܥܳܒܕܝ.		ܟܐܳܬܝ.

IMPARFAIT

ܟܐܳܟܶܠ ܗܘܐ, je mangeais. — ܟܐܳܡܰܪ ܗܘܐ, je disais.
ܟܥܳܒܶܕ ܗܘܐ, je faisais. — ܟܐܳܬܶܐ ܗܘܐ, je venais.

(1) Voir nᵒˢ 355, 383.

394. — 4° ܐܡܨ, *oser, avoir la hardiesse, la force de*.

Ce verbe, d'origine kurde ou persane, a les anomalies suivantes :

Présent indéfini ܡܨܢ, j'ose; fém. ܡܨܐ - ܡܨܬܐ, f. ܡܨܬܐ - ܡܨܕ, f. ܡܨܐ - ܡܨܝܢ - ܡܨܝܟܘܢ ou ܡܨܝܟܘܢ - ܡܨܝ.

Présent défini ܟܡܨܢ, j'ose.

Imparfait ܟܡܨܢ ܗܘܐ . ܟܡܨܢ ܗܘܐ, j'osais.

Prétérit ܡܨܝܠܝ, j'osai (le plus usité) — ou ܐܡܨܠܝ et ܐܡܨܝܬ — En Perse ܡܨܝܬ.

Plus-que-parfait ܡܨܝܠܝ ܗܘܐ ܠܝ, j'avais osé.

Impératif ܐܡܘܨ, ose — ܐܡܘܨܘܢ, osez.

Infinitif ܐܡܨܐ, oser — ܒܐܡܨܐ, en osant.

Participe présent ܐܡܘܨܐ, qui ose — ܐܡܨܐ, plus usité.

Participe passé ܐܡܨܐ, osé — fém. ܐܡܨܬܐ.

Prétérit passif spécial ܐܡܨ. Inusité.

Verbe composé IIe conjug. ܡܡܘܨܐ, *faire oser* (1)

Prés. indéfini ܡܡܨܢ, je fais oser — ܡܡܨܐ - f. ܡܡܨܬܐ.

Prétérit ܡܡܘܨܠܝ, je fis oser.

Plus-que-parfait ܡܡܘܨܠܝ ܗܘܐ ܠܝ, j'avais fait oser.

Impératif ܡܡܨ, fais oser — ܡܡܨܘܢ, faites oser.

---

(1) A Achitha et ailleurs, ܡܘܨܪ, signifie aider (ܡܘܨܪܬܐ, aide, secours). Rendre capable de, faire oser, donner la hardiesse de faire une chose, c'est aider à la faire — On dit aussi ܡܡܘܨܪ . ܡܘܨܪ ܦܝܠܢ . ܡܘܨܪܬܐ, aide. En Perse, en supprime le ܡ initial, ܡܘܨܪ . ܘܨܪ . ܘܨܪܬܐ .

Participe présent ܡܲܚܕܸܕܵܢܵܐ , qui fait oser.

Participe passé ܡܚܘܼܕܕܵܐ , qu'on fait oser – f. ܡܚܘܼܕܸܕܬܵܐ.

Prétérit passif spécial ܡܚܘܼܕܸܕܸܡ , je fus fait oser – ܡܚܘܼܕܸܕܹܗ – fém. ܡܚܘܼܕܸܕܬܵܐ.

Exemple : – ܘܓܲܢܒܵܪܸܝܠܹܗ . ܠܵܐ ܟܹܐܕ ܝܸܟܠܹܗ , il est fort, je n'ose pas (lutter) contre lui – ܗܘܿܕ ܝܸܟܠܹܗ , ose les attaquer – ܒܸܕ ܡܚܲܕܸܕܸܢ ܝܸܟܠܵܘܟ , je lui donnerai la force contre toi – ܡܚܘܼܕܸܕܘܿܟ ܝܸܟܠܹܗ , tu m'as fait oser les attaquer.

Note.— En bon nombre d'endroits, on emploie le verbe ܗܲܕܸܕ (A. صبر), ou ܗܲܕܸܕ, oser, forcer – Ex. ܠܵܐ ܗܝ ܕܸܕܸܡ ܝܸܟܠܹܗ , je n'ai pas osé contre lui (verbe régulier).

395.— 5° ܒܵܥܹܐ , *aimer, vouloir, demander.*

(*Rac. class.* ܒܥܐ)

Ce verbe a une conjugaison régulière; mais, dans le langage populaire, il a des anomalies au *Présent défini* et à *l'Imparfait* (1). L'Aïn est adouci; il en est même qui ne l'écrivent pas.

Présent défini ܓܒܹܐܹܢ , j'aime, je veux; fém. ܓܒܹܐܘܸܢ – (Vulg. ܓܒܹܐܟ – ܓܒܹܐܬ ; fém: ܓܒܹܐܝܵܐ ; fém. ܓܒܹܐܝܼܣ . On écrit aussi : ܓܒܹܐܹܢ – ܓܒܹܐܘܸܗ) . ܓܒܹܐܝܵܐ , etc.

Imparfait ܗܘܵܐ ܓܒܹܐܹܢ , j'aimais, et ܗܘܵܐ ܓܒܹܐ .

Dans la montagne, Aïn est complètement suppri-

---

(1) Ces anomalies n'existent pas quand ce verbe a le sens de bêler : – ܒܵܥܹܐ , il bêle.

mé et remplacé par *Iodh*. On dit : ܓܵܐܒܸܢ, j'aime, je veux — ܓܵܐܒܹܐ, il veut — En Perse, on écrit : ܓܵܐܒܟܸܢ - ܓܵܐܒܟܸܕ, j'aime, je veux, etc. (Voir n° 376).

396.— 6° ܝܵܗܒܸܠ, *donner*.

Ce verbe, dont la racine est ܝܗܒ dans la langue classique, s'est augmenté d'un *Lamadh* final dans le Soureth de la plaine de Mossoul. Ce *Lamadh* paraît être rapporté de ܝܲܒܸܠ, *donner*, qui, en classique, entre dans la composition du verbe ܝܗܒ. Cependant ce *Lamadh* ne s'écrit pas au Présent, sauf à la 3ᵉ pers. sing. masc. Le ܗ ne se prononce qu'à l'Impératif, où le ܒ 3ᵉ radicale disparaît aussi.

PRÉSENT INDÉFINI

ܝܵܗܒܸܢ, je donne; fém. ܝܵܗܒܵܢ - ܝܵܗܒܹܬ; fém. ܝܵܗܒܵܬ - ܝܵܗܒܸܠ, il donne; fém. ܝܵܗܒܵܐ - ܝܵܗܒܝܼܢ (Vulg. ܝܵܗܒܘܼܗ) - ܝܵܗܒܝܼܬܘܢ et ܝܵܗܒܘܼܬܘܢ - ܝܵܗܒܝ.

PRÉSENT DÉFINI

ܒܝܵܗܒܸܢ, je donne.

IMPARFAIT

ܝܵܗܒܸܢ ܗܘܵܐ, je donnais.

PRÉTÉRIT

ܝܘܼܗܒܸܠ ܠܝܼ, *willi*, je donnai — (Vulg. ܝܘܼܗܒܠܝܼ, *welli*).

PLUS-QUE-PARFAIT

ܝܘܼܗܒܸܠ ܗܘܵܐ ܠܝܼ, j'avais donné, et ܝܘܼܗܒܠܝܼ ܗܘܵܐ.

IMPÉRATIF

ܗܘܿܠ, donne, et ܗܘܿܒܘܼܠ, *hwol* (class. ܗܒ) —

pl. ܗܲܒ݂ܠܘܿ , donnez — et ܗܘܼܒ݂ܠܘܿ , *hwoulou*.

INFINITIF

ܝܗܵܒ݂ܠܵܐ , donner — ܒܝܗܵܒ݂ܠܵܐ , en donnant.

PARTICIPE PRÉSENT

ܝܵܗܘܿܒ݂ܠܵܐ , qui donne, donneur — et ܝܵܗܒ݂ܠܵܐ .

PARTICIPE PASSÉ

ܗܒ݂ܝܼܠܵܐ , *wila*, donné — fém. ܗܒ݂ܝܼܠܬܵܐ , *wilta*.

PRÉTÉRIT PASSIF SPÉCIAL

ܗܒ݂ܝܼܠܝܼܢ , je fus, j'ai été donné — ܗܒ݂ܝܼܠܘܼܟ݂ . ܗܒ݂ܝܼܠ , f. ܗܒ݂ܝܼܠܵܐ .

Dans la montagne, l'Infinitif est ܝܗܵܒ݂ܵܐ — Le Présent est comme *suprà* — Prétérit ܗܝܼܒ݂ ܠܝܼ , fém. ܗܝܼܒ݂ܵܐ ܠܝܼ , je donnai — ܗܝܼܒ݂ ܠܘܼܟ݂ , tu donnas — Plus-que-parfait ܗܝܼܒ݂ ܗ݇ܘܵܐ ܠܝܼ , *ywoua li*, j'avais donné — Impératif *ut suprà* — Participe présent ܝܵܗܸܒ݂ܵܐ , qui donne, donneur — Participe passé ܗܝܼܒ݂ܵܐ , donné; fém. ܗܝܼܒ݂ܬܵܐ — Prétérit passif ܗܝܼܒ݂ܝܼܢ . ܗܝܼܒ݂ܬܵܐ . ܗܝܼܒ݂ . ܗܝܼܒ݂ܝܼܬܘܢ , etc. — En certains endroits, on dit, au Participe passé : ܝܘܼܗܒ݂ܵܐ . ܝܘܼܗܒ݂ܬܵܐ — A Salmas : ܝܘܼܗܒ݂ܟ݂ܬܵܐ , *youwkhta* (ܟ݂ corroboratif).

397.— 7° ܩܝܵܪܵܐ , *se refroidir, avoir froid* (1)

Ce verbe a pour racine en langue classique ܩܲܪ ; en Soureth il est concave, ܩܝܵܪܵܐ , et suit cette conjugaison; mais il a aussi de nombreuses anomalies dans le langage populaire, comme nous allons le voir.

---

(1) A Achitha, on dit : ܩܪܵܝܵܐ — A Guéramoun : ܩܪܵܝܵܐ — A Inichk (Sapna) : ܩܪܵܪܵܐ — Ailleurs, on se sert de ܡܫܲܚܠܘܿܦܹܐ (class. ܫܲܚܠܸܦ , *corrupit*) — ܡܫܲܚܠܘܿܦܹܐ ܠܝܼ , j'ai froid.

PRÉSENT INDÉFINI

Normal	Populaire
, je me refroidis - f. .	(d. 2 g.), il est froid à moi.
- fém. .	, fém. .
, fém. .	, fém. .
.	.
.	.
.	.

PRÉSENT DÉFINI

, je me refroidis.	.

IMPARFAIT

, je me refroidissais.	.

FUTUR

, je me refroidirai.	.

CONDITIONNEL

, je me refroidirais.	.

PRÉTÉRIT

ou ou , je me suis refroidi.	, il a été froid à moi.
.	, f. .
.	, fém. .
.	.
.	.
.	.

PLUS-QUE-PARFAIT

ܒܸܓ݂ܪܝ ܗ݇ܘܵܐ ܩܸܒ݂ .) ܒܸܓ݂ܪܸܐ ܗܘܵܐ ܩܒ݂ et ܒܸܓ݂ܪܸܐ ܗܘܵܐ ܩܒ݂

IMPÉRATIF

ܩܘܪ , plur. ܩܘܕܘ .

PARTICIPE PRÉSENT

ܩܵܪܘܿܪܵܐ , qui se refroidit, frileux.

PARTICIPE PASSÉ

ܩܪܝܼܪܵܐ , refroidi — fém. ܩܪܝܼܪܬܵܐ .

PRÉTÉRIT PASSIF SPÉCIAL

ܩܪܝܼܪܝܼ , j'ai été refroidi — ܩܪܝܼܪܹܐ ـ ܩܪܝܼܪ et ܩܪܝܼܪ , f. ܩܪܝܼܪܬܵܐ .

Verbe composé II⁰ Conj. ܡܩܲܪܘܼܪܹܐ , *faire refroidir.*
Se conjugue comme ܡܓܲܪܘܼܣܹܐ et ܡܫܲܘܕܹܥ (n° 369) (1).

398.—8° ܗܵܟ݂ܹܐ (A. ܚܩܹܐ), *être au pouvoir de,
être en la dépendance de*

Ce verbe est impersonnel, mais s'emploie à tous les
temps. Ordinairement il est suivi des mots : — ܡܼܢ ܐܝܼܕܝܼ ,
de ma main — ܡܼܢ ܐܝܼܕܘܿܟ݂ , de ta main — ܡܼܢ ܐܝܼܕܹܗ , de sa
main, etc. Et c'est par là que se distinguent les personnes.

PRÉSENT INDÉFINI

ܗܵܟ݂ܹܐ ܡܼܢ ܐܝܼܕܝܼ , il dépend de moi, il est en mon

---

(1) A Achitha, le verbe ܐܩܪܹܐ , se refroidir (Rac. class. ܩܪ݂ , *senuit*
ou ܩܪܒ݂ , *friguit*), se conjugue comme il suit : — Présent ܐܩܪܹܐ , j'ai froid —
ܐܩܪܹܐ , il a froid — Prétérit ܩܪܸܐ ܠܝܼ , j'ai eu froid — Impér. ܩܘܪ , aie froid —
Part. présent ܐܩܪܵܢܵܐ , ayant froid, frileux — ܩܪܝܼܪ , refroidi — ܩܪܝܼܪ ܗ݇ܘܹܐ , il a
froid actuellement.

pouvoir – ܫܲܠܝܼܛ ܡܲܠܲܝܕܸܟ݂, il dépend de toi – ܫܲܠܝܼܛ ܡܲܠܲܝܕܲܢ, il dépend de nous, etc.

PRÉSENT DÉFINI

ܒܫܲܠܝܼܛ ܡܲܠܲܝܕܝܼ, il dépend de moi.

IMPARFAIT

ܫܲܠܝܼܛ ܗ݇ܘܵܐ ܡܲܠܲܝܕܝܼ, il dépendait de moi, il était en mon pouvoir.

FUTUR

ܒܸܕ ܫܲܠܝܼܛ ܡܲܠܲܝܕܝܼ, il dépendra de moi, etc.

PRÉTÉRIT

ܫܲܠܝܼܛ ܠܹܗ ܡܲܠܲܝܕܝܼ · ܫܠܸܛ ܠܹܗ ܡܲܠܲܝܕܝܼ, il dépendit de moi, etc. –
ܫܠܸܛ ܠܹܗ ܡܲܠܲܝܕܘܼܟ݂, il dépendit de toi.

PLUS-QUE-PARFAIT

ܫܠܸܛ ܠܹܗ ܗ݇ܘܵܐ ܡܲܠܲܝܕܝܼ, il avait dépendu de moi, etc.

INFINITIF

ܫܲܠܵܛܵܐ ܡܲܠ, être au pouvoir de, dépendre de.

PARTICIPE PASSÉ

ܫܲܠܝܼܛܵܐ ܡܲܠܲܝܕܝܼ, qui est au pouvoir de – fém. ܫܲܠܝܼܛܬܵܐ.

Exemples : – ܠܵܐ ܕܵܘܸܩܸܢ ܡܸܢܹܗ · ܡܵܐ ܒܫܲܠܝܼܛ ܡܲܠܲܝܕܸܗ, je ne le crains pas, qu'est-il capable de faire ? –
ܠܵܐ ܒܫܲܠܝܼܛ ܗ݇ܘܵܐ ܡܲܠܲܝܕܝܼ ܕܡܵܚܸܢ ܠܹܗ ܣܵܗ ܒܓܵܢܹܗ, il n'était pas en mon pouvoir de le battre son soûl.

399. – 9° ܒܡܵܨܹܐ, *il est possible, il convient* (*Ar.* يمكن)

Ce verbe est impersonnel et neutre. Il s'emploie au Présent défini 3ᵉ pers. sing. fém. et à l'Imparfait.

Exemples: – ܐܢ ܡܨܝܐ ܕܢܥܒܪ ܡܢܝ ܟܣܐ ܗܢܐ , *si possibile est, transeat à me calix iste* – ܠܐ ܕܡܨܝܐ ܕܐܙܠ ܠܗ ܦܛܪܘܣ ܠܫܘܠܛܢܐ ܕܪܝܫ ܕܡܬܐ, il ne convenait pas que Petros allât au gouvernement à la place du chef du village.

400. – 10° ܐܝܬ , *il y a*

Verbe impersonnel invariable, qui n'a que le Présent et l'Imparfait, lequel sert aussi de Prétérit.

PRÉSENT ܐܝܬ , il y a.

IMPARFAIT ܐܝܬ ܗܘܐ , il y avait, il y eut.

Le *négatif* s'écrit : – ܠܝܬ (pour ܠܐ ܐܝܬ) , il n'y a pas – ܠܝܬ ܗܘܐ , il n'y avait pas, il n'y eut pas – Ex. ܐܝܬ ܥܣܪܐ ܠܝܪܐ ܒܟܝܣܝ , il y a dix lires dans ma poche – ܐܝܬ ܗܘܐ ܓܒܪܐ ܣܓܝܐܐ ܒܫܘܩܐ , il y avait beaucoup d'hommes au marché – On peut dire aussi, au pluriel, ܐܝܬ ܗܘܘ .

Remarques. – 1° ܐܝܬ et ܠܝܬ sont souvent prononcés avec un *Noun* paragogique : ܐܝܬܢ . ܠܝܬܢ .

2° A l'Imparfait, la voyelle I de ܐܝܬ se prononce ordinairement comme un Zlama, et l'on dit : *eth-oua*, ܐܝܬ ܗܘܐ . Le négatif ܠܝܬ se prononce *lath* : ܠܝܬ ܗܘܐ , *lath-oua*.

401. – Le verbe ܗܘܐ , *être*, sert aussi à exprimer *il y a*; ou l'emploie à la 3ᵉ pers. sing. ou plur. de tous les temps.

Exemples : – ܠܝܬ ܠܚܡܐ ܠܐ ܗܘܐ ܒܒܝܬܗ , il n'y a pas de pain dans sa maison – ܗܘܐ ܚܕܘܬܐ ܪܒܬܐ ܠܘܬܗܘܢ , il y aura grande joie chez eux – ܗܘܘ ܟܠ ܕܚܙܕܩ ܠܝܗܘܕܝܐ .

ܐܓܒܕܗ, il y eut interrogatoire sur ce qu'il avait fait (son faire) — ܗܘܐ ܟܝܬ ܟܦܢܐ ܪܒܐ ܒܐܬܪܐ, il y eut une grande famine dans la contrée — ܐܝܬ ܐܢܫܝܢ ܕ, il y a des hommes qui... — ܗܘܐ ܟܝܬ ܥܕܢܐ ܕ, il y eut des moments que ...

402. — 11° ܐܝܬ ܠܝ, *j'ai*

Le verbe impersonnel ܐܝܬ, suivi des pronoms personnels ܠܝ . ܠܘܿܟ݂ . ܠܗ . etc., forme le verbe *Avoir*. Il n'a comme temps que le *Présent* et l'*Imparfait*.

Présent ܐܝܬ ܠܝ (*Taou dur : et-ly*), j'ai (mot-à-mot : il y a à moi) — ܐܝܬ ܠܘܿܟ݂, tu as; fém. ܐܝܬ ܠܟ݂ܝ. — ܐܝܬ ܠܗ, il a; fém. ܐܝܬ ܠܗܿ .

Imparfait ܐܝܬ ܗܘܐ ܠܝ (*Taou doux : eth-oua-ly*), j'avais.

Négatif ܠܝܬ ܠܝ (*lat-ly*), je n'ai pas.

ܠܝܬ ܗܘܐ ܠܝ (*lath-oua-ly*), je n'avais pas.

Exemples. ܐܢܐ ܐܢܫܐ ܐܝܬ ܠܗ ܒܪܐ ܕܒܘܪܟܬܐ, cet homme a un fils de bénédiction (béni) — ܠܝܬ ܗܘܐ ܠܢ ܟܣܦܐ ܕܢܩܢܝܢ ܡܠܦܢܐ ܕܝܠܢܝܐ, nous n'avions pas d'argent pour que je prisse un maître spécial.

403. — Dans la plaine de Mossoul, le verbe ܐܝܬ s'unit directement au pronom, sans *Lamadh* et, au *Présent*, le *Taou dur* se redouble. Enfin on n'écrit pas le *Iodh* de ܐܝܬ Ex. ܐܬܝ (*etty*), j'ai — ܐܬܘܿܟ݂ (*ettokh*), tu as — ܐܬܗ (*etteh*), il a, etc. — ܐܬ ܗܘܐ ܠܝ (*eth-oua-ly*), j'avais — ܠܬܝ (*latty*), je n'ai pas — ܠܬ ܗܘܐ ܠܝ (*lath-oua-ly*), je n'avais pas.

Ex. ܐܝܼܬܲܝܗܝ ܚܲܕ ܚܘܼܫܵܒܵܐ ܒܠܸܒܲܝܗܝ (*ettai*), ils ont une pensée dans le cœur– ܠܲܝܬܗ̇ ܗ̄ܘܵܐ ܠܗ ܡܲܠܦܵܢܵܐ ܕܝܼܠܦܝܼ ܗ̄ܘܵܘ ܝܘܼܠܦܵܢܵܐ (*lath-oua-lai*), ils n'avaient pas de maître pour apprendre la doctrine.

Dans ce verbe, le *Taou* de ܐܝܼܬܗ̇ ou ܐܝܼܬ devient dur quand il est suivi directement des pronoms, sinon il est doux : – ܐܝܼܬܗ̇ ܗ̄ܘܵܐ ܠܝ – ܠܲܝܬܲܝܗܝ, ܠܲܝܬܗ̇ ܠܝ – ܐܝܼܬܲܝܗܝ – ܐܝܼܬܗ̇ ܠܝ – ܠܲܝܬܗ̇ ܗ̄ܘܵܐ ܠܝ – ܠܲܝܬܗ̇ ܗ̄ܘܵܐ ܠܝ – ܐܝܼܬ ܗ̄ܘܵܐ ܠܝ.

Note.– La manière de dire de la plaine de Mossoul peut être gardée dans l'écriture, quoique moins régulière; c'est une forme dialectale.

404.– Le verbe *Avoir* se forme aussi avec le verbe ܗܵܘܹܐ, qui alors est impersonnel et ne s'emploie qu'à la 3ᵉ pers. sing. ou plur. de chaque temps. Le verbe s'accorde avec son complément direct, sauf au Prétérit et au Plus-que-parfait, où il reste invariable.

Présent ܒܗܵܘܹܐ ܠܝ, j'ai – ܒܗܵܘܹܐ ܠܘܼܟ݂ – ܒܗܵܘܹܐ ܠܹܗ.

Mot-à-mot : il est à moi, à toi, etc.

Imparfait ܒܗܵܘܹܐ ܗ̄ܘܵܐ ܠܝ, j'avais.

Prétérit ܗܘܵܐ ܠܹܗ ܠܝ, j'eus (pour ܗܘܵܐ ܠܹܗ ܠܝ), des 2 genres – ܗܘܵܐ ܠܹܗ ܠܘܼܟ݂, tu eus – ܗܘܵܐ ܠܹܗ ܠܹܗ, il eut, etc. (mot-à-mot : il fut à moi, à toi, à lui).

Plus-que-parfait ܗܘܵܐ ܠܹܗ ܗ̄ܘܵܐ ܠܝ, j'avais eu.

Impératif ܗܵܘܹܐ ܠܘܼܟ݂, aie – ܗܵܘܹܐ ܠܲܢ, ayons – ܗܵܘܹܐ ܠܵܘܟ݂ܘܿܢ, ayez – ܗܵܘܹܐ ܠܗܘܿܢ, qu'ils aient.

Exemples ; ܒܗܵܘܹܐ ܠܹܗ ܚܲܕ ܒܲܝܬܵܐ ܒܡܵܬܵܐ, il a une

maison à Van – ܓܲܕ ܗܵܘܹܐ ܠܝܼ ܕܵܐܓ݂ܝܼ, j'aurai des chagrins – ܠܵܐ ܚܲܫܒܸܢ ܕܗܵܘܹܐ ܠܵܘܟ݂ܘܿܢ ܦܘܼܕܨܲܬ݂ ܠܚܸܙܝܹܗ, je ne pense pas que vous ayez l'occasion de le voir – ܗܘܹܐ ܠܝܼ ܟܸܒ ܣܵܒ݂ܬܵܐ ܛܵܒ݂ܬܵܐ, j'ai eu une bonne mère – ܚܫܸܓ݂ ܘܚܲܕ݂ ܢܗܘܹܐ ܠܘܼܟ݂ ܕܵܐܓ݂ܵܐ ܒܥܲܒ݂ܘܿܕܘܵܬ݂ܘܼܟ݂, aie mille et un ennuis (beaucoup d'ennuis) dans tes affaires.

405. – 12° ܐܝܼܒܲܝ, *je puis*

Ce verbe se compose de ܐܝܼܬ݂, *il y a*, suivi de la préposition ܒ , *dans*, à laquelle s'attachent directement les pronoms personnels ܝܼ . ܘܿܟ݂ . ܗ݇ , etc. Il n'a que le Présent et l'Imparfait.

Au Présent. ܐܝܼܬ݂ se contracte en ܐܝܼ, et l'on dit ܐܝܼܒܲܝ, je puis (pour ܐܝܼܬ݂ ܒܝܼ, il y a en moi) – ܐܝܼܒܘܿܟ݂ ; fém. ܐܝܼܒܵܟ݂ܝ, tu peux – ܐܝܼܒܹܗ ; fém. ܐܝܼܒܵܗ̇, il, elle, peut – ܐܝܼܒܲܢ, nous pouvons – ܐܝܼܒܵܘܟ݂ܘܿܢ, vous pouvez – ܐܝܼܒܲܝ, ils peuvent.

Imparfait ܐܝܼܬ݂ ܗ݇ܘܵܐ ܒܝܼ ou ܐܝܼܬ݂ ܗ݇ܘܵܐ ܒܝܼ, je pouvais – ܐܝܼܬ݂ ܗ݇ܘܵܐ ܒܘܿܟ݂ ou ܐܝܼܬ݂ ܗ݇ܘܵܐ ܒܘܿܟ݂, tu pouvais.

Négatif : – ܠܹܒܲܝ (pour ܠܲܝܬ݂ ܒܝܼ), je ne puis pas – ܠܹܒܘܿܟ݂, tu ne peux pas, etc. – ܠܲܝܬ݂ ܗ݇ܘܵܐ ܒܝܼ ou ܠܲܝܬ݂ ܗ݇ܘܵܐ ܒܝܼ, je ne pouvais pas, etc.

406. – Le verbe ܗܘܵܐ, pris impersonnellement et suivi de ܒܝܼ . ܒܘܿܟ݂, etc., a le sens de *pouvoir* et complète les temps manquant au verbe ܐܝܼܒܲܝ.

Présent ܒܗܘܳܐ ܒܝ , je puis (mot-à-mot : il est en moi).

Imparfait ܒܗܘܳܐ ܗ݈ܘܳܐ ܒܝ , je pouvais.

Futur ܒܸܕ ܗܳܘܸܐ ܒܝ , je pourrai.

Prétérit ܗܘܸܠܹܗ ܒܝ , je pus (pour ܗܘܸܐ ܠܹܗ ܒܝ) – ܗܘܸܠܹܗ ܒܘܼܟ݂ , tu pus – fém. ܗܘܸܠܹܗ ܒܵܟ݂ .

Plus-que-parfait ܗܘܸܠܹܗ ܗ݈ܘܳܐ ܒܝ , j'avais pu (pour ܗܘܸܐ ܗ݈ܘܳܐ ܠܹܗ ܒܝ).

Exemples : ܐܝܼܬ݂ ܒܲܢ ܕܡܲܦܠܸܚܚ݂ ܥܲܝܢܘܼܟ݂ , nous pouvons t'arracher les yeux – ܐܝܼܬ݂ ܗ݈ܘܳܐ ܒܹܗ ܕܥܵܒܸܕ ܒܲܢܝܼܚܘܼܬ݂ܵܐ ܥܲܡܵܗ̇ , il pouvait agir en douceur avec elle – ܗܲܒ ܠܝ ܚܕܵܐ ܠܝܼܪܵܐ ܕܗܵܘܸܐ ܒܝ ܕܚܵܝܹܢ , donne-moi une lire pour que je puisse vivre – ܠܲܝܬ ܒܝ ܡܸܕܸܡ ܥܠܹܗ , je ne puis (rien) sur lui – ܠܲܝܬ ܗ݈ܘܳܐ ܠܝ ܚܒܼܪܹ̈ܐ , je n'avais pas de compagnons – ܠܵܐ ܗܘܸܠܹܗ ܒܹܗ ܕܩܵܝܹܡ , il ne put se lever.

407.– Dans la montagne, *pouvoir* se rend par ܡܨܹܝܬܵܐ (R. class. ܡܨܵܐ), verbe régulier. Au *négatif* du *Présent*, on dit : ܠܡܨܝܼܢ . ܠܡܨܝܵܐ . ܠܡܨܝܼܬܘܿܢ , je ne puis pas (pour ܠܵܐ ܡܨܝܵܐ , ܠܵܐ ܡܨܝܼܢ). Mais on peut aussi employer la forme régulière : ܠܵܐ ܡܨܹܝܢ ܕܡܲܕܡܸܟ݂ , je ne puis dormir.

408.– 13° ܠܵܙܸܡ , *il faut, il est nécessaire*

Ce verbe est un Participe présent arabe (لازم), dont on a fait en Soureth le verbe ܠܘܵܙܡܵܐ , *être nécessaire*. Il est régulier et s'emploie à tous ses temps et à toutes ses personnes.

Les troisièmes personnes sing. de tous les temps rendent notre verbe impersonnel *Il faut* — Présent ܠܳܘܶܡ, fém. ܠܳܘܡܰܐ, il faut — Imparfait ܠܳܘܶܡ ܗܘܳܐ, fém. ܠܳܘܡܰܐ ܗܘܳܐ, il fallait — Prétérit ܠܶܐ ܠܳܘܶܡ, ܠܶܐ ܠܳܘܡܰܐ, fém. ܠܶܐ ܠܳܘܡܰܐ, il fallut — Plus-que-parfait ܠܶܐ ܗܘܳܐ ܠܳܘܶܡ ܗ݇ܘ. ܠܶܐ ܠܳܘܶܡ ܗܘܳܐ ܗ݇ܘ, il avait fallu — Le féminin rend le neutre.

On dit aussi avec le verbe *Être*: — ܠܳܘܶܡ ܒܺܝܠܶܗ, il est nécessaire — ܠܳܘܶܡ ܗܘܳܐ ܗܘܳܐ, il était nécessaire — ܠܳܘܶܡ ܗܘܳܐ ܗ݇ܘ, il fut nécessaire.

Exemples: — ܠܳܘܶܡ ܕܰܡܥܰܕܪܰܬ, il faut que tous nous aides — ܐܳܙ ܕܰܠܘܳܡܰܐ, *hoc necessarium est*, *oportet* — ܠܳܘܶܡ ܗܘܳܐ ܕܩܰܝܡܰܬ ܗܘܳܐ, il fallait que tu te levasses — ܠܳܘܶܡ ܠܶܐ ܕܛܰܪܕܺܝܣ ܠܶܗ. il fallut que nous les chassions.

409. — 14° ܘܰܓܳܒܶܬ, *il convient, il importe*

Ce verbe, pris de l'arabe واجب, est impersonnel et invariable: il n'a que le *Présent* et l'*Imparfait*.

Présent ܘܰܓܳܒܶܬ, il convient. Ex. ܘܰܓܳܒܶܬ ܕܛܳܣܶܝܬ ܡܶܬܳܟܳܐ, il convient que tu t'éloignes d'ici.

Imparfait ܘܰܓܳܒܶܬ ܗܘܳܐ, il convenait.

L'adjectif ܘܳܓܶܒ, *convenable*, donne le même sens avec le verbe *Être*. Ex. ܘܳܓܶܒ ܐܝܠܶܗ ܕܠܳܐ ܟܳܡܣܺܝܪ, il convient que tu ne résistes pas — ܘܳܓܶܒ ܗܘܳܐ ܗܘܳܐ, il convenait — ܘܳܓܶܒ ܗܘܳܐ ܗ݇ܘ, il fut convenable.

Négatif : – ܠܐ ܟܫܪ . il ne convient pas, et ܠܐ ܟܫܪ ܗܘܐ ܠܡܐܙܠ . il ne convenait pas, et ܠܐ ܗܘܐ ܗܘܐ ܐܙܠ (1).

CHAPITRE XII
Forme des noms selon leur signification

410.– En variant les voyelles sur les lettres radicales, en ajoutant à la racine des préfixes ou des suffixes, on compose des mots différant entre eux par la forme et aussi par la signification.

Les formes des mots Soureth sont, en général, celles du Syriaque littéraire; mais, parfois, le Soureth y a fait des changements. Ainsi, selon l'instinct des langues vulgaires, il prodigue la voyelle E fermée à la place des voyelles ouvertes A, I, et Ou. Il dit par ex. ܣܡܝܐ, aveugle, pour ܣܡܝܐ – ܢܗܪܐ, rivière, pour ܢܗܪܐ – ܦܠܚܐ, travail, pour ܦܘܠܚܢܐ – ܓܚܟܐ, rire, pour ܓܘܚܟܐ – ܥܘܩܒܪܐ, rat, pour ܥܘܩܒܪܐ – ܦܠܛܐ, goutte, pour ܦܠܛܐ – ܦܪܡܐ, encensoir, pour ܦܪܡܐ – ܫܘܪܐ, ombilic, pour ܫܘܪܐ – Nous avons vu, au Prétérit des verbes, ܦܠܚ pour ܦܠܚ, etc.

---

(1) J'ajouterai le verbe ܙܕܥ, craindre, régulier dans la plaine de Mossoul, mais irrégulier à Achitha et dans la montagne : – Présent ܟܝܦ ܠܗ . ܟܝܦ ܠܗ, etc. je crains, tu crains, il craint, etc. – Imparfait ܗܘܐ ܟܝܦ, je craignais – Prétérit (régulier) ܙܕܥܠܝ, je craignis – Impératif (rég.) ܙܕܘܥ – Infin. ܙܕܥ, craindre – Part. prés. ܙܕܘܥܐ . ܙܕܘܥܐ et ܙܕܘܥܐ, qui craint, peureux – Participe passé ܙܕܝܥܐ ou ܙܕܥ, épeuré – ܡܙܕܘܥܐ, faire peur.

Les formes nominales syriaques sont très nombreuses; nous ne donnerons que les plus usitées en Soureth.

411.— I. Mots sans lettre d'augmentation a leurs radicales

1° Type ܩܵܬܘܿܠܵܐ – C'est une forme adjective. Ex. ܣܘܼܡܵܩܵܐ, rouge – ܥܲܠܵܝܵܐ, élevé – ܬܲܚܬܵܝܵܐ, bas – ܓܘܼܕܵܪܵܐ, rond – ܥܵܕܘܿܠܵܐ, droit (Ar. عادل).

2° Type ܩܵܬܘܿܠܵܐ – Noms d'agent à action transitoire; instruments : – ܩܵܛܘܿܠܵܐ, assassin – ܦܵܪܘܿܩܵܐ, sauveur – ܟܵܦܘܿܪܵܐ, renégat – ܢܵܣܘܿܪܵܐ, scieur, et scie – ܢܵܩܘܿܫܵܐ, pulsator, cloche – ܒܵܠܘܿܥܵܐ, avaleur, cloaque.

3° Type ܩܲܬܵܠܵܐ – Noms d'agent à action habituelle, noms de métiers, adjectifs intensifs : – ܦܲܠܵܚܵܐ, laborieux, ouvrier – ܫܲܩܵܠܵܐ, porteur – ܕܲܝܵܢܵܐ, juge – ܙܲܩܵܪܵܐ, tisserand – ܒܲܢܵܝܵܐ, constructeur – ܨܲܝܵܕܵܐ, pêcheur – ܟܲܫܝܼܠܵܐ, débile – ܛܲܚܵܢܵܐ, meunier.

4° Type ܩܵܬܘܼܠܵܐ – Forme adjective : – ܚܸܫܘܿܟܵܐ, obscur – ܚܸܡܘܿܨܵܐ, acide – ܥܸܡܘܿܩܵܐ, profond – ܚܸܪܘܿܦܵܐ, pointu, aigu – ܡܸܠܝܼܚܵܐ, salé – ܝܲܬܘܿܡܵܐ, orphelin – ܝܵܪܘܿܩܵܐ, jaune.

5° Type ܩܘܼܕܵܫܵܐ – Noms abstraits provenant du verbe class. 2ème forme ܩܲܕܸܫ, comme ܩܲܕܸܫ (en Soureth ܡܩܲܕܸܫ) : – ܩܘܼܕܵܫܵܐ, sanctification, Messe – ܒܘܼܪܵܟܵܐ, bénédiction – ܡܘܼܟܵܟܵܐ, humilité – ܒܘܼܣܵܡܵܐ, bonheur – ܙܘܼܡܵܪܵܐ, chant.

6° *Type* ܦܰܥܺܝܠܳܐ – Adjectifs intensifs, formés souvent des participes passés, Noms divers :– ܫܰܦܺܝܪܳܐ, beau (p. passé ܫܦܺܝܪܳܐ) – ܪܰܟܺܝܟܳܐ, tendre (p. passé ܪܟܺܝܟܳܐ), attendri – ܒܰܛܺܝܠܳܐ, inoccupé (p. passé ܒܛܺܝܠܳܐ) – ܩܰܕܺܝܫܳܐ, saint – ܙܰܕܺܝܩܳܐ, juste – ܪܰܩܺܝܩܳܐ, mince – ܚܰܡܺܝܡܳܐ, chaud – ܥܰܬܺܝܪܳܐ, riche – ܬܰܠܺܝܠܳܐ, humide – ܩܰܪܺܝܒܳܐ, proche – ܬܰܢܺܝܢܳܐ, dragon – ܝܰܡܺܝܢܳܐ, droite – ܫܰܒܺܝܛܳܐ, verge, baguette – ܦܰܛܺܝܪܳܐ, azyme.

II.– Mots avec lettres d'augmentation

412. – 1° Noms avec *Mim* préfixe

Types ܡܰܩܛܠܳܐ . ܡܰܩܛܰܠܬܳܐ . ܡܰܩܛܘܠܳܐ – Noms de lieu, d'instruments, de temps, de recueils : – ܡܰܕܢܚܳܐ, orient – ܡܰܥܪܒܳܐ, occident – ܡܰܪܒܥܳܐ, lieu où l'enfant repose dans le sein de sa mère, matrice – ܡܰܫܟܒܳܐ, lieu où l'on se couche, chambre à coucher – ܡܰܘܬܒܳܐ, lieu où l'on s'assied, session – ܡܰܕܒܚܳܐ, lieu du sacrifice, autel – ܡܰܬܩܠܳܐ, poids – ܡܰܪܚܫܳܐ, *mancal*, chaufferette – ܡܰܛܥܡܬܳܐ ou ܡܰܛܥܡܳܢܺܝܬܳܐ (R. ܛܥܡ), cuillère, instrument à goûter – ܡܰܠܚܫܳܐ, pelle de bois – ܡܰܙܡܘܪܳܐ, psaume, et psautier.

413.– 2° Noms avec *Taou* préfixe

Types ܬܰܩܛܺܝܠܳܐ . ܬܰܩܛܠܳܐ . ܬܰܩܛܘܠܳܐ, etc. – Noms à sens divers :– ܬܰܫܢܺܝܩܳܐ, tourment (R. ܫܢܰܩ) – ܬܰܠܡܺܝܕܳܐ, disciple (R. ܠܡܰܕ) – ܬܰܘܬܳܒܳܐ, colon (R. ܝܬܶܒ) – ܬܶܫܒܘܚܬܳܐ,

successeur (R. ܣܠܟ) - ܬܫܒܘܚܬܐ, louange (R. ܫܒܚ) - ܬܫܡܫܬܐ, miracle(R. ܕܡܪ) - ܬܫܡܫܬܐ, service(R. ܫܡܫ).

414. — 3° Noms avec ܢܐ suffixe

Noms de significations diverses, Noms d'agent des verbes en *Mim*, Adjectifs :— Ex. ܕܘܟܪܢܐ, commémoraison (R. ܕܟܪ) - ܒܛܠܢܐ, *vacatio*, suspense (R. ܒܛܠ) - ܡܠܦܢܐ, doctrine (R. ܝܠܦ) - ܝܘܬܪܢܐ, avantage (R. ܝܬܪ) - ܟܘܪܗܢܐ, maladie (R. ܟܪܗ) - ܡܘܬܢܐ, peste (R. ܡܘܬ) - ܡܒܛܠܢܐ, annulateur (R. ܒܛܠ) - ܡܕܒܪܢܐ, administrateur (R. ܕܒܪ) - ܡܠܒܟܢܐ, colleur.

Les adjectifs en ܢܐ sont des adjectifs *relatifs* dont nous parlerons plus loin (n° 421).

415. — 4° Noms avec ܬܐ suffixe

C'est le suffixe du féminin. Ex. ܡܠܟܐ, roi ; ܡܠܟܬܐ, reine. Il indique des noms concrets formés de l'infinitif, et des noms déterminés. Ex. ܓܪܫ, tirer ; ܓܪܫܬܐ, l'action de tirer (une traction) ; ܓܪܫܬܐ ܕܚܡܝ, une prise de tabac – ܢܦܩ, sortir ; ܢܦܩܬܐ, sortie – ܦܠܓ, partager ; ܦܠܓܬܐ, partage – ܡܩܒܪ, enterrer; ܡܩܒܪܬܐ, enterrement.

Verbes en Mim *I*ère *conj.* — Souvent le *Mim* tombe : ܡܕܒܪ, administrer; ܕܒܪܬܐ, administration – ܡܬܢܚܡ, se repentir, ܬܢܚܡܬܐ, repentir.

Verbes en Mim *II*e *conjug.* — ܡܓܡܣ, faire coucher;

ܡܘܿܕܡܓܢܵܐ, couchement – ܡܲܦܠܘܿܚܹܐ, employer; ܡܲܦܠܵܚܢܵܐ, emploi – Ici le *Mim*, étant vocalisé, ne tombe jamais.

Le suffixe ܬܵܐ donne aussi des noms d'unité et de spécification. Ex. ܐܸܩܠܵܐ, pied; ܐܸܩܠܬܵܐ, un pied – ܐܝܼܠܵܢܵܐ, arbre; ܐܝܼܠܵܢܬܵܐ, un arbre – ܚܲܒܘܿܫܬܵܐ, une pomme, un pommier – ܣܲܦܨܲܦܬܵܐ, un peuplier – ܫܸܟܘܵܢܬܵܐ, une fourmi – ܠܘܿܒܝܼܬܵܐ, un haricot – Les suffixes ܬܵܐ et ܝܼܬܵܐ forment aussi des diminutifs (Voir n° 427).

416. – 5° Noms avec ܘܿܬܵܐ suffixe

Cette terminaison donne des noms abstraits et peut s'ajouter aux adjectifs, aux participes, et à beaucoup d'autres noms. Ex. ܐܲܠܵܗܵܐ, Dieu; ܐܲܠܵܗܘܿܬܵܐ, divinité – ܡܵܪܵܐ, maître; ܡܵܪܘܿܬܵܐ, magistère, seigneurie – ܒܵܒܵܐ, père, ܒܵܒܘܿܬܵܐ, paternité – ܐܲܒܵܐ, père spirituel; ܐܲܒܘܿܬܵܐ, paternité spirituelle – ܛܵܒܵܐ, bon; ܛܵܒܘܿܬܵܐ, bonté – ܒܝܼܫܵܐ, méchant; ܒܝܼܫܘܿܬܵܐ, méchanceté – ܦܪܝܼܫܵܐ, séparé; ܦܪܝܼܫܘܿܬܵܐ, différence – ܒܬܘܼܠܵܐ, vierge; ܒܬܘܼܠܘܿܬܵܐ, virginité – ܟܵܪܘܿܙܵܐ, prêcheur; ܟܵܪܘܿܙܘܿܬܵܐ, prédication – ܩܲܕܝܼܫܵܐ, saint; ܩܲܕܝܼܫܘܿܬܵܐ, sainteté – ܩܵܛܘܿܠܵܐ, tueur; ܩܵܛܘܿܠܘܿܬܵܐ, action du tueur – ܟܲܠܕܵܝܵܐ, chaldéen; ܟܲܠܕܵܝܘܿܬܵܐ, le peuple chaldéen – ܩܲܕܡܵܝܵܐ, premier; ܩܲܕܡܵܝܘܿܬܵܐ, état d'être premier, primauté – ܦܪܘܿܛܵܐ, protestant; ܦܪܘܿܛܘܿܬܵܐ, protestantisme – ܪܘܼܚܵܢܵܐ, esprit; ܪܘܼܚܵܢܘܿܬܵܐ, état d'être esprit –

ܐܠܝܕܢܐ, endiablé, sot; ܐܠܝܕܢܘܬܐ, bêtise, sottise (1).

417.— 6° Noms avec ܐܝܬ suffixe

Cette finale donne, en langue classique, une forme d'adverbes relatifs que, parfois, le Soureth lui emprunte. Ex. ܩܕܝܫܐ, saint; ܩܕܝܫܐܝܬ, saintement — ܓܘܢܝܐ, commun, général; ܓܘܢܐܝܬ, communément, généralement.

Notons que, quand l'adverbe se forme d'un adjectif ayant *Iodh* dans sa finale, cette lettre tombe, comme l'indique l'exemple précédent (Voir n° 458).

418.— III. Noms négatifs

On les fait précéder de la négation ܠܐ. Ex. ܠܐ ܐܠܗܘܬܐ, athéisme — ܠܐ ܡܝܘܬܐ, immortel ; ܠܐ ܡܝܘܬܘܬܐ, immortalité — ܠܐ ܩܒܝܠܐ, inaccepté — ܠܐ ܫܡܝܥܐ, inauditus — ܠܐ ܡܨܒܬܐ, inornatus, incultus — ܠܐ ܒܫܝܠܐ, incoctus — ܠܐ ܬܪܝܨܐ, incorrect — ܠܝܬ, il n'y a pas; ܠܝܬܝܘܬܐ, non existence, absence — ܠܝܬܝܘܬܗ ܕܒܒܝܬܗ, son absence de sa maison — ܕܠܐ ܫܘܒܗܪܐ, sans orgueil, humble — ܕܠܐ ܡܪܐ, sans maître, abandonné — ܕܠܐ ܝܕܥܬܐ, sans reconnaissance, ingrat — ܕܠܐ ܢܟܝܢ, sans dommage, inoffensif — ܕܠܐ ܬܘܕܝܬܐ, sans confession religieuse, incroyant — ܕܠܐ ܥܒܕܐ, sans occupation, inoccupé — ܕܠܐ ܐܠܗܐ, sans Dieu, impie.

---

(1) Dans les tribus de Baz et du Djolo, la terminaison ܘܬܐ se change en ܘܬܐ. Ex. ܛܝܒܘܬܐ, grâce, pour ܛܝܒܘܬܐ, pluriel ܛܝܒܘܬܐ — ܡܠܟܘܬܐ, royaume, pour ܡܠܟܘܬܐ (Confr. les formes classiques anciennes : ܡܣܠܝܘܬܐ, réjection, pour ܡܣܠܝܘܬܐ — ܚܕܘܬܐ, joie, pour ܚܕܘܬܐ).

CHAPITRE XIII

Formation des noms de relation (ܒܰܪܢܳܫܘܳܬ݂ܐ)

419.— Les noms de relation, appelés en Syriaque noms d'affinité, ܒܰܪܢܳܫܘܳܬ݂ܐ ܕܥܰܡ̈ܗܝ, sont des adjectifs exprimant le genre de rapports qu'ils ont avec le nom dont ils sont formés. Ex. ܦܘܩܕܢܐ ܡܰܠܟܳܝܐ, ordre royal, c'est-à-dire ordre émanant d'un roi, ܡܰܠܟܐ.

Les noms de relation se forment en ajoutant certaines désinences au mot dont ils tirent leur origine. En Syriaque et en Soureth, ces désinences sont : – AIA, ܳܝܐ – ANA, ܳܢܐ – NAIA, ܢܳܝܐ – ANAIA, ܳܢܳܝܐ – THANA, ܬ݂ܳܢܐ – THANAIA, ܬ݂ܳܢܳܝܐ.

420.— 1° NOMS DE RELATION AVEC LA DÉSINENCE

Aia, ܳܝܐ

Cette désinence indique des relations de nature et de diverses autres espèces : – ܐܠܗܳܝܐ, divin; de ܐܠܗܐ, Dieu – ܐܢܳܫܳܝܐ, humain; de ܐܢܳܫܐ, homme – ܡܰܠܟܳܝܐ, royal; de ܡܰܠܟܐ, roi – ܦܦܳܝܐ, papal; de ܦܦܐ, Pape – ܥܳܠܡܳܝܐ, mondain, séculier; de ܥܳܠܡܐ, monde – ܩܰܕܡܳܝܐ, premier; de ܩܰܕܡܐ, prior – ܬܠܝܬܳܝܐ, troisième; de ܬܠܬܐ, trois – ܡܫܝܚܳܝܐ, chrétien; de ܡܫܝܚܐ, Christ – ܝܗܘܕܳܝܐ, Juif; de ܝܗܘܕ, Judée – ܕܰܣܢܳܝܐ, Iézidi; de ܕܰܣܢ (Dassan), nom des montagnes de Hakkiari, dont les anciens habitants s'appelaient ܕܰܣܢ̈ܝܐ – ܦܳܠܚܳܝܐ, laborieux –

ܠ̈ܝܘܿܦܵܢܹܐ, studieux — ܫܸܡܥܘܿܢܵܝܹܐ, se rapportant à Mar-Schimoun — ܝܲܘܢܵܝܹܐ, Grec — ܥܘܿܬ݂ܡܵܢܵܝܹܐ, Ottoman — ܦܪܲܢܣܵܝܹܐ, Français — ܦܪܲܢܓܵܝܹܐ, Franc, Européen — ܐܲܪܥܵܢܵܝܹܐ, du pays, indigène — ܢܘܼܟܪܵܝܹܐ, étranger — ܛܘܼܪܵܝܹܐ, montagnard — ܦܩܲܥܬ݂ܵܝܹܐ, de la plaine — ܣܘܼܪܵܝܹܐ, Syrien des montagnes, surtout chrétien — ܣܘܼܪܝܵܝܹܐ, Syrien, syriaque — ܡܘܿܨܠܵܝܹܐ, Mossouliote — ܪܗܘܿܡܵܝܹܐ, Romain — ܪܘܿܡܵܝܹܐ, indigène du pays de Roum, Grec romanisé, Turc, Ottoman (1).

481. — 2° Noms de relation avec la désinence *Ana*, ܵܢܵܐ

Cette désinence indique la substance ou la matière dont une chose est composée, et s'applique aussi à des adjectifs n'ayant pas ce sens. Ex. ܐܲܪܥܵܢܵܐ, composé de terre, terrestre — ܢܘܼܪܵܢܵܐ, composé de feu, *igneus* — ܢܲܗܝܼܪܵܢܵܐ, composé de lumière, lumineux, esprit — ܪܘܼܚܵܢܵܐ, composé d'esprit, esprit, ange — ܓܘܼܫܡܵܢܵܐ, composé de corps, corporel, et corpulent — ܐ݇ܢܵܫܵܢܵܐ, item et humain — ܡܲܝܵܢܵܐ, composé d'eau, aqueux, liquide, frais — ܫܲܦܝܼܪܵܢܵܐ, beau, vaniteux — ܟܲܪܣܵܢܵܐ, qui a un gros ventre ; de ܟܲܪܣܵܐ, ventre — ܢܲܟ݂ܠܵܢܵܐ, fourbe, trompeur — ܓܘܼܪܹܐ, des grands, des Notables ; pluriel de ܓܘܼܪܵܐ, grand, fort (P. گور) (2).

---

(1) A Baz et au Djélo, la terminaison *Aia* est contractée en *Â*. Ex. ܣܘܿܡܵܐ, chrétien (pour ܣܘܼܪܵܝܵܐ) - pl. ܣܘܿܡܹܐ - fém. ܣܘܿܡܬܵܐ, chrétienne (pour ܣܘܼܪܵܝܬܵܐ) - pl. ܣܘܿܡܝܵܬ݂ܵܐ.

(2) On confond souvent ܓܲܒ݂ܪܵܐ, *vir*, et ܓܘܼܪܵܐ, *grand, fort*, qui est un adjectif persan. Mais les pluriels ܓܲܒ݂ܪܹܐ et ܓܘܼܪܹܐ ont, l'un et l'autre, le sens de grands, Notables. Le گور persan semble être pris de ܓܲܒ݂ܪܵܐ araméen.

422.— 3° Noms de relation avec la désinence

Naia, ܢܝܐ

Adjectifs indiquant des relations de pays, de couleur, de goût, de secte : — ܐܠܩܘܫܢܝܐ, Alcochien — ܟܠܕܝܢܝܐ, Telkéfien — ܬܠܟܦܢܝܐ, de Zakho — ܙܟܘܝܢܝܐ, d'Ourmiah — ܐܘܪܡܝܐ. Bagdadien — ܒܓܕܕܢܝܐ, d'Achitha — ܐܫܝܬܢܝܐ, rougeâtre — ܣܘܡܩܢܝܐ, noirâtre — ܐܘܟܡܢܝܐ, blanchâtre — ܚܘܪܢܝܐ, jaunâtre — ܫܥܘܬܢܝܐ, saumâtre (ܡܠܘܚܐ, salé) — ܚܡܘܨܢܝܐ, aigrelet (ܚܡܘܨܐ, aigre) — ܢܣܛܘܪܢܝܐ, Nestorien.

423.— 4° Noms de relation avec la désinence

Anaia, ܢܝܐ

Cette désinence indique, non la substance, mais des qualités ayant rapport à telle substance. Elle indique aussi des relations de simple nature, comme AIA. Ex. ܐܪܥܢܝܐ, qui a les qualités des corps composés de terre, terrestre — ܪܘܚܢܝܐ, qui a les qualités des êtres composés d'esprit, spirituel — ܒܣܪܢܝܐ, qui a les qualités des corps composés de chair, charnel — ܦܓܪܢܝܐ, corporel — ܓܘܫܡܢܝܐ, temporel — ܙܒܢܢܝܐ, cordial, affectueux — ܠܒܢܝܐ, masculin — ܕܟܪܢܝܐ, pluriel — ܣܓܝܢܝܐ, principal — ܪܫܢܝܐ, tout entier, total — ܟܠܢܝܐ, ecclésiastique — ܥܕܬܢܝܐ, se rapportant à la religion (ܬܘܕܝܬܐ, religion, confession).

424. — 5° Noms de relation avec la désinence *Thana*, ܬܳܢܳܐ

C'est une désinence intensive, fréquente en langue classique, rare en Soureth. Ex. ܚܰܝܠܬܳܢܳܐ, très puissant : de ܚܰܝܠܐ, fort — ܫܰܦܝܪܬܳܢܳܐ, qui fait le beau, adulateur, flatteur : de ܫܰܦܝܪܐ, beau — ܪܰܚܡܬܳܢܳܐ, très miséricordieux : de ܪܰܚܡܐ, clément, bon — ܚܫܰܒܬܳܢܳܐ, souffreteux : de ܚܫܰܒܐ, souffrance — ܚܰܝܘܬܳܢܳܐ, brutal : de ܚܰܝܘܐ, bête sauvage — ܐܣܟܡܬܳܢܳܐ, qui a de belles manières, de belles formes, hypocrite : de ܐܣܟܡܐ, forme — ܛܘܒܬܳܢܳܐ, très heureux en ce monde. Titre honorifique des Patriarches, à la différence de ܛܘܒܢܐ, Bienheureux du ciel — ܛܘܒܬܳܢܘܬܗ, Sa Béatitude — ܛܘܒܬܳܢܘܬܐ, la béatitude céleste.

425. — 6° Noms de relation avec la désinence *Thanaia*, ܬܳܢܳܝܐ

Cette désinence, très rare en Soureth, exprime un rapport avec les mots de la désinence *Thâna*. Ex. ܢܩܒܬܳܢܳܝܐ, du genre féminin — ܐܣܟܡܬܳܢܳܝܐ, figuré, sens figuré — ܡܬܩܠܬܳܢܳܝܐ, pondéré, juste.

CHAPITRE XIV
Formation des diminutifs (ܙܥܘܪܘܬܐ)

126.— Les diminutifs se forment au moyen de certaines désinences, prises de la langue classique ou du kurde.

127.— 1° Diminutifs avec les désinences

Ta, ܬܐ — *Itha,* ܝܬܐ

ܟܘܪܐ, foyer; ܟܘܪܝܬܐ, petit foyer — ܡܓܠܬܐ, faucille; ܡܓܠܝܬܐ, petite faucille — ܣܟܝܢܐ, couteau; ܣܟܝܢܝܬܐ, un couteau, ou petit couteau — ܕܦܘܪܐ (A. دهول), tambour; ܕܦܘܪܝܬܐ, tambourin — ܓܢܬܐ, jardin; ܓܢܝܬܐ, jardinet — ܙܩܐ, outre; ܙܩܝܬܐ, petite outre — ܓܘܕܝܬܐ, petit mur — ܩܨܥܝܬܐ, petite écuelle de bois.

128.— 2° Diminutifs avec la désinence *Ona,* ܘܢܐ —
fém. ܘܢܝܬܐ — plur. ܘܢܐ — fém. ܘܢܝܬܐ

ܟܠܒܐ, chien; ܟܠܒܘܢܐ, petit chien — ܒܪܐ, fils; ܒܪܘܢܐ, *filiolus* — ܝܠܐ, enfant; ܝܠܘܢܐ, jeune homme — ܐܚܐ, frère; ܐܚܘܢܐ, *fraterculus* — ܙܥܘܪܐ, petit; ܙܥܘܪܘܢܐ, tout petit — ܒܟܬܐ, femme; ܒܟܬܘܢܝܬܐ, *muliercula* — ܡܠܟܬܐ, reine; ܡܠܟܘܢܝܬܐ, *reginella* — ܓܒܪܐ, homme; ܓܒܪܘܢܐ, hommelet.

Remarques :— 1° ܒܪܘܢܐ et ܐܚܘܢܐ n'ont pas, en Soureth, un sens diminutif; ils signifient simplement fils, frère.

2° Les diminutifs ont aussi un sens de grâce, d'affection, comme nous dirions : joli petit, cher petit.

3° ܦܲܪܕܘܼܟܬܵܐ (Rac. ܦܪܕ), miette, et ܦܲܪܕܘܼܟܬܵܐ item, sont des diminutifs.

429. — 3° Diminutifs avec la désinence *Ka*, ܟܵܐ - pl. ܟܹܐ - f. ܟܬܵܐ, ܟܝ - pl. ܟܝܵܬܵܐ, ܟܐ — *(Persan, Kurde)*

ܓܲܒܪܵܐ. homme; ܓܲܒܪܟܵܐ. *homunculus* - ܒܲܝܬܟܵܐ, maison; ܒܲܝܬܟܵܐ, maisonnette - ܕܘܼܒܵܐ, queue; ܕܘܼܒܟܵܐ, petite queue - ܒܲܟܬܵܐ, femme; ܒܲܟܬܵܐ, femmelette, petite femme - ܒܢܵܬܵܐ, fille ; ܒܢܵܬܟܵܐ, fillette — ܒܘܼܣܬܵܢܵܐ, jardin ; ܒܘܼܣܬܵܢܟܵܐ, jardinet.

Noms d'hommes : — ܦܛܪܘܣ, Pierre; ܦܛܪܘܣܟܵܐ, le petit Pierre - ܫܡܥܘܢ, Simon; ܫܡܥܘܢܟܵܐ - ܝܘܣܦ, Joseph; ܝܘܣܦܟܵܐ, ܝܘܣܦܟܵܐ - ܡܬܝ, Mathieu; ܡܬܝܟܵܐ.

Noms de femmes : — ܡܪܝܡ, Marie; ܡܪܝܡܟܬܵܐ, la petite Marie — ܬܪܙܐ, Thérèse; ܬܪܙܟܬܵܐ - ܪܒܟܐ, Rébecca; ܪܒܟܟܬܵܐ (1).

430. — Dans le Soureth, comme en kurde, on a l'habitude de contracter les noms propres avec la désinence O. Ex. ܦܛܪܘܣ, Pierre; ܦܛܪܘ - Ces noms acceptent aussi la finale diminutive ܟܐ . ܟܐ . Ex. ܦܛܪܘܟܐ (pour

---

(1) A Achitha, les noms de femmes prennent le plus souvent la finale diminutive ܟܬܐ - ܬܐ , Eve; ܡܪܬܐ - ܡܪܬܟܬܐ , Marthe, ܚܢܐ - ܚܢܟܬܐ , Anne; ܣܪܐ - ܣܪܟܬܐ , Sara, ܫܡܘܢܝ - ܫܡܘܢܝܟܬܐ , Chimoni, ܫܡܘܢܝܟܬܐ.

ܣܸܡܥܘܿܢ), Simon; ܡܲܬܲܝ - ܡܵܬ݇ܝܵܐ , Mathieu; ܫܸܡܥܘܿܢ -
ܝܲܥܩܘܼܒ , Jacques; ܡܝܼܟܵܐܝܠ - ܡܝܼܟܵܐ (pour ܡܝܼܟܵܐܝܠ),
Michel; ܡܝܼܟܵܐܝܠ - ܢܝܼܫܵܐ (pour ܢܝܼܫܵܢ), Jean ; ܢܵܬܵܐܝܠ et
ܢܝܼܫܵܐ - ܢܲܠܓܵܐ , Natalis; ܢܲܠܓܵܐ et ܢܲܠܓܘܿܐ .

Les noms de femmes suivent la même marche : —
ܘܲܪܕܵܐ , Rose (pour ܘܲܪܕܵܐ), ܩܵܬܪܝܼܢܵܐ - ܩܵܬܵܐ , Cathe-
rine (pour ܩܵܬܪܝܼܢܵܐ), ܣܵܪܵܐ - ܣܪܘܿܐ , Sara (pour ܣܵܪܵܐ),
ܡܲܪܝܲܡܬܵܐ - ܡܲܪܝܲܡ , Marie (pour ܡܲܪܝܲܡ), ܡܲܪܝܲܡܬܵܐ .

431. — Parfois deux désinences diminutives sont
employées à la fois. Ex. ܒܪܘܿܢܵܐ et ܒܪܵܐ - ܒܪܘܿܢܵܐ , fils,
ܩܲܠܝܼܠܵܐ , un petit peu (de ܩܲܠܝܼܠ), ܩܲܠܝܼܠܘܿܢܵܐ - ܩܲܠܝܼܠܘܿܢܬܵܐ ,
un tout petit peu — ܒܲܝܬܘܿܢܵܐ , maisonnette; ܒܲܝܬܘܿܢܬܵܐ ,
tout petit réduit — ܕܘܼܢܒܘܼܣܬܵܐ , toute petite queue (de
ܕܘܼܢܒܘܼܣܵܐ , queue, qui est un diminutif de ܕܘܼܢܒܵܐ) (1) .

432. — A Alcoche, on fait des diminutifs de grâce,
de gentillesse, en retranchant une lettre d'un mot.
Ex. ܒܪܘܿܢܵܐ , bôna, carissimus filiolus — ܒܪܘܿܢܵܐ ܝܲܗܒܸܠ
ܠܝܼ ܡܝܼܵܐ , carissime filiole, affer mihi aquam — ܒܵܬܵܐ ,
bâtha, carissima filiola.

---

(1) Le diminutif classique ܒܪܘܿ , ܒܪܘܿܢ , est très rare en Soureth; c'est pourquoi le mot ܕܘܼܢܒܘܼܣܵܐ se comporte comme un nom primitif, dont le diminutif est ܕܘܼܢܒܘܼܣܬܵܐ , ܕܘܼܢܒܘܼܣܘܿܢܵܐ .

CHAPITRE XV

Noms formés avec des particules ou des suffixes hétérogènes

Ces particules et suffixes sont surtout pris des langues turque et persane.

433.– I. Mots avec des particules préfixes hétérogènes

Ces particules s'écrivent, les unes en s'attachant au mot, les autres en restant séparées.

1° Mots avec la particule préfixe

ܠܵܐ ou ܐܠܵ, *non, négatif* (P. لا)

Ex. ܠܵܐ ܨܵܓ݂ܐ (P. T. لا صاغ), non sain, malade; ܠܵܐ ܨܵܓ݂ܘܼܬܼܵܐ, maladie, indisposition – ܠܵܐ ܚܘܿܫ ou ܢܵܚܘܿܫ (P. لا خوش), non bon, de mauvais goût, malade, surtout de la fièvre typhoïde ; ܢܵܚܘܿܫܘܼܬܼܵܐ, maladie, fièvre typhoïde; ܢܵܚܘܿܫܵܢܵܐ, qui a la fièvre typhoïde – ܢܵܕܵܢ (P. نادان), qui ne sait pas, ignorant; ܢܵܕܵܢܘܼܬܼܵܐ, ignorance.

2° Mots avec la particule préfixe

ܒܹܐ ou ܒܹܐ, *sans* (P. بی)

ܒܹܐܥܲܩܸܠ (P. A. بی عقل), sans intelligence, sot – ܒܹܐܐܲܕܸܒ (P.A. بی ادب), sans éducation, impoli, grossier – ܒܹܐܡܸܢܲܬ (P.A. بی منت), sans reconnaissance – ܒܹܐܓ݂ܲܡ (P. بی غم), sans souci – ܒܹܐܚܲܝܪ (P.A. بی خیر), sans avantage, inutile –

(P.A. بی کیف), sans *keif*, indisposé – ܒܹܚܲܕ (P.A. بی حد), sans limite, immense – ܒܹܚܲܝܵܐ (P. A. بی حیا), éhonté, impudent.

3° Mots avec la particule préfixe ܟܡ ou ܟܹܡ,
qui a peu (P. کم)

ܟܹܡ ܗܵܘܢܵܐ, qui a peu d'esprit, sot, imbécile – ܟܹܡ ܡܲ̈ܝܵܐ, qui a peu d'eau, aride – ܟܹܡ ܙܘܼ̈ܙܹܐ, qui a peu d'argent – L'abstrait est ܟܹܡܵܝܘܼܬܼܵܐ, *paucitas*.

4° Mots avec la particule préfixe
ܒܵܫ (T. باش), *chef*

ܒܵܫ ܟܵܬܹ̈ܒ., secrétaire en chef – ܒܵܫ ܡܕܲܒܪܵܢ, directeur en chef.

5° Mots avec la particule préfixe ܣܲܪ ou ܣܹܪ
(P. سر), *chef*

ܣܲܪ ܥܲܣܟܲܪ, chef de l'armée – ܣܲܪ ܕܹ̈ܝܪ, *procurator ecclesiæ* – ܣܲܪ ܕܲܪ, généralissime; signifie aussi le linteau de la porte.

434.– II. Mots avec des suffixes hétérogènes

1° Suffixe ܟܝ, ܓܝ (Turc جی) – Indique en général des noms de profession : – ܟܲܪܘܵܢܟܝ, conducteur de caravanes – ܥܲܪܲܒܲܓܝ, conducteur de voitures – ܚܲܢܓܝ, maître d'un khan – ܐܲܪܲܓܝ, ܐܲܪܲܓܝ, intermédiaire, intercesseur – ܛܘܿܦܟܝ, artilleur.

2° Suffixe ܠܒ . ܠܗ (T. لو , لى) — Forme des adjectifs relatifs divers : - ܟܓܡܗܕܠܒ ou ܐܘܣܡܗܕܠܗ et ܐܘܣܡܗܕܠܗ, Osmanli - ܟܦܨܠܒ et ܟܦܨܠܒ, fusil à capsule (T. قاپ).

3° Suffixe ܠܝܟ . ܠܝܩ (T. لق , لك , *leh, lik*) — Indique la multitude, un tout, le lieu : - ܦܠܢܝܟ, ܟܢܟܠܝܟ (غلبه لك), en Perse ܦܠܢܝܟ, cohue de gens ou de voix - ܦܠܠܝܟ (بشلك), pièce de 5 piastres - ܒܫܠܝܟ, capuchon (1).

4° Suffixe ܒܢܕ (P. بند , qui lie) — ܒܠܟܒܢܕ, qui attache des fers à cheval, maréchal-ferrant — ܩܠܥܒܢܕ, détenu dans une forteresse (A. قلعه).

5° Suffixe ܟܪ . ܓܪ (P. كر , qui fait) — Forme des noms de métiers : ܕܘܪܓܪ (P. درگر), menuisier — ܙܪܟܪ ou ܙܪܓܪ, orfèvre (P. زرگر).

6° Suffixe ܕܢ (P. دان) — Donne des noms de vases : — ܫܡܥܕܢ, porte-bougie, chandelier (P. شمعدان) - ܓܝܕܢ, vase à thé (P. چايدان).

7° Suffixe ܕܪ (P. دار . qui tient, qui possède) — Noms de profession,d'états :— ܕܦܬܪܕܪ. *daftardar*, officier civil qui tient le registre (P. دفتر) de la comptabilité — ܟܙܢܕܪ, *khesnadar*, le gardien du trésor (A. خزينه),

---

(1) J'ai écrit ces mots comme le vulgaire les prononce, mais j'avertis que, d'après la langue turque, les suffixes لق et لك doivent se prononcer *leh, lik*, et jamais *legh* (ܠܝܓ) : Béchlik, Bachleq.

trésorier — ܟܲܣܒܲܕ݂ , qui a des dettes — ܚܲܕ݂ܟܲܕ݂ , qui fait les jugements (A. شرع), juge, arbitre — ܫܲܪܥܒܲܕ݂ , qui a une blessure, blessé — ܢܘܡܒܲܕ݂ , qui fait la garde(A. نوبت), gardien.

8° Suffixe ܲܢ (P. وان) — Noms de métier : ܕܲܪܓܲܘܲܢ , *dargavan*, portier — ܦܲܗܠܘܲܢ , lutteur, athlète, danseur de corde.

9° Suffixe ܙܵܕܹܐ ou ܙܵܕ݂ (P. زاده, fils) — ܫܲܗܙܵܕܹܐ , fils du Chah — ܒܹܓܙܵܕ݂ , fils de Bey.

10° Suffixe ܹܟ݂ , en Syro-persan ܹܟ , (P. كِ, un) — Noms d'unité, déterminatifs : — ܓܲܘܪܟܹܐ , un jeune homme, ܠܘܼܠܟܵܐ - ܠܘܼܠܹܟܵܐ , un tube (T. لوله) — ܢܸܫܵܢܟܹܐ , un signe, une décoration, (P. نشان) — ܩܲܠܝܘܼܢܟܹܐ , un kalioun (P. قليون) — A Senna, en Perse, tous les noms déterminés ont le suffixe ܟܹܐ . Ex. ܕܲܝܪܟܹܐ , le moine — ܕܸܒܚܘܼܟܹܐ , le sacrifice.

11° Suffixe ܟܵܢܹܐ et ܟܵܢ (P. خانه, maison) — Noms d'établissements, de lieux. Ex. ܕܝܘܵܢܟܵܢܹܐ , divan, salon — ܩܲܗܘܟܵܢܹܐ , maison de café, un café — ܟܬܵܒ݂ܟܵܢܹܐ , lieu des livres, bibliothèque — ܡܲܪܥܟܵܢܹܐ , maison des malades, hôpital — ܛܲܒ݂ܥܟܵܢܹܐ , maison où l'on imprime, imprimerie — ܙܲܒ݂ܠܟܵܢܹܐ , latrines.

12° Suffixe ܟܵܪ , ܟܵܪ (P. كار, qui fait, qui a) — Noms de profession, d'états habituels : — ܥܒ݂ܝܼܕܟܵܪ , artisan, ouvrier — ܓܘܢܟܵܪ , qui a des fautes (گناه), coupable — ܠܛܡܥܢܐ, homme d'avidité (A. طمع), avide — ܦܢܕܙܕ, qui fait des fourberies (T. فن), fourbe, rusé — ܬܘܵܒܬܐ, repenti.

13° Suffixe ܣܬܐܢ (P. ستان) — Noms de contrée : ܦܵܪܣܣܬܐܢ, Farsistan, Perse — ܬܘܪܟܣܬܐܢ, pays des Turcs, Turkestan — ܟܘܪܕܣܬܐܢ, Kurdistan — ܦܪܢܓܣܬܐܢ, pays des Francs, Europe — ܦܪܢܣܣܬܐܢ, pays des Français, France — ܓܘܠܣܬܐܢ, lieu des roses (P. گل), bosquet, Rosarium.

14° Suffixe ܒܵܙ (P. باز, qui joue) — Noms de vices : ܚܝܠܒܵܙ, qui joue avec fourberie (A. حيلة), fourbe, trompeur — ܣܥܒܵܙ, joueur de gobelets (A. حقّ), escamoteur, coquin.

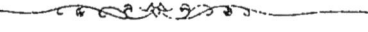

CHAPITRE XVI
Mots composés (ܡܸܠܹ̈ܐ ܡܲܪ̈ܟܿܒܹܐ)

On distingue : — 1° Les mots composés dont les éléments ne forment qu'un seul mot; — 2° Ceux dont les éléments sont distincts.

435. — I. Mots dont les éléments composants s'unissent en un seul mot

ܡܸܢܕܪܸܫ, de nouveau, iterùm : de ܡܸܢ ܕܪܸܫ, à principio. On dit aussi ܡܸܢܕܪܫܐ. Dans la plaine : ܡܸܢܕܫܬܐ pour ܡܸܢ ܕܫܬܐ — ܡܸܢܚܕܐ, quelque (pour ܐܝܟ ܚܕܐ, une quantité)— ܣܓܕܐ, ensemble (pour ܚܕ ܥܡ ܚܕ, *ad invicem*) — ܫܡܝܚܢܟܐ (à Achitha), voûte du palais : de ܫܡܝܐ ܚܢܟܐ, les cieux du palais de la bouche. Dans la plaine, on emploie la forme féminine ܫܡܝܚܢܟܬܐ, *chemmakhta*, ou simplement ܫܡܝܚܬܐ — ܫܢܬܩܕܡ, class. ܫܢܬܩܕܡ (de ܫܢܬܐ ܕܩܕܡ), année d'avant, l'an passé — ܩܪܐܡܝܐ ou ܩܪܥܡܝܐ, tortue (de ܩܪܐܐ ou ܩܪܥܐ, citrouille, et ܡܝ̈ܐ, eau).

Beaucoup de noms d'hommes entrent dans cette catégorie : — ܥܒܕܝܫܘܥ, *Servus Jesu* — ܪܚܡܝܫܘܥ, *Amicus Jesu* — ܝܫܘܥܝܗܒ, *Jesus dedit* — ܝܗܒܐܠܗܐ, *Deus dedit* — ܚܢܢܝܫܘܥ, *Misertus est Jesus* — ܣܒܪܝܫܘܥ, *Spes Jesus* — ܓܕܝܗܒ, *Gadiaw, Fortuna dedit.*

436.— II. Mots composés de deux éléments séparés

Le premier de ces éléments a une forme contracte et le second une forme pleine.

En Soureth, les mots qui entrent le plus souvent dans la composition, comme premier élément, sont ܒܝܬ . ܒܪ . ܡܪ . ܒܥܠ . ܪܒ .

437.— 1° Mots composés avec la particule ܒܝܬ

Cette particule, contractée de ܒܝܬܐ, maison, sert à faire des noms de pays, de lieu, d'origine, d'instruments. Ex. ܒܝܬܠܚܡ, Bethléhem — ܒܝܬ ܐܪ̈ܡܝܐ, pays des Araméens — ܒܝܬ ܦܪ̈ܣܝܐ, pays des Perses, Perse — ܒܝܬ ܦܪܣ,

pays de Djézireh — ܒܝܬ ܢܗܪ̈ܘܢ , pays des fleuves, Entre les fleuves. Mésopotamie — ܒܝܬ ܩܒܘܪ̈ܐ et ܒܝܬܩܒܘܪ̈ܐ , cimetière — ܒܝܬ ܓܘܣܐ , lieu de refuge, refuge.

Souvent, dans le langage, ܒܝܬ se contracte en ܒܝ ou ܒܐ . ܒ (en Perse, on écrit ܒܝ) . Ex. ܒܝ ܐܒܘܢܐ , famille de Bi-Abouna (mot-à-mot : famille de l'Evêque)— ܒܝ ܡܪܝ ܫܡܥܘܢ , famille de Mar-Schimoun — ܒܬܒܢܐ , grenier à paille — ܒܓܒܝ̈ܢܐ , lieu des sourcils, sourcils — ܒܬܝ̈ܢܐ , lieu des urines, vessie — ܒܕܝܘܬܐ , lieu de l'encre, encrier, et encre — ܒܝ ܚܡܪ̈ܐ , écurie des ânes (K. کر) — ܒܝ ܝܠܕܐ , Noël — ܒܝ ܕܢܚܐ , Epiphanie.

ܒܝ a aussi le sens de *dans, en*. Ex. ܒܝܚܝܐ , en vie — Perse : ܒܝ ܕܪܬܐ , dans la cour.

438. — 2° Mots composés avec les particules ܒܪ , ܒܢܝ

ܒܪ , contracté de ܒܪܐ , fils, — pluriel ܒܢܝ —, sert à former des noms de filiation, correspond à la particule latine *co* (*coexistens*) : — ܒܪܐܢܫܐ et ܒܪܢܫܐ , fils de l'homme, homme. Plur. ܒܢܝ ܐܢܫܐ et ܒܢܝܢܫܐ , les hommes — ܒܪܬܘܠܡܝ , fils de Tolmai, Barthélemy — ܒܪܢܒܐ , le fils de Naba, Barnabba — ܒܪ ܬܠܬ , âgé de 3 ans — ܒܪ ܫܢܬܐ , âgé d'un an — ܒܪ ܙܪܥܐ , fils de semence, semence — ܒܪ ܓܢܣܐ , de même race — ܒܪ ܐܝܬܘܬܐ , coexistant — ܒܪ ܟܝܢܐ , connaturel — ܒܪ ܙܘܓܐ , *conjux* — ܒܪ ܙܘܘܓܐ , conjoint — ܒܪ ܕܡܘܬܐ , *consimilis* — ܒܪ ܦܘܚܡܐ ,

de même nom, homonyme — ܒܰܪ ܫܶܡܝ, mon homonyme — ܒܰܪ ܡܽܘܠܟܳܢܳܐ, fils de la promesse, religieux — ܒܰܪ ܚܠܺܝܬܳܐ, *filius dulcis*, fenouil — ܒܰܪ̈ܝ ܐܶܫܬܳܐ, boutons de fièvre — ܒܢܰܝ̈ ܡܽܘܨܶܠ, les habitants de Mossoul — ܒܢܰܝ̈ ܒܰܝܬܳܐ, gens de la maison — ܒܢܰܝ̈ ܡܳܬܳܐ, gens du village — ܒܢܰܝ̈ ܛܽܘܪܳܐ, gens de la montagne, montagnards — ܒܢܰܝ̈ ܡܳܡܳܐ, les gens de la race de Mama, ancêtre des Patriarches nestoriens actuels.

Dans quelques mots, on a le préfixe ܒܰܪ, qui semble contracté de ܒܰܪܬ, fille : — ܒܰܪ ܐܺܝܕܳܐ, ܒܰܪ ܕܺܐܝܕܳܐ, fille de la main, gant — ܒܰܪ ܩܳܠܳܐ, ou ܒܰܪܩܳܠܳܐ, fille de la voix, écho. On dit aussi ܒܰܪ ܩܳܠܳܐ, fils de la voix — ܒܰܪ ܡܽܘܠܟܳܢܳܐ et ܒܰܪܬ ܡܽܘܠܟܳܢܳܐ, fille de la promesse, religieuse (plur. ܒܢܳܬ ܡܽܘܠܟܳܢܳܐ).

Dans la plaine, au lieu de ܒܰܪ, on dit ܒܶܪ, fils, suivi de ܕ. Ex. ܒܶܪ ܕܦܶܛܪܽܘܣ, fils de Pierre — ܒܶܪ ܕܰܒܬܽܘܠܬܳܐ, le Fils de la Vierge, Jésus — ܒܶܪ ܕܓܺܗܰܢܳܐ, fils d'enfer, mauvais sujet.

439. — 3° Mots composés avec la particule ܡܳܪ, ou ܡܳܪܶܐ

Ces deux particules sont contractées de ܡܳܪܝܳܐ, seigneur, maître, qui a, qui possède, est affecté de. Dans la plaine, on emploie de préférence ܡܳܪ ; dans la montagne, on emploie ܡܳܪܶܐ, qui est littéraire.

ܡܳܪܶܐ ܒܰܝܬܳܐ, ܡܳܪ ܒܰܝܬܳܐ, qui possède une maison, le maître de la maison — ܡܳܪ ܙܽܘܙܶܐ ou ܡܳܪܶܐ, qui a des *zouz*

(ancienne petite monnaie) ; riche – ܡܳܪܐ ܡܳܥ̈ܶܐ , qui a de l'affection, affectueux – ܡܳܪܐ ܛܺܝܡܳܐ , qui a du prix, précieux – ܡܳܪܐ ܦܰܐܬܳܐ , qui a de la face, effronté – ܡܳܪܶܐ ܟܽܠ (litt.), *Dominus omnium*.

Le mot ܡܳܪ ou ܡܳܪܝ (*Iodh* quiescent) , *Mar, mon Seigneur*, est un titre honorifique qui se donne aux Saints et aux Prélats. Ex. ܡܳܪܝ ܦܶܛܪܳܘܣ ܫܠܺܝܚܳܐ , St Pierre l'apôtre – ܡܳܪܝ ܬܳܐܘܡܳܐ ܬܶܐܘܠܳܓܳܐ , St Thomas le théologien (d'Aquin) – ܡܳܪܝ ܝܰܥܩܽܘܒ ܕܐܰܡܺܝܕ , Monseigneur Jacques d'Amid (Diarbékir). – Pour la Sainte Vierge, on dit ܡܳܪܬܝ ܡܰܪܝܰܡ , *Mart Mariam* (mot-à-mot : ma Dame Marie) .

Le *nom abstrait* de ܡܳܪܐ , ܡܳܪܝ , est ܡܳܪܘܬܳܐ , Seigneurie : – ܡܳܪܘܬܟܘܢ , Votre Seigneurie. – Les autres composés de ܡܳܪܐ . ܡܳܪ̈ܶܐ , ont aussi leur abstrait : – ܡܳܪܐ ܒܰܝܬܽܘܬܳܐ , la dignité de maître de maison – ܡܳܪܐ ܦܰܐܬܽܘܬܳܐ , l'effronterie.

440.– 4° Mots composés avec la particule ܪܺܫ

Cette particule est contractée de ܪܺܫܳܐ , tête, chef, sommet : – ܪܺܫ ܕܰܝܪܳܐ , tête de couvent, Supérieur – ܪܺܫ ܦܳܘܠܚ̈ܶܐ , chef des ouvriers – ܪܺܫ ܐܰܒ̈ܳܗܳܬܳܐ , *caput Patrum* – ܪܺܫ ܟܳܗ̈ܢܶܐ , chef des prêtres – ܪܺܫ ܥܰܝܢܳܐ , la tête de la fontaine, la source.

Abstraits : – ܪܺܫ ܦܳܘܠܚܽܘܬܳܐ , office de chef des ouvriers – ܪܺܫ ܟܳܗܢܽܘܬܳܐ , office de chef des prêtres.

441. — 5° Mots composés avec la particule ܪܒ݁

Particule contractée de ܪܒ݁ܐ class. (en Soureth ܪܒ݁ܐ), grand; forme de noms de Supériorité : — ܪܒ݁ ܒܲܝܬ݂ܵܐ, le grand de la maison, surtout intendant — ܪܒ݁ ܟܘܡܪܐ, le chef des pontifes — ܪܒ݁ ܚܲܝܠܵܐ, chef des armées, général.

Abstraits : — ܪܒ݁ ܒܲܝܬܘܬ݂ܵܐ, office d'intendant — ܪܒ݁ ܟܘܡܪܘܬ݂ܵܐ, office de chef des pontifes.

442. — 6° Mots composés avec d'autres mots
de différentes sortes

ܒ݁ܝܫ ܓܲܕ݁ܵܐ, à chance noire, infortuné — ܒ݁ܝܫ ܓܲܕ݂݁ܐ, à chance mauvaise, *infelix* — ܛܵܒ݂ ܓܲܕ݁ܵܐ, à bonne chance, heureux — ܚܘܲܪ ܐܲܦ݁ܐ, à face blanche, sans faute, innocent — ܚܘܲܪ ܕܲܩܢܐ, à barbe blanche, membre du sénat d'un village — ܚܘܲܪ ܣܲܥܪܵܐ, à cheveux blancs, vénérable — ܙܥܘܪ ܗܲܝܡܢܘܬ݂ܵܐ, de peu de foi — ܙܥܘܪ ܗܲܘܢܵܐ, de peu d'instruction — ܩܫܐ ܩܕ݂ܵܠܐ, *durâ cervice*, entêté — ܕܢܲܚ ܫܸܡܫܵܐ, lever du soleil — ܙܩܵܪ ܐܸܣܵܪܹ̈ܐ ou ܙܵܩܵܪ ܐܸܣܵܪܹ̈ܐ, *texens vincula*, araignée — ܦܵܪܚ ܠܹܠܝܐ (fém.), qui vole la nuit, chauve-souris — ܦܠܵܓ݂ ܐܘܪ̈ܚܵܬ݂ܐ, point où les chemins se divisent — ܒ݁ܝܬ݂ ܟܘܡܪܝܢ, réservé pour siéger après un Evêque ou un Patriarche — ܣܝܵܡ ܐܝܕ݂ܵܐ et ܡܣܲܝܡܝܕ݂ܵܐ, imposition des mains, consécration, ordination — ܥܵܒ݂ܕ݁ ܟܘܫܹ̈ܐ, faisant des fuseaux (nom d'un insecte) — ܫܲܠܗܒ݂ܝܬ݂ܵܐ, variole — ܨܵܐܝܕ݂ ܕ݁ܒ݂ܒ݂ܹ̈ܐ, oiseau qui attrape des abeilles— ܙܒܘܪܐ, qui extrait les poissons, héron — ܩܫܬܬܐ ܕܡܪܢ, les arcs de N.-S., arc-en-ciel — ܓܪܡ ܐܟܘܠ, oiseau qui mange (P. خوار) des os — ܫܡܫܝ ܣܗܪܐ, les soleils de la lune, clair de lune — ܩܕܘܫ ܩܘܕܫܐ, *Sanctum sanctorum*, sanctuaire — ܪܘܚ ܩܘܕܫܐ, Esprit-Saint — ܒܪ ܙܥܘܪܐ ou ܝܠܘܕܐ, petit enfant.

Abstraits : — ܒܪ ܘܙܥܘܪܘܬܐ, enfance — , vénérabilité. — En général, les noms composés de cette catégorie restent invariables, sauf les termes grammaticaux, et quelques autres. Thomas Sindjari a dit : ܐܘ ܠܝܛܝܘܬܐ (pour ܠܝܛܐ) ܐܘܟܡܝ ܐܦܐ, ô maudits à face noire — ܟܢܝܐ ܕܫܡܐ, des pronoms — ܝܠܘܕܐ, des petits enfants.

TROISIÈME PARTIE

PARTICULES

443.— Selon les grammairiens orientaux, les Particules sont de petits mots invariables qui s'intercalent entre les mots de la phrase ou s'ajoutent à eux, soit pour les lier entre eux, soit pour indiquer les différentes circonstances dans lesquelles ils se trouvent.

Le thème des Particules comprend : les Particules proclitiques, les Prépositions, les Adverbes, les Conjonctions et les Interjections.

CHAPITRE I
Particules proclitiques

444.— Ce sont : 1° les quatre lettres comprises dans le mot artificiel ܒܕܘܠ, comme dans la langue classique ; — 2° les deux lettres ܗ et ܟ, propres au Soureth.

1° LES QUATRE LETTRES ܒܕܘܠ

Signification : ܒ, dans — ܒܒܝܬܐ, dans la maison.

ܕ, de (génitif) : — ܟܬܒܐ ܕܒܒܝ, le livre de mon père (1). — Voir n° 224.

ܘ, et (conjonction) ܦܛܪܘܣ ܘܦܘܠܘܣ, Pierre et Paul.

---

(1) A Salmas, le ܕ, signe du génitif, se rend par ܕܦ. Ex. ܟܬܒܐ ܕܦ ܒܒܝ, le livre de mon père.

ܠ , à (datif) , *ad* : — ܐܡܪܬ ܠܐܡܗ , j'ai dit à sa mère — ܐܙܠ ܠܗ ܠܡܩܪܝܘܬܐ , *ivit ad studendum* — ܠ indique à la fois le régime direct du verbe et son régime indirect. Ex. ܗܘܐ ܠܗ ܒܢܟܣܬܐ ܠܬܘܪܬܗ , il est occupé à égorger sa vache — ܠܦܛܪܘܣ ܡܬܩܛܠ , il a été tué par Pierre.

2° Les deux lettres ܟ . ܡ

ܟ (contracté de ܐܝܟ) ,comme, selon (*Kaf* hébreu, et arabe) : — ܟܦܬܓܡܟ , selon ta parole.

ܡ (contracté de ܡܢ), de, è, *ex*. — ܡܛܘܪܐ , de la montagne, è *monte*.

445.— Règles orthographiques pour les proclitiques

1° Si le mot commence par une lettre mobile, le proclitique reste quiescent. Ex. ܒܡܪܝܐ , *in Domino* — ܠܒܝܬܐ , à la maison, etc.

2° Si le mot commence par une lettre quiescente, le proclitique prend la voyelle *Zlama pchika* ◌ܶ (class. *pthaha* ◌ܰ). Ex. ܒܟܬܒܐ ,dans le livre— ܕܫܐܠܬ ܠܗܘܢ , que tu as demandé— ܟܨܠܝܒܐ , comme la croix— ܡܓܠܝܠܐ, de la Galilée.

3° Quand le mot commence par un *Alap* mobile, sa voyelle tend à passer sur le proclitique. Ex. ܒܐܠܗܐ , en Dieu — ܠܐܒܐ , au père — ܒܐܫܬܐ , en six — ܡܐܫܬܝܢ , de soixante.— De plus, parfois l'*Alap* tombe : ܒܫܬܐ ܡܫܬܝܢ

C'est ce qui arrive dans les mots : — ܐܫܒܛ , février —

ܠܥܠ, en haut – ܠܬܚܬ, en bas – ܐܝܟ, comme – On dit :
ܡܓܘܐ، ܡܡܓܘܐ، ܕܓܘܐ، ܓܘܐ . ܟܝ، ܕܠܬܚܬ، ܡܠܬܚܬ، ܒܠܬܚܬ .
Mais, après ܘ, l'*Alap* tend à rester : ܘܠܬܚܬ . ܘܐܝܟ .

CHAPITRE II
Prépositions (ܡܠܐ ܕܝܘܩܢܐ)

Les Prépositions sont simples ou composées :

446.– I. PRÉPOSITIONS SIMPLES

Elles se composent d'un proclitique ou d'un mot :
Les proclitiques sont : – ܒ, dans – ܕ, de – ܠ, à – ܡ, ex – dont nous avons parlé plus haut.

Les mots simples formant des prépositions sont : – ܡܢ, de, ex (qui se contracte en ܡ) – ܥܠ ou ܥܐܠ, sur – ܥܡ ou ܥܡܢ, avec – ܠܘܬ, chez (Zakho) – ܣܘ ou ܣܘܬ, sous – ܬܚ, sur – ܪܫ, chez (cl. ܪܝܫ) – ܚܡ ou ܥܡ, et ܒܝܢ, entre, parmi – ܓܘ, dans, à l'intérieur – ܩܕܡ, devant – ܨܘܒ (A. صوب), vers – ܐܠ ou ܐܠ, à, pour – ܟܣ, chez (class. ܟܣܐ, *latus*) – ܗܘܠ, ܗܠ, ܗܘܠ, jusque – ܗܐ, voici – ܒܕ, avec, y compris – ܒ, dans, chez : ܗܘܐ ܒܕ ܪܫܢܐ, il est chez le chef ; ܒܝ . ܒܘܟ, en moi, en toi – ܕܪܫ, touchant, concernant.

Ces prépositions peuvent s'unir aux pronoms possessifs suffixes (Voir n° 197).

447.– II. PRÉPOSITIONS COMPOSÉES

Elles se forment d'un proclitique ou d'une particule

avec un autre nom. Ex. ܒܳܬܰܪ , après (ܒܐܰܬܪ) – ܒܝܰܕ ,
par le moyen de (ܒܐܝܕܐ) – ܡܕܒܪ , touchant, concernant (ܡܢ ܕܒܪܐ) - ܠܚܘܕ , ܒܠܚܘܕ , *seorsim* (ܠ . ܒ . ܚܕ) - ܩܕܡܘܒܠ , par devant (ܩܕܡ ܕܩܘܒܠܐ , côté de devant) - ܩܘܕܡܘܒܠ (1) , contre, *adversus* – ܡܚܠܦ , à la place, pour (A. س بدل) – ܡܠܘܬ , à la place, de la part (cl. ܡܢ ܠܘܬ).

Ces prépositions peuvent s'unir les pronoms possessifs suffixes, sauf ܒܝܕ - Ex. ܠܚܘܕܝ , moi seul – ܩܕܡܘܒܠܗ , devant lui.

448.– Les proclitiques ܒ . ܠ . ܡ , en s'unissant aux prépositions simples, en modifient le sens, ainsi qu'il suit :

1° ܒ , *de*, accentue un sens d'*intériorité*. Ex. ܒܓܘ , *ad intra* (mot-à-mot : dans le dedans) – ܒܓܘ ܒܝܬܝ , à l'intérieur de ma maison.

2° ܠ , à , indique une direction vers – ܠܥܠ ou ܐܠܥܠ (*Alap* prosthétique), *ad superiorem partem*, au-dessus – ܠܬܚܬ ou ܐܠܬܚܬ , *ad inferiorem partem*, au-dessous - ܠܓܒ , *ad latus*, chez, près – ܠܨܝܕ (même sens) – ܠܒܬܪ , *ad posteriorem partem*.

3° ܡܢ ou ܡ marquent le point de départ : – ܡܠܥܠ , d'en haut – ܡܠܬܚܬ , d'en bas – ܡܬܚܘܬ ou ܡܬܚܘܬ , de dessous – ܡܓܒ , de chez, de la part – ܡܢ ܩܕܡ ou ܡܩܕܡ , de devant, à cause de – ܡܩܕܡܘܒܠ , de devant.

(1) *Vulgo* : ܩܘܡܒܠ – ܩܘܡܒܠ – class. ܩܘܒܠ .

CHAPITRE III
Adverbes (ܒܳܕ ܡܶܠܬ݂ܳܐ܊)

Les Adverbes se forment de différentes manières : par la désinence classique en ܐܻܝܬ݂ ; — par de simples adjectifs; — par des substantifs seuls ou combinés avec des prépositions ou d'autres mots; — enfin par des prépositions employées adverbialement.

Nous verrons ces formes en étudiant les diverses sortes d'Adverbes; arrêtons-nous d'abord à la forme adverbiale en ܐܻܝܬ݂ (Voir n° 417).

449.— I. ADVERBES AVEC LA DÉSINENCE ܐܻܝܬ݂

Le Soureth *écrit* emprunte parfois au Syriaque classique cette forme qui consiste à ajouter la terminaison ܐܻܝܬ݂ à un adjectif ou même à un nom. Ex. ܟܺܐܢܳܐ , juste : ܟܺܐܢܳܐܝܺܬ݂ , justement – ܦܽܘܡܳܐ , bouche : ܦܽܘܡܳܐܝܺܬ݂ , verbalement – ܐܢܳܫܳܐ , homme : ܐܢܳܫܳܐܝܺܬ݂ , humainement – ܡܰܪܺܝܪܳܐ , amer : ܡܰܪܺܝܪܳܐܝܺܬ݂ , amèrement – ܣܽܘܪܝܳܝܳܐ , Syrien : ܣܽܘܪܝܳܝܳܐܝܺܬ݂ , en Syriaque – ܕܺܝܠܳܢܳܝܳܐ , particulier : ܕܺܝܠܳܢܳܝܳܐܝܺܬ݂ , particulièrement.

Pour les noms de *langage*, cette terminaison se modifie, en Soureth, en ܐܻܝܬ݂ . ܐܻܝܬ݂ , ܐܶܝܬ݂ (I changé en E). Ex. ܣܽܘܪܳܐܝܺܬ݂ ou ܣܽܘܪܳܝܺܬ݂ et ܣܽܘܪܶܝܬ݂ , l'Assyrien, le Syrien des montagnes, le chrétien : de l'adjectif ܣܽܘܪܳܝܳܐ , assyrien, syrien, chrétien. — On dit de même ܟܽܘܪܕܳܐܝܺܬ݂ ou ܟܽܘܪܕܶܝܬ݂ , en kurde – ܛܽܘܪܟܳܐܝܺܬ݂ ou ܛܽܘܪܟܶܝܬ݂ , en turc –

ܟܕܝܫܐܝܬ ou ܟܕܝܫܐ , en arabe – ܦܬܝܫܐ ou ܦܬܝܫܐܝܬ en français.

Ces adverbes sont, le plus souvent, employés substantivement : – ܠܫܢܐ ܕܣܘܪܬ ܐܝܬ , la langue du Soureth – ܡܗܟܝ ܣܘܪܬ ܐܝܬ , parle en Soureth – En Perse, on dit ܒܓܢܒܐ , ܓܢܒܐܝܬ , *furtim*, *secreto* (pour le ci. ܟܕܝܫܐܝܬ).

159. – 2° ADVERBES DE MANIÈRE

ܗܕܝ : A. (ܗܕܝ) , lentement – ܗܕܝ ܗܕܝ et ܒܢܝܚܐ ܒܢܝܚܐ , tout doucement – ܦܪܝܫܐܝܬ , distinct, distinctement ; ܡܗܟܝ ܦܪܝܫܐܝܬ , parle distinctement – ܒܓܠܕܘ , précipitamment, avec empressement – ܨܦܝ (P.) ܛܒܐܝܬ , ܟܒܕܐ , bien – ܠܐ ܛܒܐ . ܒܕ (P.) mauvais, salement – ܦܫܝܛܐ , facile, facilement – ܒܦܫܝܛܘܬܐ , avec facilité – ܕܣܢܝܩܘܬܐ (A.), ܕܣܚܩܐ , ܕܚܩܐ (P.), difficilement – ܕܥܙܐ , ܒܓܘܕܦܘܬܐ (K.). par force – ܒܨܒܝܢܐܝܬ (A.), volontiers – ܠܐ ܒܨܒܝܢܐܝܬ , pas volontiers, involontairement – ܒܐܕܒܐܝܬ (A.). poliment – ܓܠܝܐܝܬ (P.), publiquement – ܠܓܠܝܐ , à découvert – ܒܛܘܫܝܐ , ܠܛܘܫܝ ܛܘܫܝ , en cachette – ܕܝܦܝ (A.), par hasard – ܒܡܨܥܝܘܬܐ (P.), *medialè*, par le moyen de – ܒܚܫܒܐ (A.), en compte – ܦܪܝܫܐ , séparé, séparément – ܓܠܝܓܠܐ , ܣܘܓܕ , *seorsim* – ܒܣܘܓܕ , ensemble – ܗܟܕ . ܗܟܕܐ , ainsi – ܒܢܟܠܐ (P.), ܒܪܓܠܐ , à pied – ܒܟܒܫܐ , à cheval – ܕܩܪܘܬܐ ܕܢܐܬܐ , (de la racine de l'oreille), en se faisant tirer l'oreille, par force –

ܒܐܩܦܘܼ . par hasard — ܡܼܢ ܒܵܬܪ par derrière, en secret — ܒܓܠܝܼܙܘܼܬܐ (A.), ܒܓܠܝܼܙܘܼܬܐ, nécessairement — ܒܠܸܒܵܐ ܛܵܒܼܵܐ, de bon cœur — ܕܸܒܼܩܵܐܝܼܬ . ܒܥܵܩܘܼܬܐ . ܒܐܲܠܝܼܨܘܼܬܐ, angustiatim — ܥܲܠ ܢܗܪܐ, le long du fleuve — ܥܲܠ ܛܘܼܪܐ, en suivant les montagnes — ܡܸܢ ܐܵܠܨܐ, habituellement — ܐܚܪܝ (A.), enfin, bref, en un mot — ܒܨܘܡܘܼ, à jeun (pour ܟܕ ܨܐܡ, demeuré à jeun).

451. — 3° Adverbes de temps

ܒܩܲܕܡܵܝܘܼܬܐ . ܒܪܹܫܝܼܬܐ, in principio — ܒܙܲܒܢܵܐ . ܒܙܲܒܼܢܹܐ, dans le temps, dans les temps passés, olim, antiquitus — ܡܼܢ ܩܕܝܼܡ, ab antiquo — ܩܲܕܡܐ ܕܨܲܦܪܐ, demain matin — ܐܸܕܝܘܼܡ, aujourd'hui — ܐܸܕܠܲܝ, cette nuit — ܠܠܲܝ (cl. ܠܠܝܐ), hier (1) — ܐܸܬܡܵܠܝ ܠܵܐ ܡܸܕܪܹܐ, avant-hier — ܡܸܕܪܹܐ, demain — ܡܸܕܪܹܐ ܠܵܐ ܡܸܕܪܹܐ, après-demain — ܒܪܵܡܫܵܐ ܐܚܪܹܢܐ, le lendemain — ܗܵܫܵܐ, maintenant (Montagne : ܐܸܕܘܼܟܼ) — ܗܲܠ ܕܗܵܫܐ, jusqu'à présent — ܡܸܩܲܕܡܸܬ ܕܗܘܵܐ؟, auparavant — ܡܸܟܵܐ ܘܠܗܸܠ, dorénavant, désormais — ܡܸܢ ܕܝܘܼܡ ܘܠܗܸܠܗ, dès aujourd'hui — ܒܠܸܠܝܵܐ, de nocte — ܒܠܸܠܝܐ ܚܸܫܟܵܢܐ, de nocte obscura — ܐܸܫܲܬܐ, cette année — ܐܸܫܲܬ ܛܲܪܬܐ, l'an passé (class. ܐܲܫܬܩܲܕ. Voir n° 435) — ܐܸܬܠܵܬ, il y a 3 ans — ܚܕܵܐ ܓܵܗ . ܚܕܼܵܐ ܟܲܪܬ, une fois — ܓܵܗ ܐܚܪܹܬܐ, une autre fois — ܓܵܗܹܐ ܒܓܵܗܹܐ, souvent — ܓܵܗܹܐ . ܓܵܗܹܐ, parfois, de temps en temps, ou

---
(1) A Achitha : *demain*.

ܓܘܟ̈ܕܗ̈ܐ, alors – ܠܗܕܐ ܗܘ ܀ ܐܟܠܕܗ̈ܐ. – ܐ̈ܓܕܗ̈ܐ ܠܓܡܪ ܐܕܗ̈ܐ –
jamais – ܡܚܕܐ ܠܐ, tout d'un coup – ܓܒܐ ܐܕܗ̈ܐ, rarement – ܕܘܟ ܐܕܗ̈ܐ, chaque fois – ܗܘ ܥܡ ܟܠ ܣܓܝ ܐܕܗ̈ܐ, pas même une fois – ܡܢܕܟܕܘ, depuis longtemps – ܡܢܟܦܕܝ,
(A.), à l'improviste – ܡܢܕܟܠܕܝ (K.), depuis longtemps –
ܟܕܘܢܕ, à l'instant – ܡܪܟ (A.), toujours – ܐܬܘܪܡ, de
nouveau – ܬܘܒ (class.), *rursùs, iterùm* – ܡܢܕܪܐ, à
principio – ܡܢܕܪܟ. ܡܢܕܟܪܟ. ܡܢܟܕܟܪܟ, de nouveau – ܐܡܬܝ,
quand ? – ܗܘ ܓܠ ܐܡܬܝ, jusqu'à quand ? – ܡܢ ܐܡܬܝ, ܡܢ ܐܡܬܝ,
depuis quand ? – ܗܫ (K.), encore, *adhùc* – ܗܫ ܠܐ,
nondùm – ܙܒܢܬܐ (A.), ܠܙܒܢܬܐ, cette fois, alors, *hac*
vice – ܟܕܝܟ (P.), tard – ܒܐܠܗܝ (K.) ou ܒܫܦܪܐ, de
bonne heure.

158. – 4° Adverbes de lieu

ܐܟܐ, ici – ܠܐܟܐ, *ad hunc locum* – ܡܢܐܟܐ, *ex hoc loco* –
ܐܝܟܐ, où – ܠܐܝܟܐ, ܠܐܝܟܐ, *ad quem locum* – ܡܢܐܝܟܐ,
ܡܢܐܝܟܐ, d'où – ܐܝܟܐ a aussi le sens de chez : ܒܝܬ ܐܝܟܐ
ܕܒܒܟ, chez ton père – ܬܡܢ, là – ܠܬܡܢ, *ad illum*
locum – ܡܢ ܬܡܢ, *ex illo loco*, de là – ܡܢ ܬܡܢ ܘܠܟܐ,
à partir de là et ensuite – ܡܢ ܐܟܐ ܘܠܟܐ, à partir d'ici
et après – ܡܢ ܠܥܠ ܠܬܚܬ, du haut en bas – ܓܒܐ ܕܒܣܬܪ,
côté de derrière – ܠܓܒܐ ܕܒܣܬܪܗ, *ad partem ejus posteriorem* – ܓܒܐ ܚܕܐ, d'un côté – ܡܢ ܓܒܐ ܚܕ, *e latere uno*,
d'une part, d'un côté – ܓܒܐ ܩܕܡܐ, côté de devant, en

avant : ܥܘܒܕܝ ܒܕܐܦܘܗ̈ܝ ܕܟܠܡܕܡ, mon affaire va de l'avant, progresse — ܒܣܬܪ, côté de derrière : ܥܘܒܕܟ ܒܣܬܪܘܗܝ ܕܟܠܡܕܡ ܕܐܙܠ, ton affaire va en arrière, recule — ܠܝܡܝܢܐ, à droite — ܠܣܡܠܐ, à gauche. Vulg. ܠܓܒܐ - ܡܢ ܗܘ ܓܒܐ (1), de l'autre côté — ܡܢ ܗܘ ܓܒܐ, ex altera parte — ܡܢܓܒܐ (K.), chacun de son côté — ܒܓܒܐ, côté d'en haut — ܓܒܐ ܥܠܝܐ, côté d'en bas — ܒܓܒܐ (K.), côté du flanc — ܓܒܪ, dehors — ܠܒܪ, dedans — ܒܓܘ, par en bas — ܒܓܒܐ ܬܚܬܝܐ, en descendant toujours — ܗܠ ܠܟܐ, jusqu'ici — ܗܠ ܠܟܐ, jusque-là — ܗܠ ܠܬܡܢ, jusqu'où — ܗܠ ܠܐܝܟܐ, jusqu'après, jusqu'au delà — ܗܠ ܠܒܬܪ, jusqu'au delà du mur — ܫܘܪܐ (Montagne : ܫܘܪܐ), près, auprès ; à peu près, environ — ܩܪܝܒܐ ܠ, environ 200 — ܕܘܟ (Montagne : ܕܘܟ), loin — ܪܚܝܩ, là-bas — ܬܡܢ, de là-bas — ܡܢ ܬܡܢ, de ce côté-là — ܡܢܓܒܗ, ex omni parte — ܐܦܦܘ, face à face.

453.— 5° ADVERBES D'ORDRE

Les adverbes d'ordre se mettent en général au féminin. Ex. ܩܕܡܝܬܐ, premièrement, d'abord — ܒܪܝܫ, deuxièmement — ܬܪܝܢܬܐ, in medio — ܡܨܥܬܐ, ܡܨܥܝܬܐ, ܡܨܥܬܐ, finalement — ܒܬܪ ܟܢ, ensuite.

---

(1) Montagne : ܓܒܐ ܗܘ (ܓܒܐ pour le class. ܓܒܐ, côté).

151.– 6° Adverbes de quantité

ܒܘܼܫܝܵܐ ,beaucoup – ܙܵܝܕ (K.) , abondamment – ܪܵܒܵܐ (Montagne : ܪܵܒ) , beaucoup – ܩܲܠܝܼܠ. ܩܝܼܠܵܐ (A.) , peu – ܒܨܝܼܪ , moins : ܒܨܝܼܪ ܡܸܢܹܗ , moins que lui – ܒܲܣ (P.), seulement – ܒܲܣܵܐ , *assez*, prend les pronoms suffixes : ܒܲܣܘܼܝܼ . ܒܲܣܘܼܟ , assez pour moi, assez pour toi – ܙܵܘܕܵܐ (A.), plus – ܙܵܘܕܵܐ ܡܸܢ , plus que – ܒܝܼܫ ܙܵܘܕܵܐ , davantage, surtout – ܙܵܘܕܵܐ , davantage – ܢܘܼܩܨܵܢ (A.), moins: ܢܘܼܩܨܵܢ ܡܸܢܲܢ , moins que nous – ܒܝܼܫ ܢܘܼܩܨܵܢ , encore moins – ܩܲܕ (A.). autant : ܩܲܕܝܼ . ܩܲܕܹܗ , autant que moi, autant que lui – ܗܵܘ ܩܲܕܪܵܐ , autant : ܗܵܘ ܩܲܕܪܵܐ ܒܝܼܫܵܐ, autant, aussi méchant – ܒܩܲܕܪ (A.), autant que : ܒܩܲܕܪ ܕܝܼܝ , autant que moi – ܟܠ ܟܠܹܗ , *koul koulleh*, entièrement – ܟܠܵܢܵܝ (K.), entièrement : ܟܠܵܢܵܝ ܡܘܼܩܕܹܗ , il a brûlé entièrement – ܡܩܲܕܲܪ , environ, *circiter* – ܟܡܵܐ . ܐܲܟܡܵܐ , combien ? – ܡܩܲܕܵܪܵܐ , combien? – ܐܲܟܬܲܪ (A.), ܐܲܟܬܲܪܝܼܬܵܐ , la plupart – ܒܐܲܟܬܲܪܝܼܬܵܐ , le plus souvent – ܚܲܕܟܡܵܐ (cf. ܚܲܕܟܡܵܐ) , quelque : ܚܲܕܟܡܵܐ ܙܒܢܹ̈ܐ , quelques fois – ܕܠܵܐ ܚܲܕ , sans mesure (A. حد) , sans nombre – ܕܠܵܐ ܚܘܼܫܒܵܢ (A.) , sans mesure – ܒܓܲܝܵܪ (A.), extrêmement : ܒܓܲܝܵܪ ܒܝܼܫܵܐ , extrêmement méchant – ܒܠܵܫ (A.) , *gratis* – ܐܲܪܙܵܢ (P.), bon marché – ܐܲܓܪܵܢ , *caro*, cher, de haut prix – ܒܝܼܫ ou ܒܝܼܫ (Montagne : ܒܘܼܫ) , plus, davantage : ܒܝܼܫ ܪܵܒܵܐ , plus grand; ܒܝܼܫ ܒܲܥܝܵܢܘܼܟ , je t'aime davantage — ܐܰܝܟ݂, environ, à peu près : ܐܰܝܟ݂ ܥܣܰܪ ܕܳܪ̈ܶܐ, environ dix années; ܐܰܝܟ݂ ܦܶܠܓܶܗ, à peu près la moitié — ܐܰܝܟ݂ ܗܳܘ ܕܙܥܽܘܪ, au moins, pour le moins.

455. — 7° ADVERBES DE COMPARAISON, D'INTERROGATION

ܐܰܝܟ݂, comme. Se contracte en ܟ݂. ܟ݁ܡܺܝܬ݂ܳܐ. ܟ݁ܡܺܝܬ݂ܳܐ, comme mort — ܐܰܟ݂ܡܳܐ ou ܐܰܟ݂ܡܳܐ. ܐܰܟ݂ܡܳܐ, même sens — ܐܰܟ݂ܘܳܬ݂. ܐܰܟ݂ܘܳܬ݂ܝ. ܐܰܟ݂ܘܳܬ݂, comme : ܐܰܟ݂ܘܳܬ݂ܝ, comme moi; ܐܰܟ݂ܘܳܬ݂ ܐܳܒ݂ܝ, comme mon père — ܐܰܟ݂ܙܢܳܐ ܕ݁, comme, ainsi que. Composé de ܐܰܝܟ݂. ܙܢܳܐ. ܕ݁, comme la fois que... Ex. ܐܰܟ݂ܙܢܳܐ ܕ݁ܐܳܒ݂ܘܟ݂ ܥܶܒ݂ܕܶܬ݂, j'ai fait comme ton père; mot-à-mot: comme la fois que ton père (sous-entendu : a fait cela) — On dit aussi ܐܰܟ݂ܙܢܳܐ ܕ݁ܐܶܢ (ܐܰܝܟ݂ ܕ݁ܟ݂ܒ݂ܰܪ), comme par hasard — ܐܰܝܟ݁ܰܢ (Montagne : ܟ݁ܶܒ݂݂), comme, comment ? ܐܰܝܟ݁ܰܢ ܕ݁ܐܶܡܰܪܬ݁, comme tu as dit: ܐܰܝܟ݁ܰܢ ܐ̱ܢܬ݁, comment va ta santé ? ܐܰܝܟ݁ܰܢ ܕ݁ܐܳܦ ܚܢܰܢ ܫܒ݂ܰܩܢ, comme, nous aussi, nous avons pardonné — ܐܰܝܟ݁ܰܢ ... ܗܳܟ݂, ainsi que... aussi: ܐܰܝܟ݁ܰܢ ܚܰܒ݂ܪܳܟ݂ ܗܳܟ݂ ܐܰܢ̱ܬ݁, ainsi qu'est ton compagnon, toi aussi; tel est ton compagnon, tel tu es toi-même — ܠܡܳܐ, est-ce que ? (cl. ܠܳܐ, nonne) — ܠܡܳܐ ܡܳܐ ܠܳܐ, est-ce que... pas...? ܠܡܳܐ ܡܳܐ ܠܳܐ ܫܡܰܥܬ݁ ܠܳܗ̇, est-ce que tu n'as pas entendu ? — ܩܰܝ, pourquoi ? ܡܳܐ, pourquoi ? très, beaucoup: ܡܳܐ ܚܰܣܺܝܢܳܐ, très fort — ܒ݁ܡܳܢܳܐ ܥܶܠܬ݂ܳܐ, pour quelle cause ? pourquoi ? — ܒ݁ܡܳܢܳܐ

ܐܝܟܐ, de quelle manière ? comment ? — ܠܡܢܐ, pourquoi ? (Bohtan : ܠܡܚܕܐ — Achitha : ܘܡܚܐ) — ܐܝܟܢܐ. ܐܝܟܢܐ. ܐܝܟܢܐ, pourquoi ? — ܐܝܟ ܕܐܝܟ. ܐܝܟ, comment ? (ܐܝܟܢܝܘܬܐ, le comment) — ܗܘ (cl. ܗܘ), est-ce que ? ܐܝܟܕܐ ܢܫܐܠ ܡܢܗ ܣܡܝܐ ܟܕܗ ܠܝܘܢܐ ܗܠ, s'il lui demande un poisson, est-ce qu'il lui donnera un serpent ?

156. — 8° Adverbes d'affirmation, de négation, de doute, et autres

ܐܝܢ (cl. ܐܝܢ), oui — ܐܝܢ ܒܓܠܠ (A.), eh oui ! — ܗܟܢ (A.), oui, ainsi — ܐܡܝܢ (A.), assurément, certainement, parfaitement — ܘܕܐܝܬ (A.), certainement, sans doute — ܕܓܝܪ, ܕܓܝܪ ܠܐ (A. K.), sans doute — ܡܝܕܥܡ (A.), c'est connu — ܗܟܢܐ, c'est ainsi — ܠܐ, non — ܚܡܐ (A.), non — ܠܐ ܚܡܐ, non certainement — ܛܠܐ (A.), ܒܛܠ, absolument, aucunement : ܛܠܐ ܚܙܝܬܗ, je ne l'ai absolument pas vu ; ܛܠܐ ܕܟܠ, non est omnino ; ܠܐ ܘܛܠܐ ܡܩܒܠ ܢܐ, je n'accepte absolument pas — ܚܕܐܝܬ (T.), il faut, au moins — ܚܡ (K.), aucun : ܚܡ ܡܕܡ, rien ; ܚܡ ܐܠܟܐ, aucune fois, jamais — ܐܢ, si — ܐܠܐ (pour ܐܢ ܠܐ), si ce n'est — ܟܒܪ, peut-être, sans doute : ܟܒܪ ܐܢܬ ܛܡܪܬ ܠܗ ܠܟܟܪܐ, sans doute tu as enfoui le talent (Cacha Hédéni) — ܒܠܟܝ. ܒܠܟܐ (T.), peut-être — ܗܘ (corroboratif), toujours, du tout : ܗܘ ܠܐ ܐܬܐ ܠܗ, il n'est pas venu du tout ;

ܗܘܿ ܕܚܦܢܝܼܕ݂ܠܗ, il est toujours affamé ; ܗܘܿ ܕܗܘܼܠܗ, il est toujours lui — ܝܸܥܢܝܼ — ܝܲܥܢܝܼ , (A.), c'est-à-dire — ܘܫܪܟܐ, et cætera.

457. — **Remarque.** Le *de* et le *que* français, venant après certains adverbes de lieu, de quantité, de comparaison, se rendent par ܡܸܢ ou ܕ : — ܠܥܸܠ ܡܸܢܘܼܟ݂, au-dessus de toi — ܠܥܸܠ ܡܸܢ ܒܲܝܬܵܐ, au-dessus de la maison — ܒܪܵܝ ܡܸܢ ܒܲܝܬܵܐ, hors de la maison — ܡܸܢ ܩܲܕ݂ܡ, avant lui, à cause de lui — ܒܵܬ݂ܪ ܡܸܢܗ, après eux — ܒܵܣ ܡܸܢ ܕܵܗ ܓܵܗܵܐ, moins que cette fois-là — ܟܸܡ ܙܘܼܕ݂ ܐܵܦ ܡܸܢ ܐܵܚܘܼܟ݂, un peu plus que ton frère.

CHAPITRE IV
Conjonctions (ܐܸܣܵܪܹ̈ܐ)

---

458. — Les Conjonctions les plus souvent employées sont : ܘ , et — ܗܿܡ, ܐܵܦ (Perse : ܐܘܿܦ), aussi — ܐܸܢ, si — ܡ , ou, *aut, vel* — ܒܠܵܕ݂ . ܠܲܓ݂ܲܝ (Ar.), ܐܸܠܵܐ, mais — ܒܸܣ . ܒܵܣ, donc — ܐܵܦ ܗܸܡ . ܐܵܦ ܐܸܢ ou ܐܸܢ , même si, quoique : ܐܵܦ ܐܸܢ ܐܵܬܹܐ ܠܓܹܒܝܼ ܠܵܐ ܫܲܩܠܹܢ ܒܹܗ, même s'il vient chez moi, je ne le regarderai pas — ܐܸܢ... ܐܸܢ, soit... soit... ܐܸܢ ܒܚܵܝܹܐ ܐܸܢ ܡܝܼܬܵܐ, soit vivant, soit mort — ܐܵܦ ܠܵܐ, ܗܸܡ ܠܵܐ, même pas : ܗܸܡ ܠܵܐ ܒܫܝܼܠܵܐ, même pas cuit — ܐܸܠܵܐ (Voir n° 456), si ce n'est, mais, *autem* : ܠܵܐ ܫܲܩܠܹܢܹܗ ܐܸܠܵܐ ܕܒܠܗܘܿܝ, je ne le prendrai point, si ce n'est de ta main; ܟܐܒܢܐܝܠܗ ܐܠܐ ܟܐ ܟܠܫܐ, il est malade, mais il ne cesse de travailler — ܡܛܠ, ܡܛܠܕ. ܡܢ ܡܛܠܕ, parce que — ܟܕ ou ܟ, lorsque — ܐܦܢ, quoique: ܐܦܢ ܕܗܘ ܨܪܝܐ, quoiqu'il soit déchiré.

159. — Le relatif ܕ entre en composition avec bon nombre de conjonctions, comme le *que* français. Ex. ܕ ܣܒܒܗ, ܒܕ ܣܒ ܕ, parce que — ܟܡܐܕ, tant que, autant que — ܐܝܟܕ, ainsi que — ܐܝܟ ܕ, ܟܡܐ ܕ, de même que, de la manière dont — ܗܠ ܕ, jusqu'à ce que — ܡܩܡ ܕ ou ܩܡܕ, avant que : ܡܩܡ ܕܐܬܝܬ ou ܩܡ ܕܐܬܝܬ, avant que tu viennes — ܟܕ ܒܬܪ, après que — ܐܡܬܝ ܕ, lorsque, quand — ܐܬܪ ܕ, le lieu où: ܐܬܪ ܕܟܪܡܘܟ, là où est ta vigne — ܕܠܡܐ ܕ, ܕܠܐ, de peur que, pourvu que : ܕܠܐ ܒܗܓܝ ou ܕܠܡܐ ܒܗܓܝ, il a été mis en prison de peur qu'il ne fuie; ܕܠܐ ܗܘܝܐ ܡܝܬܐ, pourvu qu'elle ne soit pas morte! — ܠܐܕ, afin que (composé de ܐܠ ܕ).

Particules explétives : — ܓܝ, ji — ܘܝ, ouey — ܙܝ, zé — ܐܢܐ ܓܝ ܐܡܪܬ ܠܗ, moi donc, je lui ai dit (A.); ܝܬܘܒ ܘܝ, assieds-toi donc — En Perse : ܐܬ ܠܟܐ ܙܝ, peut-être toi aussi.

CHAPITRE V

Interjections (ܡܸܢܝܵܢܘܼܬ݂ ܥܲܩܵܪܵܐ)

460.- ܐܘܿ, oh! (pour appeler) - ܐܘܿ, oh! (pr l'admiration): ܐܘܿ ܡܵܢܝܼܗ ܕܐܒܝܼܫ ܕܵܪܵܐ, oh ! le méchant siècle que celui-ci ! - ܐܵܗ (ܐܘܿ class.), ô, vocatif : ܐܵܗ ܡܵܪܝܵܐ, ô Seigneur ! - ܗܘܿ, ho ! (pour répondre) - ܗܵܐ, ha ! (exprime la joie) - ܕܸܝ . ܕܸܝܐ, allez ! allons ! (explétif). Ex. ܐܵܗ ܡܲܪܝܲܡ ܕܸܐ ܡܲܪܝܲܡ, ô Marie ! ô Marie ! ܕܸܝ ܩܘܼܡܝ, allons, lève-toi ! - ܘܹܝ . ܘܹܝ, ah ! tiens ! (exprime l'étonnement) - ܘܵܝ . ܘܵܝܵܐ, hélas ! (pour la douleur) ܘܵܝܵܐ ܠܝ . ܘܵܝ ܠܝ ܘܵܝ ܠܝ, hélas à moi ! malheur à moi ! - ܘܵܝܵܐ ܘܡܲܝܵܐ, suprême infortune ! (mot-à-mot : *miseria et ploratus* !) - ܐܘܼ . ܐܝܼ, hélas ! ܐܝܼ ܒܪܘܿܢ, hélas, mon cher ! - ܐܵܟ݂ . ܐܘܿܟ݂ . ܐܘܿܗ, ah ! oh ! (pour la souffrance, pour le plaisir et l'admiration) : ܐܵܟ݂ ܟܡܵܐ ܒܲܣܝܼܡܬܵܐ, oh ! combien c'est doux ! ܐܵܟ݂ ܡܝܼܬܵܐ ܠܝ, ah ! je meurs ! ܐܵܟ݂ ܡܲܪܝܲܡ, oh ! douce Marie ! - ܐܘܿܦ݂ (A.), hélas ! malheur ! ܐܘܿܦ݂ ܥܠܝ, malheur à moi ! ܐܘܿܦ݂ ܥܲܠܝ, malheur sur moi ! - ܛܘܼܒ݂ . ܛܘܼܒ݂ܲܝܢ . ܛܘܼܒ݂ܵܐ . ܛܘܼܒ݂ܬܵܐ, bonheur ! ܛܘܼܒ݂ܲܝܢ ܠܗ . ܛܘܼܒ݂ܵܐ ܐܝܼܬ݂ ܠܹܗ, bonheur à lui ! *felix est* ! ܛܘܼܒ݂ ܕܝܼܕܲܥܬ݁ ܗܘܵܬ݂ ܫܪܵܪܵܐ ܕܐܲܠܵܗܵܐ, heureux si tu connaissais la vérité divine ! ܛܘܼܒ݂ ܕܠܵܐ ܗܘܵܝܬ ܗܘܵܐ ܚܙܝܼܬܵܟ݂, heureux si je ne t'avais pas vu ! - ܬܸܡܝܼܗ݂ (A.), ܬܸܡܝܼܗܘܼܬ݂ܵܐ, merveille ! prodige ! - ܛܵܒܘܼ (K.), *optimè* !

ܘܗ ܟܕܗ, très bien à lui ! ܗܘܢܗ ܟܕܗ, très bien à son intelligence ! — ܗܢܝܐܐ, prosit ! — ܗܢܝ, bien te fasse ! — ܐܗܐ, ah ! ah ! — eh ! eh ! (étonnement) : ܐܗܐ ܕܐܬܐ ܠܗ, ah ! ah ! il est venu ! — ܗܕܐ (K.), tous à la fois ! en un coup ! — ܫܠܘܼܩ, silence ! — ܫܠܝ, reste tranquille ! — ܕܦ. ܕܦ, plaise à Dieu ! — ܢܟܕܗ, *iallah* (Ar. يا الله, ô Dieu !), en avant ! — ܚܘܼܒܐ (K. P. رب), bien ! — ܚܘܙܝ (K. خوزى), plaise à Dieu ! — ܡܫܠܠܗ (Ar. ما شا الله), merveille ! — ܟܕܒܝܠ, regret ! quel dommage ! ܟܕܒܝܠ ܠܗܘ ܐܢܫܐ, quel dommage pour cet homme ! — ܢܐܟܠܗ (Ar. ان شاء الله), Dieu fasse ! par la grâce de Dieu ! ܢܐܟܠܗ ܚܕ ܢܦܠܬ ܦܓܪ, par la grâce de Dieu, tu retourneras vite — ܚܫܐ (Ar. حاشا), absit ! — ܚܫ ܠܗ, absit ! Dieu préserve ! ܚܫ ܡܢܝ, Dieu me préserve ! ܚܫ ܡܢܢ, Dieu nous préserve ! — ܗܝܕ, courage ! — ܗܘܿܪ, au secours ! — ܗܘܿܪ ܠܝ, à mon secours !

Il est des interjections qui veulent leur complément au datif avec ܠ, d'autres à l'ablatif avec ܡܢ, comme le montrent les exemples ci-dessus.

QUATRIÈME PARTIE

SYNTAXE

Dans le cours de la grammaire, ayant touché beaucoup de points de la Syntaxe, nous nous bornerons ici à ce qui suit.

CHAPITRE I
Pluriel révérentiel et pluriel abnégatif

461. — 1° PLURIEL RÉVÉRENTIEL

Quand on s'adresse à une personne élevée en dignité, on lui parle au pluriel, parce qu'elle est supposée valoir plusieurs individus. C'est aux rois qu'on fit d'abord cet honneur, et le pluriel qu'on employait à leur égard s'appelait *Pluriel majestatif*. Comme cet usage a passé à beaucoup d'autres personnages, nous nous contenterons d'appeler la forme de langage en question *Pluriel révérentiel*. Ex. ܗܘܐ ܪܓܝܕܥܐ ܠܡܪܘܬܟܘܢ ܕܗܘ ܚܘܡܪܢܐ ܕܒܠܒܬܘܢ ܠܘܬܗ ܡܢܝ ܡܕܡܚܠܬ ܠܒ ܕܠܐ ܫܘܚܠܬܐ , qu'il soit connu à Votre Seigneurie que le service que Vous m'avez demandé, je l'ai accompli sans retard.

462. — 2° PLURIEL ABNÉGATIF

Une personne peut, en parlant d'elle-même, employer le pluriel. Ex. ܚܘܒܢ ܕܝܠܢ , notre (mon) affection.

à ton égard — ܕܥܒܕܢ ܠܝ, nous avons (j'ai) fait selon sa parole.—Ce pluriel est appelé *Pluriel abnégatif*, parce que la personne qui parle, ne se considérant pour rien, se met tout entière dans la communauté ou la famille à laquelle elle appartient. Cet usage, qui n'est permis chez nous qu'à des Supérieurs, est commun à tous dans les diverses langues d'Orient.

CHAPITRE II
Comparatif et Superlatif (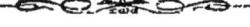)

I.- COMPARATIF

On distingue : le comparatif *d'égalité*, le comparatif *de supériorité* et le comparatif *d'infériorité*.

463.— 1° *Comparatif d'égalité*

Il s'exprime en français par *aussi… que, autant… que*. En Soureth, on se sert des mots ܐܝܟ݂ - ܐܝܟ݂ܢ - ܐܘܦ - ܐܟܘܬ - ܕܐܟ݂ - ܐܟ݂ - ܐܟܡܐ - ܡܟܡܐ - ܡܐ ܐܝܟ݂ - ܐܝܟ݂ ܡܐ.

Exemples : — Marcos est aussi riche qu'Isaac :

ܡܪܩܘܣ ܐܝܟ݂ ܐܝܣܚܩ ܥܬܝܪܐ ܝܠܗ .

ܐܘܦ ܐܝܣܚܩ ܥܬܝܪܐ ܝܠܗ ܕܐܟ݂ ܡܪܩܘܣ ou

ܐܝܟ݂ ܕܐܝܬܠܗ ܡܪܩܘܣ ܐܝܟ݂ ܡܐ ܐܝܬܠܗ ܐܝܣܚܩ .

ܡܪܩܘܣ ܘܐܝܣܚܩ ܫܘܝܐ ܒܥܬܝܪܘܬܐ .

213

Il est aussi pingre que sa femme est généreuse : ܟ̰ܡܵܐ
ou ܟܲܐܒܝܼܪܘܼܬܵܐ ܕܒܲܟ݂ܬܹܗ ܕܓܲܒ݂ܪܵܐ ܗܵܘܝܵܐ ܗܿܘ ou
ܡܸܢ ܒܵܒ݂ܹܐ. ܗܿܘ ܓܲܒ݂ܪܵܐ ܟܵܠܹܐ ܗܵܘܹܐ ܟ̰ܡܵܐ ܕܡܸܢ
ܟܲܐܒܝܼܪܘܼܬܵܐ ܕܒܲܟ݂ܬܹܗ ܐܝܼܠܵܗܿ.

Ils sont aussi sots l'un que l'autre :

ܚܲܕ݇ ܗܵܘܹܐ ܟ̰ܡܵܐ ܕܗܿܘ ܐ݇ܚܹܪ݇ܢܵܐ ܒܵܠܕܘܼܬܹܗ.

461.—2° *Comparatif de supériorité*

Plus ... que, mieux ... que, meilleur ... que.— En Soureth, on se sert des mots ܝܵܬܝܼܪ, ܒܘܼܫ ... ܡܸܢ,
ܒܘܼܫ ܛܵܒ݂ ... ܡܸܢ, ܒܘܼܫ ܛܵܒ݂ܬܵܐ, ܝܵܬܝܼܪ ܡܸܢ ܛܵܒ݂.

Exemples. Plus haut que la montagne de Pirafâté :
ܒܘܼܫ ܪܵܡܵܐ ܡܸܢ ܛܘܼܪܵܐ ܕܦܝܼܪܲܦ̮ܵܬܹܐ. — Il a des dents plus blanches que la neige : ܐܝܼܬ ܠܹܗ ܟܲܟܹ̈ܐ ܒܘܼܫ ܚܘܵܪܹ̈ܐ ܡܸܢ ܬܲܠܓܵܐ. —
Le pain d'aujourd'hui est meilleur que celui d'hier :
ܠܲܚܡܵܐ ܕܐܸܕܝܘܿܡ ܒܘܼܫ ܛܵܒ݂ܬܵܐ ܗܵܘܹܐ ܡܸܢ ܕܬܸܡܵܠ. — Il est plus intelligent que bon : ܗܵܘܢܵܢܘܼܬܹܗ ܒܘܼܫ ܝܵܬܝܼܪ ܗܵܘܝܵܐ (ܡܸܢ ܛܵܒ݂) — L'un est plus sot que l'autre :
ܚܲܕ݇ ܗܵܘܹܐ ܒܘܼܫ ܒܲܠܕܘܼܬܹܗ ܡܸܢ ܐ݇ܚܹܪ݇ܢܵܐ.

Le comparatif de supériorité peut se rendre aussi par l'adjectif simple, avec ou sans les mots ܠܲܚܡܵܐ, en comparaison de — ܒܲܟ݂ܡܘܼܕ, devant.

Exemples. Georges est plus grand que Cyriaque :

ܓ̰ܘܼܪܓ̰ܝܼܣ ܓܘܼܪܵܐ ܠܲܚܡܵܐ ܕܩܘܼܪܝܲܩܘܿܣ.

ܓ̰ܘܼܪܓ̰ܝܼܣ ܓܘܼܪܵܐ ܒܲܟ݂ܡܘܼܕ ܕܩܘܼܪܝܲܩܘܿܣ.

Si je demande: « Georges est-il plus grand que Cyriaque ? » on répondra : Georges est le grand, ܓܘܪܓܝܣ ܕܪܒܐ ܝܠܗ.

On emploie aussi certains adjectifs comme ܪܒ, ܛܒ, avec la forme contracte classique. Ex : ܪܒ ܡܢܗ, plus grand que lui — ܛܒ ܡܢܢ, meilleur pour nous — ܚܡܪܐ ܚܝܐ ܛܒ ܡܢ ܐܪܝܐ ܡܝܬܐ, un âne vivant vaut mieux qu'un lion mort.

Avec les verbes. — Je l'aime mieux que moi-même : ܟܒܒܢܠܗ ܒܝܫ ܡܢ ܓܢܝ ou ܪܚܡܢܐ ܠܗ — Il est mieux de mourir que de pécher : ܒܝܫ ܛܒ ܡܝܬܐ ܡܢ ܚܛܝܬܐ — J'aime mieux mourir que pécher : ܒܥܝܢ ܡܝܬܐ ܘܠܐ ܚܛܝܬܐ.

165. — 3° *Comparatif d'infériorité*

Moins que, plus mauvais que, pire que. — En Soureth, on s'exprime par ܠܐ ܡܢ, — ܠܐ ܛܒ, — ܒܝܫ ܡܢ ... ܡܢ.

Exemples. Ce pain est moins bon que cet autre : ܐܗܐ ܠܚܡܐ ܠܐ ܛܒܐ ܝܠܗ ܡܢ ܐܘ ܐܚܪܢܐ ou ܠܚܡܐ ܒܝܫܐ ܝܠܗ ܡܢ ܗܘ ou ܠܐ ܛܒܐ ܝܠܗ.
Le temps est plus mauvais qu'hier : ܝܘܡܐ ܒܝܫ ܝܠܗ ܡܢ ܐܬܡܠ — Son vin est pire que le mien : ܚܡܪܗ ܒܝܫ ܡܢ ܕܝܝ ou ܚܡܪܗ ܠܐ ܛܒ ܡܢ ܕܝܝ ou ܚܡܪܐ ܕܝܠܗ ܒܝܫ ܡܢ ܕܝܝ. — Sliwo est pire que son frère Soulaka : ܣܠܝܘܐ ܒܝܫ ܝܠܗ ܡܢ ܐܚܘܢܗ ܣܘܠܩܐ.

Avec les verbes. — Je t'aime moins que ton frère : ܒܥܝܢܘܟ ܠܐ ܡܢ ܐܚܘܢܘܟ ou ܒܥܝܢ ܠܐ ܒܝܫ ܡܢ ܐܚܘܢܘܟ.

ܐܣܘܵܕܹܗ ou ܟܠ ܕܓܕܼܝܼܫܹܗ ܡܸܢܹܗ. ou ܐܣܘܵܕܹܗ ou ܠܟܼܐ
ܕܓܕܼܝܼܫܹܗ ܠܓܵܢܹܗ ܕܐܣܘܵܕܹܗ.

II. — SUPERLATIF

On distingue le Superlatif *absolu* et le Superlatif *relatif* :

466. — 1° *Superlatif absolu*

Bien, très, fort, beaucoup, extrêmement. — En Soureth, on s'exprime par ܟܼܕܼܝܼܐ (Montagne ܕܸܕܼ, ܕܸܕܼ, parfois ܐܝܟܼܢܲܐ. K.) — ܕܠܐ ܣܸܢ (A.), sine termino — ܕܠܐ ܡܸܫܘܚܬܐ (A.). ܕܓܼܕܼܝܼܫܹܗ, sine mensurâ — ܕܠܝܬ ܡܚܘܼܕܓܘܼܗܝ, qui n'a pas son pareil, sans pareil.

Exemples. Ce domestique est très fidèle : ܐܵܗܵܐ ܩܢܘܿܡܐ ܟܼܕܼܝܼܐ ܡܗܘܼܡܢܐ ܝܼܠܹܗ. — Il est extrêmement fidèle : ܐܝܼܬܹܗ ܡܗܘܼܡܢܐ ܕܠܝܬ ܡܚܘܼܕܓܘܼܗܝ · ܐܘܿ ܡܗܘܼܡܢܐ ܕܠܐ ܣܸܢ.

467. — 2° *Superlatif relatif*

Le plus … de, le moins … de. — En Soureth, on s'exprime de la même manière que pour le comparatif de supériorité ou d'infériorité.

Quand *le plus… de, le moins… de*, signifient *plus que tous, moins que tous*, on exprime ce sens par ܒܘܼܫ … ܡܚܘܼܟܼܠ — ܟܼܘܼܕ … ܟܼܘܼܕ.

Le superlatif relatif peut aussi se rendre par l'adjectif simple.

Exemples. Jésus était le plus beau des enfants des hommes : ܝܼܫܘܿܥ ܝܘܼܐ ܝܘܼܐ ܫܲܦܝܼܪܐ ܒܸܪܘܿܢܹܐ ܕܒܢܝܼܢܫܐ —

ܥܰܩܺܝܕ݂ܳܐ ܗ̱ܘ ܗܳܘ ܡܶܢ ܝܰܠܕ݂ܳܐ ܕ݁ܚܰܒ݂ܪܶܗ ou ܥܰܩܺܝܕ݂ܳܐ ܒ݁ܝܰܬ݁ܺܝܪܳܐ ܕ݁ܚܰܒ݂ܪܶܗ
ܒ݁ܝܰܬ݁ܺܝܪܳܐ ou ܥܰܩܺܝܕ݂ܳܐ ܕ݁ܚܰܒ݂ܪܶܗ ܒ݁ܝܰܬ݁ܺܝܪܳܐ .

Le plus intelligent de ces deux enfants est Alphée :

ܗܳܢܰܘ ܐܰܠܦ݂ܰܝ ܝܰܠܕ݂ܳܐ ܕ݁ܝܰܬ݁ܺܝܪ ܗܘ ܒ݁ܗܰܘܢܳܐ ܡܶܢ ܝܰܠܕ݂ܳܐ ܚܰܒ݂ܪܶܗ
ou ܗܳܘ ܕ݁ܝܰܬ݁ܺܝܪ ܗܘ ܒ݁ܗܰܘܢܳܐ ܡܶܢ ܝܰܠܕ݂ܳܐ ܚܰܒ݂ܪܶܗ .

Epiphane est le plus fidèle des serviteurs :

ܐܶܦ݁ܺܝܦ݂ܰܢ ܝܰܬ݁ܺܝܪ ܡܗܰܝܡܰܢ ܡܶܢ ܟ݁ܽܠ ܥܰܒ݂ܕ݂ܳܐ ou ܐܶܦ݁ܺܝܦ݂ܰܢ ܡܗܰܝܡܰܢ ܒ݁ܝܰܬ݁ܺܝܪ ܡܶܢ ܟ݁ܽܠ ܥܰܒ݂ܕ݁ܳܐ .

Je suis le meilleur de tous : ܛܳܒ݂ ܐ̱ܢܳܐ ܡܶܢ ܟ݁ܽܠܢܳܫ .

Donne-moi la plus longue de ces deux cordes : ܗܰܒ݂ ܠܺܝ
ܗܳܝ ܚܰܒ݂ܠܳܐ ܕ݁ܐܰܪܺܝܟ݂ܳܐ ܡܶܢ ܚܰܒ݂ܪܳܗ̇ ou ܗܳܝ ܕ݁ܐܰܪܺܝܟ݁ܳܐ ܒ݁ܝܰܬ݁ܺܝܪ .

Avec les verbes. — L'homme que je déteste le plus est celui qui a l'habitude de tromper les autres : ܓ݁ܰܒ݂ܪܳܐ ܗܳܘ ܕ݁ܣܳܢܶܐ ܐ̱ܢܳܐ ܠܶܗ ܝܰܬ݁ܺܝܪ ܡܶܢ ܟ݁ܽܠܢܳܫ ܗܰܘ ܗ̱ܘ ܕ݁ܰܡܥܳܕ݂ ܠܰܡܛܰܥܳܝܽܘ ܠܰܐ̱ܚܪܳܢܶܐ .

Voilà celui que j'aime le moins de tous les autres :

ܗܳܢܰܘ ܗܰܘ ܕ݁ܪܳܚܶܡ ܐ̱ܢܳܐ ܠܶܗ ܒ݁ܰܙܥܽܘܪ ܡܶܢ ܟ݁ܽܠ ܐ̱ܚܪܳܢܶܐ .

CHAPITRE III

Pronoms corroboratifs

468.—Le Syriaque aime à s'exprimer en employant, concurremment avec le nom, un pronom qui le corrobore et le distingue davantage. Le Soureth n'a fait qu'amplifier cette manière de dire, qui nous paraît lourde, mais s'allie bien avec le génie araméen.

469.— Les pronoms employés en ce cas sont les pronoms possessifs suffixes (n°ˢ 192, 193). Ces pronoms s'attachent aux verbes, aux noms, aux prépositions et aux adverbes.

470.— 1° PRONOMS CORROBORATIFS S'ATTACHANT AUX VERBES

Ex. ܒܪܟ ܟܚܒ, j'aime ton fils (mot-à-mot : j'aime lui, ton fils) — Voir n°ˢ 487, 488 et suiv.

471.— 2° PRONOMS CORROBORATIFS S'ATTACHANT AUX NOMS

Ils s'accordent en genre et en nombre avec le nom auquel ils se rapportent.

Ex. ܐܠ ܚܘܒܗ ܕܒܒܘܟ, pour l'amour de ton père (mot-à-mot : pour l'amour de lui, de ton père). On peut dire ܐܠ ܚܘܒܐ ܕܒܒܘܟ.

ܠܐܝܩܪܗ ܕܝܡܟ, en l'honneur de ta mère (mot-à-mot : en l'honneur d'elle, de ta mère), ou ܠܐܝܩܪܐ ܕܝܡܟ.

ܐܝܟ ܕܒܖܗ ܕܢܫܐ, selon les paroles des gens

(mot-à-mot : selon les paroles d'eux, des gens) , ou ܐܝܟ ܡܡܠܠܐ ܕܐܢܫ̈ܐ .

472.– 3° PRONOMS CORROBORATIFS SE RATTACHANT A DES PRÉPOSITIONS OU DES ADVERBES (n° 197)

Ex. ܗܘܠܗ ܒܓܘܗ ܕܒܝܬܐ , il est dans la maison (mot-à-mot : il est dans elle, la maison), ou ܗܘܠܗ ܒܓܘ ܒܝܬܐ .

ܐܬܐ ܠܗ ܥܡܗ̇ ܕܒܟܬܗ , il est venu avec sa femme (mot-à-mot : il est venu avec elle, sa femme), ou ܐܬܐ ܠܗ ܥܡ ܒܟܬܗ .

ܡܘܬܒ ܠܗܘܢ ܥܠܝܗܘܢ ܕܩܝܣܐ , mets-les sur les bois (mot-à-mot : mets-les sur eux, les bois), ou ܡܘܬܒ ܠܗܘܢ ܥܠ ܩܝܣܐ .

ܐܟܘܬܗ ܕܐܚܘܢܘܟ , comme ton frère (mot-à-mot : comme lui, ton frère), ou ܐܝܟ ܐܚܘܢܘܟ .

ܠܓܒܗ ܕܝܗ , chez lui-même (mot-à-mot : chez lui, de lui) – Voir n° 209.

473.– Remarques : – 1° Les prépositions ܥܡ , ܥܠ s'emploient le plus souvent avec le pronom suffixe.

2° On écrit, mais fautivement : ܒܓܘܕ , ܥܡܕ , etc. Ex. ܒܓܘܕ ܥܕܬܐ , dans l'église – ܥܡܕ ܝܠܕ̈ܝܗܘܢ , avec leurs enfants – ܬܚܘܬܕ ܐܝܠܢ̈ܐ , sous les arbres – ܥܠܕ ܛܘܪܐ , sur la montagne. Il faudrait écrire : ܒܓܘܗ̇ ܕܥܕܬܐ , ܥܡܗܘܢ ܕܝܠܕ̈ܝܗܘܢ . ܥܠܗ ܕܛܘܪܐ .

CHAPITRE IV

Manière de rendre le neutre logique

434.— Les expressions qui n'ont rapport à aucun genre forment le *neutre logique*. Ex. *Bonum est, videtur, gesta, scripta.*

En Syriaque, le neutre se rend le plus souvent par le féminin. Il en est de même en Soureth.

Voici les cas où, le plus ordinairement, le féminin est employé pour exprimer le neutre :

435.— 1° Pour rendre nos expressions : *cela, ce que, c'est :*

Ex. C'est bien ! ܛܳܒ݂ܬ݂ܳܐ , ܫܰܦܝ݂ܪܬܳܐ , ܒܰܣܝ݂ܡܬ݂ܳܐ — Cela est difficile : ܥܰܣܩܬ݂ܳܐ ܐܝ݂ܠܳܗ̇ ܐܳܗܐ — Cela m'a été pénible : ܒܝ݂ܫܬ݂ܳܐ ܝ݂ܠܳܗ̇ ܥܰܠܝ — Ce que tu as fait pour lui ne peut s'oublier : ܗܳܝ̇ ܕܰܥܒ݂ܝ݂ܕܬܳܟ݂ ܠܶܗ ܠܳܐ ܡܰܢܫܝܳܢܝ݂ܬܳܐ ܝ݂ܠܳܗ̇ — Je me suis réjoui de ce que tu as dit : ܚܕܝ݂ܠܝ݂ ܒܗܳܝ̇ ܕܡܘ݂ܪܶܟ݂ܠܘ݂ܟ݂ .

436.— 2° Dans les expressions impersonnelles, telles que :

Il me plaît : ܒܰܣܝ݂ܡܬܳܐ ܠܝ݂ , ܒܰܣܡܬܳܐ ܠܝ݂ — Il m'est douloureux : ܟܐܶܒ݂ܬܳܐ ܠܝ݂ , ܟܳܐܒ݂ܬ݂ܳܐ ܠܝ݂ — Il paraît, il semble : ܡܶܬ݂ܚܰܙܝܳܢܝ݂ܬ݂ܳܐ — Cela ne se peut : ܠܳܐ ܗܳܘܝܳܐ , ܠܳܐ ܡܨܰܝܬܳܐ — Cela ne vaut pas la peine : ܠܳܐ ܫܳܘܝܬܳܐ — Cela ne vient pas bien : ܠܳܐ ܐܳܬܝܬܳܐ ܒܨܳܝ݂ܒܳܐ — Dieu préserve ! *Absit à me, à nobis !* ܚܳܣ , ܚܢܳܢܳܐ — Cela ne prend pas : ܠܳܐ ܢܳܦܠܳܐ ܒܝܰܕ — Il advint, il arriva : ܓ̰ܶܢܠܳܗ̇ ,

Cela n'a pas réussi : ܠܐ ܐܙܠܗ ܠܗ — Ils furent déroutés, n'y comprirent rien : ܐܝܠܦܬ ܠܗ ܙܠܝ .

477. — 3° Dans les expressions comme :

Scripta, les choses écrites : ܟܬܝ̈ܒܬܐ — Facta, les choses faites : ܥܒ̈ܝܕܬܐ — Les choses anciennes: ܩܕ̈ܡܝܬܐ — Les choses dernières : ܐܚܪ̈ܝܬܐ — J'ai lu dans les relations écrites : ܩܪܝܬ ܒܟܬܝ̈ܒܬܐ — Les choses qu'il a faites sont indignes : ܥܒ̈ܝܕܬܗ ܠܐ ܫܘ̈ܝܢ — Doctrine chrétienne en abrégé : ܡܠܦܢܘܬܐ ܡܫܝܚܝܬܐ ܕܟܪ̈ܝܬܐ .

478. — 4° Pour les noms de nombres adverbiaux :

Primo, secundo : ܩܕܡܐܝܬ . ܕܬܪܝܢܐܝܬ (Voir n° 169).

479. — 5° Pour les expressions causatives, telles que :

Parce que : ܒܗܘ ܕ — De ce que : ܡܢܗܘ ܕ — A cause de ce que : ܗܘ ܡܛܠ ܕ — On dit aussi ܐܦ ܡܛܠܕ . ܡܛܠ ܕ . ܒܕ .

Ex. Parce que, de ce que tu n'es pas bon, Dieu ne te bénit pas : ܒܗܘ . ܡܢܗܘ ܕܗܘܝܬ ܛܒܐ . ܠܐ ܡܒܪܟ ܠܟ ܐܠܗܐ —Parce que les champs n'ont pas été arrosés, les herbes ont séché : ܡܛܠ ܕܚܩ̈ܠܬܐ ܠܐ ܐܫܬܩܝ ܝܒܫܠܗܘܢ ܥܣ̈ܒܐ — A cause de ce que tu m'as dit, j'ai été fâché contre toi : ܡܛܠܕ ܗܘ ܕܐܡܪܬ ܠܝ . ܟܥܣܬ ܥܠܝܟ .

CHAPITRE V

Le verbe avec son sujet et ses compléments

I.—Sujet du verbe (ܒ݇ܣܳܓ݂ܽܘܐ)

480.— Le sujet du verbe, soit nom, soit pronom, se met ou avant ou après le verbe, et celui-ci s'accorde avec lui en genre et en nombre. Mais l'accord se fait, non par le verbe lui-même, mais par les pronoms suffixes ou séparés qui l'accompagnent.

Ex. ܐܢܐ ܡܩܕܡܢ ܛܒܘܬܟ (fém.), moi, je remercie ta bonté (c'est-à-dire : je te remercie de ta bonté) — ܐܘܫܥܢܐ ܢܦܠ ܒܗ ܕܦܚܐ, Ouchâna tomba dans le piège — ܒܓܡ ܠܗ ܒܐܬܐ ܚܡܬܗ ܠܥܠܝܢ, la femme vomit sa colère sur nous.

481.— Quand le sujet est collectif, le pronom qui le représente après le verbe peut se mettre au pluriel : — ܟܢܫܐ ܝܬܒܝ ܠܗ ܥܠ ܥܣܒܐ, la foule s'assit sur l'herbe.

482.— Quand il y a plusieurs sujets, celui qui parle se met le premier : — ܐܢܐ ܘܒܒܝ ܦܠܚܠܢ ܠܝ ܓܘܒܐܬ, moi et mon père avons travaillé beaucoup.

483.— **Remarques.**— 1º Au Prétérit, quand le verbe n'a pas de complément direct, il reste invariable, comme ܡܘܡܠ, ܨܕܐ, ܨܠܒܠ. Seul, le pronom verbal change selon le sujet. Ex. ܓܒܪܐ ܨܠܒܠ ܠܗ ܒܣܦܣܪܐ, Gawro tua par l'épée — ܐܢܫܐ ܩܪܘ ܠܗ ܒܠܠܝܐ, des hommes ont appelé pendant la nuit — ܒܟܬܐ ܡܘܟܠ ܠܗ ܕܠܐ ܚܝܪܐ, la femme donna à manger sans y regarder.

2° Mais, si le verbe a un complément direct, il peut s'accorder en genre et en nombre avec lui, tandis que, de son côté, le pronom verbal s'accorde avec le sujet. Ex. ܓܲܘܪܘ ܛܥܸܢܵܗ ܠܹܗ ܚܡܵܪܵܗ, Gawro tua son ânesse – ܩܪܹܐ ܠܗܘܿܢ ܟܵܗܢܹܐ ܠܹܗ ܥܘܿܢܝܼܬܵܐ, les prêtres ont lu le Répons – ܐܲܟ݂ܠܵܐ ܐܲܟ݂ܸܠܵܗ ܠܗܘܿܢ ܟ݂ܘܿܪܵܐ, la femme a fait manger les hôtes (Voir n° 295).

II. – COMPLÉMENT DIRECT DU VERBE (ܡܫܲܡܠܝܵܢܵܐ ܕܦܘܼܥܠܵܐ)

Ce complément peut être exprimé par un nom ou par un pronom.

484. – 1° *Complément direct exprimé par un nom*

Le nom qui sert de complément direct au verbe n'a pas de forme particulière, comme l'accusatif latin; le Soureth, à l'imitation du Syriaque classique, le fait précéder parfois d'un ܠ, quand il est déterminé, mais sans s'en faire une règle. Le complément direct se met ordinairement après le verbe; on peut aussi le placer avant lui.

Exemples. ܡܚܵܘܹܐ ܬܝܵܒ݂ܘܼܬܵܐ, il montre du repentir – ܡܩܲܕܸܡ ܐ݇ܢܵܐ ܠܹܗ ܥܲܠ ܢܲܟ݂ܦܘܼܬܹܗ, je le remercie de sa politesse à mon égard – ܫܡܸܥܠܲܢ ܠܓ݂ܘܼܕܵܦܹܗ, nous avons entendu son blasphème – ܢܸܚܙܹܐ ܠܗܵܕܹܐ ܡܸܠܬܵܐ ܕܲܗܘܵܬ݀, *videamus hoc verbum quod factum est* – ܕܒ݂ܘܿܩ ܠܬܲܪܥܵܐ ܒܵܬܪܵܟ݂, tire la porte après toi – ܢܛܸܪܹܗ ܠܹܐܡܪܵܟ݂ ܒܠܸܒܝܼ, j'ai gardé ta parole dans mon cœur.

485. – Il y a un accusatif corroboratif, qui consiste à ajouter au verbe un pronom se rapportant au complément direct. Ex. ܐܟܣܪܘܗ ܩܕܠܘܟ, je te romprai le cou (mot-à-mot: je le romprai, ton cou) – ܩܪܝܠܗ ܠܗ ܕܐܓܪܬܝ, il lut ma lettre (mot-à-mot: il la lut, ma lettre).

Il en est de même des expressions suivantes, où le pronom complément direct est abscons: ܟܦܪܗ ܠܗ ܒܡܠܬܗ, il nia (il la nia) sa parole – ܐܣܩܢ ܠܗܘܢ ܛܠܝ̈ܐ ܕܡܕܪܫܬܐ ܠܛܘܪܐ, nous fîmes (nous les fîmes) monter à la montagne les enfants de l'école.

186.– Remarque. Le Prétérit soureth ayant en soi une forme passive, le mot que nous considérons comme son complément direct est en réalité son sujet, et ne devrait pas comporter le ܠ accusatif. Ex. ܩܪܝܠܝ ܟܬܒܗ, j'ai lu son livre (mot-à-mot: son livre a été lu par moi). Cela a surtout lieu quand le verbe a la forme féminine ou plurielle. Ex. ܗܘܐ ܟܗܢܐ ܣܥܪܗ̇ ܠܬܫܡܫܬܗ, le prêtre a accompli sa fonction – ܛܡܪܗ ܠܟܣܦܗ, il a enfoui ses écus – Cependant on dit: ܩܪܐܠܗ ܠܐܠܝܐ, il a appelé Elia – ܫܪܐܠܗ ܠܒܪܐܒܐ, il délivra Barabbas.

187.– 2° *Complément direct exprimé par un pronom personnel*

Il se rend en ajoutant au verbe les pronoms personnels suffixes ܝ, ܗܿ, ܘܼܗܝ, etc., ou ܠܝ, ܠܘܟ, ܠܗ, etc, selon la manière que nous allons exposer pour les divers temps du verbe.

188.– A. AVEC LE PRÉSENT ET SES DÉRIVÉS

Présent. Sing. 1ère personne ܓܪܫܢܘܟ, je te tire;

fém. ܓܳܪܫܳܢܘܟ݂ (non ܓܳܪܫܢܘܟ݂) – ܓܳܪܫܶܢܶܗ, je le tire; fém. ܓܳܪܫܶܢܳܗ̇ (non ܓܳܪܫܢܶܗ) – ܓܳܪܫܶܢܘܟ݂ܘܢ, je vous tire – ܓܳܪܫܶܢܝܼ, je les tire – 2e pers. ܓܳܪܫܶܬܝܼ, tu me tires – ܓܳܪܫܶܬܶܗ, tu le tires, etc. – 3e pers. ܓܳܪܶܫ ܠܝܼ, il me tire – ܓܳܪܶܫ ܠܶܗ, il le tire – ܓܳܪܫܳܐ ܠܰܢ, elle nous tire – ܓܳܪܫܳܐ ܠܗܶܝ, elle les tire – *Pluriel* 1ère pers. ܓܳܪܫܰܚ ܠܘܿܟ݂, nous te tirons – 2e pers. ܓܳܪܫܝܼܬܘܿܢ ܠܝܼ, vous me tirez – 3e pers. ܓܳܪܫܝܼ ܠܳܗ̇, ils la tirent.

Imparfait. ܓܳܪܫܶܢ ܗ̄ܘܳܐ ܠܘܿܟ݂, je te tirais – ܓܳܪܫܶܬ ܗ̄ܘܳܐ ܠܝܼ, tu me tirais.

Remarques.– 1° A la première et à la deuxième personne sing. du Présent, le pronom se lie au verbe: cependant, à la 2e personne, il peut prendre le *Lamadh*. Ex. ܓܳܪܫܶܬ ܠܝܼ, tu me tires (au lieu de ܓܳܪܫܶܬܝܼ).

2° Les pronoms réfléchis s'expriment par ܢܰܦܫܳܐ. Ex. ܩܳܛܶܠ ܠܶܗ ܢܰܦܫܶܗ ܒܦܘܼܠܚܳܢܳܐ, il se tue au travail.

Exemples. – ܓܳܪܫܶܢ ܐܶܕܢܳܬܘܼܟ݂, je te tirerai les oreilles – ܡܰܠܦܝܼ ܠܰܢ ܩܪܳܝܬܳܐ, ils nous apprennent à lire – ܒܶܕ ܣܳܥܪܶܢܘܟ݂ܘܢ ܒܰܓ݂ܕܳܐ, je vous visiterai demain – ܕܩܳܪܶܐ ܗ̄ܘܳܐ ܠܶܗ ܠܒܶܝܬܶܗ, qu'il l'appelât à sa maison – ܐܳܗܘܼ ܡܚܰܪܶܒ ܠܢܰܦܫܶܗ ܒܒܝܼܫܘܼܬܶܗ, il se ruine lui-même par sa malice – ܐܶܢ ܡܚܶܝܬ ܗ̄ܘܳܐ ܠܶܗ ܣܘܼܒܳܥܘܼܬܶܗ, si tu le battais son soûl.

B. — Avec le Prétérit et les temps passés

Le complément direct avec les temps passés s'exprime de différentes manières :

489. — Première manière : *avec le Présent et le préfixe* ܟܹܐ. — Le verbe est mis au Présent avec ܟܹܐ préfixe ; le pronom se comporte comme nous l'avons vu au Présent. Ex. ܟܹܐ ܓܵܪܫܸܢܘܼܟ݂ , je te tirai — ܟܹܐ ܓܵܪܫܸܬ݂ܠܹܗ , tu le tiras — ܟܹܐ ܓܵܪܫܵܠܹܗ ܠܹܗ, il le tira — ܟܹܐ ܓܵܪܫܵܠܵܗ ܗܘܵܐ ܠܲܢ, elle nous tira, etc. — *Plus-que-parfait* ܟܹܐ ܓܵܪܫܸܢ ܗܘܵܐ ܠܹܗ , je l'avais tiré.

Exemples : ܟܹܐ ܒܲܫܠܵܗܿ ܒܡܸܫܚܵܐ , il la fit cuire à l'huile — ܟܹܐ ܦܠܸܚܠܲܢ ܗܘܵܐ ܠܹܗ ܒܟܲܪܡܹܗ , il nous avait employés à sa vigne.

Remarque. — Dans les verbes en *Mim quiescent*, cette lettre se fond avec le *Mim* de ܟܹܐ. Ex. ܟܡܘܼܨܹܠܝܲܬ݂ , tu m'as sauvé (pour ܟܹܐ ܡܘܼܨܹܠܝܲܬ݂) ; la forme avec un seul *Mim* veut dire aussi : tu me sauves (1).

490. — Deuxième manière : *avec* ܩܹܡ. — Le verbe reste au Présent et on le fait précéder de ܩܹܡ , fém. ܩܝܼܡܵܐ , plur. ܩܝܼܡܝ , *se levant* (Part. présent classique de ܩܵܡ). C'est une forme énergique. Ex. ܩܹܡ ܩܵܛܸܠ ܠܹܗ , se levant, il le tue, c'est-à-dire : aussitôt il le tua —

---

(1) En Perse et dans la montagne, la particule ܟܹܐ s'écrit ܩܲܡ , séparément du verbe ; et on suppose qu'elle est pour la préposition ܩܲܕ݂ܡ , auparavant. Ex. ܩܲܡ ܩܵܛܸܠ ܠܹܗ , auparavant il le tue, c'est-à-dire : il le tua aussitôt.

fém. ܩܛܠܬܗ ܡܚܕܐ ܟܝܣ, aussitôt elle le tua — ܩܛܠܘܗܝ ܟܝܣ, aussitôt ils le tuèrent.

L'Imparfait n'est pas employé.

491.— Troisième manière : *avec l'auxiliaire* ܗܘܐ — Nous avons vu que le Présent de cet auxiliaire, uni à un participe passé, donne un temps passé (Voir n° 332). Le pronom régime s'exprime par ܕܝܠܗ . ܕܝܠܝ, etc., précédé d'un *Alap* prosthétique : ܐܕܝܠܗ . ܐܕܝܠܝ, etc. Ex. ܐܕܝܠܗ ܡܢܬܚܐ ܗܘܐ ܡܢ ܓܒܐ, je l'ai tiré de l'autre côté — ܐܫܩܝܢܗ, ils nous ont fait boire — ܐܕܝܠܗ ܡܢܬܚܐ ܗܘܐ, je l'avais tiré.

On peut aussi attacher directement le pronom complément au verbe : — ܩܛܝܠܠܗ, je l'ai tué — ܩܛܝܠܬܝܠܗ ܬܡܠ, tu (fém.) l'as tué hier — ܩܛܠܘܐܝܠܘܢ, ils les ont fait tuer (1).

On dit aussi, avec ܗܘܘ . ܗܘܐ, etc. : — ܕܡܢܝ . ܗܘܐ ܩܛܝܠܠܗ, je l'ai tué — ܕܡܢܝ ܗܘܐ ܩܛܝܠܠܝ, tu m'as tué — ܗܘܐ . ܗܘܐ ܩܛܝܠܗ, il l'a tuée, etc.

Plus-que-parfait — ܩܛܝܠܠܗ ܗܘܐ, je l'avais tué; et ܗܘܐ . ܗܘܐ ܗܘܐ ܩܛܝܠܠܝ, je l'avais tué — ܩܛܝܠܗ ܗܘܐ ܗܘܐ, il l'avait tué.

(1) A Achitha et en Perse, on se sert, au féminin, d'une forme contracte comme suit : ܫܒܩܠܗ ܐܝܠܗ ܐܣܬܐ, la fièvre l'a quitté (pour ܕܫܒܩܠܗܐܝܠܗ ܐܣܬܐ).

On dit aussi : ܐܣܬܐ ܫܒܩܠܗ (pour ܫܒܩܠܐܝܠܗ) - ܟܠܟ ܐܢܕܡܐܬܠܘܟ ܕܓܢܢܘܬܗ ܕܫܒܘܪ, tu as peut-être embrassé la folie de Sapor (*Actes des Martyrs Sapor et Ishaq* - Bedjan).

492.— Quatrième manière : *avec le Prétérit passif spécial, forme* ܠܩܝܛܢܝ . ܠܩܝܛܬ , etc. (Voir n° 335) — On adjoint au verbe, après les suffixes personnels, les pronoms possessifs ܝ . ܗܿܘ . ܗ‍ܝ , etc. ou ܠܝ . ܠܗܿܘ . ܠܗ , etc., qui signifient *par moi, par toi, par lui*, etc. Ex. ܠܩܝܛܢܝ , j'ai été tiré — ܠܩܝܛܢܝ ܗܿܘ , j'ai été tiré par toi. Mais, dans l'intention de celui qui parle, *par moi, par toi*, deviennent le sujet de la phrase, tandis que le suffixe personnel devient complément direct. En conséquence, ܠܩܝܛܢܝ ܗܿܘ . se traduit : *tu m'as tiré*, au lieu de : *j'ai été tiré par toi* — ܠܩܝܛܢܝ ܗ , fém. ܠܩܝܛܢܝ ܗܿ , il, elle, m'a tiré (mot-à-mot : j'ai été tiré par lui, par elle) — ܠܩܝܛܟ , fém. ܠܩܝܛܟܝ , je t'ai tiré (tu as été tiré par moi) — ܠܩܝܛܗ ܠܗ , fém. ܠܩܝܛܗ ܠܗܿ , il, elle, l'a tiré (il a été tiré par lui, par elle) — ܠܩܝܛܗ ܠܝ . ܠܗܿܘ . ܠܗ , je l'ai, tu l'as, il l'a tirée (elle a été tirée par moi, par toi, par lui) — ܠܩܝܛܢܢ ܠܗܘܢ , ils nous ont tirés (nous avons été tirés par eux) — ܠܩܝܛܟܘܢ ܠܢ , nous vous avons tirés (vous avez été tirés par nous) — ܠܩܝܛܝܗܘܢ , vous les avez tirés (ils ont été tirés par vous).

Autres exemples : — ܚܙܐܘܢܝ , ils m'ont vu — ܒܪܟ ܠܟ , il t'a créé — ܫܒܚܗ ܗܿܘ , tu l'as remercié (mot-à-mot : il a été remercié par toi) — ܠܩܝܛܢܝ ܗܘܐ ܗܿܘ. , tu m'avais tiré — ܫܕܪܟ ܗܘܐ ܠܗ , il t'avait envoyé — ܩܛܠܘܗܝ ܗܘܘ ܠܗܘܢ , ils les avaient fait tuer (mot-à-mot : ils avaient été fait tuer par eux).

Cette manière de parler peut être appelée *indirecte*, à cause de l'inversion qu'il faut faire du passif à l'actif pour s'exprimer directement. Le Soureth aime ces circonlocutions aux temps passés (Voir n° 294).

493.— Remarques. 1° A la deuxième personne sing., le pronom complément peut prendre le *Lamadh*. Ex. ܠܟ ܐܬܟܬܒ , au lieu de ܐܬܟܬܒܟ .

2° Les verbes terminés en ܥ et ܪ , à la troisième pers. sing., lient directement leur dernière lettre avec le pronom complément, et cette dernière lettre se redouble. Ex. ܕܝܢܗ , il l'a jugé (mot-à-mot : il a été jugé par lui)— ܡܫܘܕܪܝ , je l'ai envoyé (mot-à-mot : il a été envoyé par moi). Mais, dans la plaine, le *Rech* n'est jamais redoublé; on dit ܡܫܘܕܪܝ , *mchoudéri*.

3° La troisième pers. sing. masc. ܐܬܓܪܫ , avec les pronoms ܠܟ . ܠܗܘ etc., se confond avec le Prétérit actif. Ex. ܓܪܫܠܝ , j'ai tiré, et ܐܬܓܪܫܠܝ , il a été tiré par moi, je l'ai tiré — L'analyse de la phrase fait distinguer le sens à donner à cette même forme. Dans la plaine de Mossoul, pour le Prétérit actif, on prononce : *grech-li*, je tirai, et pour le Prétérit passif : *grich-li*, je l'ai tiré, il a été tiré par moi.

494.— Cinquième manière : *avec le Prétérit passif employé seulement à la 3ᵉ pers. sing.* ܐܬܓܪܫ , il a été tiré — fém. ܐܬܓܪܫܬ — plur. ܐܬܓܪܫܘ , ils ont été tirés — Le pronom complément est censé compris dans le verbe; le sujet s'exprime par ܠܟ . ܠܗܘ ou ܠܗܠܟܝ . etc., moi, toi – ܣܚܝܼܕܠܢ, je l'ai tué – ܣܚܝܼܕܠܗ, il l'a tuée – ܣܚܝܼܕܠܝܼ, nous les avons tués – ܣܚܝܕ ܠܟܠܝ, je l'ai tué (mot-à-mot : par moi il a été tué, ou c'est moi qui l'ai tué) – ܟܠܝܼ ܣܚܝܼܕܠܐ, tu l'as tuée (elle a été tuée par toi) – ܟܠܗ ܣܚܝܼܕܠܝܼ, il les a tués (ils ont été tués par lui) – ܟܠܝ ܣܚܝܼܕܠܗ, il l'a fait tuer (il a été fait tuer par lui) – ܟܠܗ ܡܣܚܘܕܠܗ, nous les avons envoyés – Qui a tué cet homme ? Réponse : ܟܠܓܒܪܘ ܣܚܝܕܠܗ, c'est Gawro qui l'a tué (mot-à-mot : il a été tué par Gawro) – ܟܠܓܒܪܘ ܣܚܝܕܠܐ, c'est Gawro qui l'a tuée – ܟܠܓܒܪܘ ܣܚܝܕܠܝ, c'est Gawro qui les a tués (1). Avec la forme du sujet en ܟܠܗ . ܟܠܝ . ܟܠܐ, le verbe est plus affirmatif et signifie : *c'est moi, c'est toi, c'est lui* qui a fait cela.

495. – *Exemples divers* sur le pronom complément direct du verbe, selon les 4ème et 5ème manières indirectes : – ܝܡܝ ܫܒܝܩܬܠܝ, ma mère m'a abandonné (mot-à-mot : ma mère j'ai été abandonné par elle) – ܡܫܝܚܐ ܒܦܘܡܗ ܠܝܛܠܗ, le Christ les a maudits de sa bouche – ܩܫܐ ܡܩܪܘܝܠܝ, le prêtre m'a fait lire (mot-à-mot : le prêtre, j'ai été fait lire par lui) – ܐܚܙܝܠܝ ܠܗ ܡܫܘܕܪܬ

---

(1) Dans la montagne, le Prétérit passif peut être employé à toutes ses personnes, avec ܟܠܗ . ܟܠܐ. Ex. ܟܠܗ ܓܕܝܠܝ, il m'a tiré (mot-à-mot : j'ai été tiré par lui) – ܟܠܐ ܓܕܝܠܟ . ܟܠܟ ܓܕܝܠܗ . ܟܠܗ ܡܫܘܕܪܬ, tu m'as envoyé (mot-à-mot : j'ai été envoyé par toi).

Plus-que-parfait. ܟܠܗ ܓܕܝܠܝ ܗܘܐ, il m'avait tiré (mot-à-mot : j'avais été tiré par lui).

ܦܨܝܗܘܢ, il les délivra de la main de Pharaon – ܦܪܫܬܟܝ
ܡܢ ܐܚܘܢܟܝ, je t'ai séparée de tes frères (tu as été séparée par moi) – ܫܪܐ ܟܠܗܘܢ ܘܚܪܪ ܠܗܘܢ, il les lâcha tous et les fit libres. – Où est ton livre ? Rép. ܨܪܬܗ
ܠܗ, je l'ai déchiré – Où est ta bourse ? Rép. ܡܘܒܕܬܗ
ܠܗ, je l'ai perdue – ܐܬܘ ܓܢܒܐ ܘܕܒܪܘܢܝ ܠܐܠܩܘܫ ܘܡܘܫܬܝܘܢܝ ܣܡܐ, des voleurs sont venus, ils m'ont pris, m'ont emmené à Alcoche et m'ont fait boire du poison – ܦܠܛܠܘܟܘܢ ܡܢ ܓܢܒܐ, c'est vous qui nous avez délivrés des détrousseurs – ܡܘܟܠܬܝ
ܠܗܘܢ ܒܣܪܐ ܒܥܪܘܒܬܐ, c'est elle qui leur a fait manger de la viande, le vendredi – ܟܘܪܕܝܐ ܕܒܪܗ ܠܣܠܝܘܐ ܘܡܘܒܠܘ ܘܩܛܠܗ, les Kurdes arrêtèrent Sliwo, l'emmenèrent chez eux et là le tuèrent (mot-à-mot : Sliwo fut pris ... emmené ... tué) – A Achitha : ܡܢ ܒܪܐ ܠܟܝ, qui t'a créé ? – ܒܪܢܝ ܐܘ ܐܠܗܐ ܒܪܢܝ, c'est Dieu qui m'a créé.

496. – Sixième manière : *avec le Prétérit actif.* – On met après lui le pronom complément sous la forme
ܠܝ · ܠܟ · ܠܗ · ܠܗܝ · ܠܢ, etc. Ex. ܫܡܥܠܝ ܠܟ, je t'ai écouté – ܩܪܝܢ ܠܗ, nous l'avons appelé – ܡܘܚܝܬ
ܠܢ, tu nous as entretenus – *Plus-que-parfait* ܫܡܥ
ܗܘܐ ܠܝ ܠܟ, je t'avais écouté.

Cette manière est peu usitée dans la plaine, mais elle est très employée dans le Bohtan. Ex. ܩܛܠ ܠܗ ܘܥܪܩ
ܠܗ, il le tua et s'enfuit.

497.— C. Avec l'impératif

Le pronom complément direct ayant la forme ܠܹܗ، ܠܝܼ se met après le verbe; et il s'attache à lui directement, s'il est un des verbes terminés par ܝ ou ܐ. Ex. ܫܩܘܿܠܹܗ, prends-le — ܩܛܘܿܠܘܼܡܝ, tuez-moi — ܡܘܼܕܸܪܹܗ, tournez-le à l'envers — ܕܘܿܢܹܗ, juge-le. On peut aussi dire : ܕܘܿܢ ܠܹܗ ، ܕܘܿܢ ܠܹܗ — ܡܟܦܸܢܵܗܿ, affame-la — ܕܒܼܘܿܚܲܝ, égorge-les — ܣܲܡܣܸܓܼܕ̣ ܒܝܼ et ܣܲܡܣܸܓܼܕ ܒܝܼ, supporte-moi — ܐܡܘܿܪܹܗ, dis-le.

498.— D. Avec l'infinitif

Le pronom complément se joint à lui directement, comme le pronom possessif avec les noms. Ex. ܒܝܼ ܗܘܹܐ ܠܝܼ ܠܸܦܩܵܕ̣ܘܼܟܼ, je suis venu te visiter — ܫܘܼܪܹܐ ܠܹܗ ܒܨܵܚܘܼܕ̣ܝܼ, il commença à m'insulter — ܠܵܐ ܗܘܹܐ ܡܲܚܟܘܿܝܲܢ, tu ne nous entretiens pas.

Avec l'infinitif employé comme *Présent actuel*, le pronom complément prend la forme ܠܝܼ، ܠܗܘܿܢ, si le verbe est suivi de l'auxiliaire *être*. Ex. ܒܩܵܪܝܵܢܲܟܼ ܠܗܘܿܢ, je t'appelle — ܡܲܙܡܸܢܹܗ ܠܲܢ, tu nous invites — ܒܕܘܼܟܼܹܐܠܹܗ ܠܗܘܿܢ, il les pousse. — Cela n'a pas lieu si on rejette l'auxiliaire après le complément. Ex. ܡܲܫܸܡܣܸܦܝܲܘܟܼܘܿܢ ܐܝܼܘܲܢ ܒܲܐܠܵܗܐ, je vous adjure par Dieu.

499.— E. Avec le Participe présent

Le pronom complément s'attache directement au participe. Ex. ܩܵܛܘܿܠܹܗ, celui qui l'a tué — ܡܩܲܛܠܵܢܲܝ, celui qui les a fait tuer — ܡܚܸܒܵܢܘܿܟܼ, celui qui t'aime, ton ami.

III.- Complément indirect du verbe

(ܡܫܡܠܝܢܐ ܕܠܐ ܗܕܝܪܐ)

500.— 1° *Complément indirect exprimé par un nom*

Les noms, compléments indirects du verbe, se reconnaissent, comme dans notre langue, à ce qu'ils sont précédés de quelque préposition, comme ܡܢ , de — ܒ , dans - ܠ , à , etc.

Ex. ܘܦܩ ܠܗ ܡܢ ܒܝܬܗ , il sortit de sa maison - ܝܬܒܬ ܒܡܘܨܠ , j'ai demeuré à Mossoul - ܢܚܬ ܠܗ ܠܕܫܬܐ , il est descendu à la plaine.

Dans quelques expressions, le complément indirect se rend sans préposition. Ex. ܩܒܥܬ ܠܗ ܐܓܪܝ ܕܝܢܪܐ , tu as fixé mon salaire à un denier.

501.— 2° *Complément indirect exprimé par un pronom*

Nous ne nous occuperons que des pronoms régis par la préposition à. Ces pronoms, — sauf quand la préposition à s'exprime par ܐܠܝ . ܐܠܟ . ܐܠܘܗܝ ou ܠܕ . ܠܕܝ . ܠܕܘܗܝ , à toi, à moi, — ont la même forme que les pronoms compléments directs (ܠܗ . ܠܘ . ܠܝ . etc. ܠܟ . ܠܘܗܝ . etc.) ; et ce n'est que le sens de la phrase qui aide à les distinguer, comme dans les phrases suivantes : ܠܐ ܬܕܓܠܒ ܢܘܪܐ , ne me fais pas de feu - ܠܐ ܬܕܓܠܒ ܡܣܚܪܐ , ne me fais pas ridicule. Dans le premier exemple, ܠܐ ܥܒܶܕܬܠܝ signifie : *ne fais pas à moi*. Dans le second, cette même parole signifie : *ne fais pas moi*.

502.– Voyons ces pronoms aux divers temps du verbe ܦܩܳܕܐ, commander à, prescrire à :

1° *Présent*.– ܦܩܕܢܘܟ, je te (à toi) commande ou ܦܩܕܢ ܩܐܠܘܟ, ou ܦܩܕܢ ܐܠܘܟ – ܦܩܕܬܠܝ, tu me (à moi) commandes – ܦܩܕ ܠܗ, il lui (à lui) commande. Ex. ܟܠܝ ܕܐܡܪܢܘܟ, attends que je te (à toi) dise – ܡܗ ܡܡܠܠ، ܐܢܐ ܡܦܢܝܢܗ, qu'il parle, moi je *lui* répondrai.

2° *Imparfait*.– ܦܩܕܢ ܗܘܐ ܠܘܟ, je te commandais.– Ex. ܐܢ ܟܬܒܬ ܗܘܐ ܠܗ, si tu lui écrivais – On pourrait traduire aussi : *si tu écrivais cela*. Le contexte éclaire.

3° *Passé avec* ܟܡ – ܟܡܦܩܕܢܘܟ, je t'ai (à toi) commandé.

4° *Passé avec* ܡܝܕ – ܡܝܕ ܦܩܕ ܠܗ, aussitôt il lui commanda.

5° *Passé avec* ܗܘܝܢ · ܒܗܘܝܢ · ܝܘܢ, etc.– ܦܩܝܕܬܐ ܝܘܢ ܠܗ, ou ܦܩܝܕܗ ܝܘܢ, je lui ai commandé – On dit de même ܒܗܘܝܢ ܦܩܝܕܬܐ ܠܗ ou ܒܗܘܝܢ ܦܩܝܕܗ – ܗܘܝܢ ܦܩܝܕܬܐ ܠܗ ܗܘܝܢ ܦܩܝܕܗ.

6° *Prétérit passif spécial*.– ܦܩܝܕܝܗ, il m'a (à moi) commandé (mot-à-mot : j'ai été commandé par lui) – ܦܩܝܕܬܝ, f. ܦܩܝܕܬܬܝ, je t'ai (à toi) commandé –

ܦܩܝܕ ܠܗ , il lui (à lui) a commandé – ܦܩܝܕܬܐ ܠܗ̇ , il lui (à elle) a commandé – ܦܩܝܕܝܢ ܠܢ , ils nous ont commandé – ܦܩܝܕܝܬܘܢ ܠܢ , nous vous avons commandé – ܦܩܝܕܝܢ ܠܗܘܢ , vous leur avez commandé – ܡܫܘܩܠܬܟ݂ , je t'ai (à toi) demandé – ܐܡܝܪܬܐ ܠܗ̇ , il m'a dit (*à Achitha*) ; (mot à-mot : a été dit à moi par lui) .

7° *Prétérit passif avec* ܠܠܝ . ܠܠܗ̇ – ܦܩܝܕܢ ܠܠܗ , il m'a commandé (mot-à-mot : par lui j'ai été commandé) – ܠܠܝ ܦܩܝܕܬ , je t'ai commandé – ܦܩܝܕܝܬܘܢ ܠܠܢ , nous vous avons ordonné (Voir n° 494) .

8° *Prétérit actif*.– ܦܩܝܕ ܠܝ ܠܗ , ܠܠܝ ܠܗ , je lui ai commandé (mot-à-mot : a été commandé par moi à lui) – ܦܩܝܕܬܐ ܠܗ̇ , il lui (à elle) commanda (mot-à-mot : elle a été commandée par lui) – ܦܩܝܕ ܗܘܐ ܠܝ ܠܗ , ܠܠܝ ܠܗ , ܐܠܗ , je lui avais commandé – ܐܡܝܪܝ ܠܗ , je lui ai dit – ܡܣܒܪܝܢ ܠܠܗ , nous lui avons annoncé – ܗܝܟܠܐ ܒܢܝܬܠܗ̇ ܒܠܒܗ̇ ܠܗ , elle lui bâtit un temple dans son cœur.

9° *Impératif*.– ܦܩܘܕ ܠܗ , ou ܦܩܘܕ ܠܠܗ , ܐܠܗ , commande-lui (à lui) – ܦܩܘܕܘ ܠܝ , ܠܠܝ , commandez-moi – ܐܡܘܪ ܠܗ , ܠܠܗ , ܐܠܗ , dis-lui (dis à lui) – ܡܣܒܪ ܠܢ , ܠܠܢ , ܐܠܢ , annonce-nous (à nous) .

10° *Infinitif*.– ܐܬܝܬ ܠܝ ܠܡܦܩܕ ܠܗܘܢ , je suis venu *leur* commander – ܒܦܩܕܢܐ ܠܗ . ܠܠܗ ܐܠܗ ou ܒܦܩܕܢܘܗܝ , je lui commande maintenant.

11° *Participe présent*.– ܦܩܘܕܝ , celui qui me

(à moi) commande — ܡܦܲܫܩܸܠܝ , celui qui m'explique (explique à moi) .

12° *Participe passé* ܡܚܘܼܒܲܢ , celui qui est chéri, cher à nous, notre ami, ou ܡܚܘܼܒܬ݂ܵܐ ܕܝܲܢ , aimé par nous.

IV.— Verbes avec deux pronoms pour compléments : l'un direct, l'autre indirect

503.— Le pronom complément direct se met avant le pronom complément indirect et suit le verbe, soit directement, soit après les suffixes personnels, comme on le verra ci-dessous, aux divers temps du verbe :

1° *Présent*.— ܦܵܩܸܕܢܹܗ ܠܘܼܟ݂ ou ܐܸܠܘܼܟ݂ ، ܕܸܠܘܼܟ݂ , je te le commande — ܦܵܩܸܕܠܹܗ ܠܝ ou ܐܸܠܝ ، ܕܸܠܝ , il me le commande — ܐܵܡܪܸܢܹܗ ܠܘܼܟ݂ ou ܐܸܠܘܼܟ݂ ، ܕܸܠܘܼܟ݂ , je te le dirai — ܡܚܲܒܪܸܢܹܗ ܠܲܢ — ܡܚܲܒܪܸܢܹܗ ܠܗܘܿܢ ou ܐܸܠܗܘܿܢ ، ܕܸܠܗܘܿܢ ou ܐܸܠܲܢ ، ܕܸܠܲܢ , il le leur annonce.

2° *Imparfait*. — ܦܵܩܸܕܢ ܗ̱ܘܵܐ ܠܹܗ ܐܸܠܘܼܟ݂ , je te le commandais — ܟܬ݂ܒ݂ܝ ܗ̱ܘܵܘ ܠܗܝ ܐܸܠܗܝ ou ܕܸܠܗܝ , ils les leur écrivaient.

On peut dire aussi, par euphonie : ܦܵܩܸܕܢܘܼܟ݂ ܝܼܠܹܗ (pour ܦܵܩܸܕܢܘܼܟ݂ ܠܹܗ), je te le commande — ܦܵܩܸܕܢܘܼܟ݂ ܝܼܠܗܝ , je te les commande — ܦܵܩܸܕܢܘܼܟ݂ܘܢ ܝܼܠܹܗ , je vous le commande — ܦܵܩܸܕܢ ܗ̱ܘܵܐ ܠܘܼܟ݂ ܝܼܠܹܗ , je te le commandais.

3° *Passé avec* ܟܡ .— ܟܡܲܦܩܸܕܢܹܗ ܠܘܼܟ݂ , je te le

commandai — ܘܟܦܩܕܬܗ ܠܟ ܠܗܘܢ, elle te les commanda —
On peut dire aussi, par euphonie : — ܘܟܦܩܕܘܗܝ ܠܟ
(pour ܘܟܦܩܕܘܗܝ ܠܟ), je te le commandai, etc. —
ܠܒ ܠܝ ܘܟܦܩܕܢܝ ܡܕܡ ܗܘ, ce bien-fonds, ils me l'ont
fait posséder.

4° *Passé avec l'auxiliaire* ܗܘܘܢ · ܗܘܝܢ · ܗܘܝܢ —
ܩܦܩܕܝܢܝ ܠܟ ܗܘܘܢ ܠܗܘܢ, je te l'ai commandé, ou
ܗܘܘܢ ܩܦܩܕܘܗܝ ܗܘܘܢ ܠܗܘܢ ܩܦܩܕܝܢ ܠܟ ܠܗܘܢ, ou
ou ܗܘܘܢ · ܩܦܩܕ ܠܗܘܢ.

5° *Prétérit passif spécial.* — ܩܦܩܕܢܝ ܠܗ, il me
l'a commandé (mot-à-mot : j'ai été commandé cela par
lui) — ܩܦܩܕܬܗ ܠܟܝ ܗ, elle te (fém.) l'a commandé
(mot-à-mot : tu as été commandée cela par elle) —
Forme très contournée, peu usitée.

Avec ܠܠܒ, ܠܠܗܘܢ — ܠܗܘܢ, ܠܗܘܢ ܩܦܩܕܝܢ ܠܠܒ
ܠܗܘܢ, c'est moi qui te l'ai commandé — ܩܦܩܕܝܢ ܠܟܝ
ܠܟܘܢ, ܠܟܘܢ, c'est nous qui vous l'avons commandée —
ܠܟܘܢ ܠܗ ܩܦܩܕܘܗܝ ܠܠܗܘܢ, c'est vous qui les lui avez
commandés.

6° *Prétérit passif, 3° pers.* — ܥܒܝܕ ܠܗ ܠܗܘܢ.
ܠܗܘܢ ܠܗ ܠܟ, ܩܦܩܕ ܠܗ ܠܗܘܢ, il le prit pour toi —
ܩܦܩܕܟ ܠܗ ܠܗܘܢ, il te le commanda — ܥܒܝܕܢ ܠܟ ܠܗܘܢ,
nous la prîmes pour toi — ܥܒܝܕܘܢ ܠܗܘܢ ܠܟܘܢ, tu les as
pris pour nous — ܐܡܝܪ ܠܗ ܠܟ ܠܗܘܢ, il te l'a dit
(Voir n° 496).

7° *Impératif.*— ܙܟܼܘ ou ܟܠܝܗܝ ܦܩܘܕ , commande-le-lui — ܐܡܘܪܠܝ ܐܡܪܗܿ , dis-le-moi — ܐܡܘܪܘ ܠܗ , dites-le-lui — ܫܕܪܗ ܠܗ ܙܟܼܘ , envoie-le-lui.

8° *Infinitif.*— ܙܟܼܘ ou ܟܠܝܗܝ ܠܡܦܩܕ ܠܗ ܠܐ , il ne convient pas de le lui commander — ܦܩܕܝܢܢ ܠܗ, ܙܟܼܘ , je le lui commande — ܗܘܿܝܢ ܦܩܕܝܢ ܠܗ ܙܟܼܘ, je les lui commande.

9° *Participe présent.*— ܐܡܘܪܗܿ ܠܟܗ , ܠܟܗ , celui qui te le dit — ܡܫܕܪܢܝܗܿ ܠܗ ܠܢ, celui qui nous l'a envoyée — ܡܫܕܪܕܢܝ ܠܗ ܠܒ , celui qui me les a annoncés.

APPENDICE

MORCEAUX DIVERS

I.- MOÏSE

(*Actes des Apôtres, VII, 20-29*)

20 . ܒܗ : ܗܿܘ ܥܕܢܐ ܝܠܝܕܐ ܦܝܫ ܠܗ ܗܘܝܐ ܡܚܘܒܐ : ܘܪܒܝܢܐ
ܗܘܐ ܗܘܐ ܠܐܠܗܐ : ܬܠܬܐ ܠܗ ܝܪ̈ܚܐ ܡܢܕܝܢܐ ܒܓܘ ܒܝܬܐ ܕܒܒܘܗ .
21 . ܟܕ : ܘܡܢܗ ܦܝܫ ܠܗ ܡܫܘܦܠܐ ܡܢ ܝܡܗ : ܒܡܫܘܚܬܐ
ܠܗ ܒܪܬܐ ܕܦܪܥܘܢ ܘܡܪܒܝܢܐ ܠܗ ܠܐ ܠܢܦܫܗ ܒܪܘܢܐ .
22 . ܟܕ : ܘܦܝܫ ܠܗ ܡܫܘܠܦܐ ܡܚܘܒܐ ܒܟܠܗ ܚܟܡܬܐ
ܕܡܨܪ̈ܝܐ ܘܚܟܝܡܐ ܗܘܐ ܗܘܐ ܒܡܠ̈ܘܗܝ ܘܥܒܕ ܒܥܒܕ̈ܘܗܝ .

TRADUCTION (1)

20. En ce même temps naquit Moïse; il était aimé de Dieu et il grandit trois mois dans la maison de son père.

21. Lorsqu'il fut abandonné par sa mère (sur le Nil), la fille de Pharaon le vit et l'éleva pour elle-même, comme son fils.

22. Moïse fut instruit dans toute la sagesse des Egyptiens et il était réfléchi dans ses paroles et ses actions.

(1) J'avertis le lecteur que, dans la traduction française des pièces qui suivent, j'ai visé surtout à conserver l'originalité du langage soureth; et pour cela j'ai dû, assez souvent, m'exprimer d'une manière qui n'est pas habituelle à notre langue et s'éloigne même de sa correction.

23. Lorsqu'il fut âgé (mot-à-mot: fils) de quarante ans, il eut le désir (mot-à-mot: il lui monta au cœur) de visiter ses frères, les fils d'Israël.

24. Il vit un des fils de sa nation emmené par force et, prenant sur lui de le venger, il jugea sa cause et tua l'Egyptien qui avait mal agi à son égard.

25. Il pensa que ses frères, les fils d'Israël, comprendraient que Dieu, par sa main, leur donnerait le salut; mais ils ne comprirent point.

26. Le lendemain, il se trouva au milieu d'eux, tandis qu'ils disputaient l'un avec l'autre, et il leur demandait de se réconcilier ensemble, disant : « Vous êtes des hommes frères; pourquoi vous faites-vous injure l'un à l'autre ? »

27. ܗܘ ܕܝܢ ܕܡܚܕܓ ܗܘܐ ܠܚܒܪܗ ܕܚܩܗ ܡܢ ܠܘܬܗ ܘܐܡܪ ܠܗ ܡܢܘ ܐܩܝܡܟ ܪܫܐ ܐܘ ܕܝܢܐ ܥܠܝܢ.

28. ܕܠܡܐ ܗܘ ܕܬܩܛܠܢܝ ܒܥܐ ܐܢܬ ܐܝܟ ܕܩܛܠܬ ܠܗܘ ܡܨܪܝܐ ܠܐܬܡܠܝ.

29. ܘܥܪܩ ܡܘܫܐ ܒܡܠܬܐ ܗܕܐ ܘܗܘܐ ܬܘܬܒ ܒܐܪܥܐ ܕܡܕܝܢ ܘܗܘܘ ܠܗ ܬܡܢ ܬܪܝܢ ܒܢܝܢ.

---

27. Mais celui qui faisait injure à son compagnon le repoussa d'à côté de lui et lui dit : « Qui t'a constitué chef ou juge sur nous ?

28. Est-ce que tu veux me tuer comme tu as tué hier l'Egyptien ? »

29. Moïse s'enfuit à cette parole et il resta comme réfugié dans la terre de Madian, où deux fils lui naquirent.

II. — LETTRE

Chlémoun, marchand a Achitha(1), a son frère Hanko a Alcoche (2)

TRADUCTION

1. A mon frère Hanko qui m'est très cher, salut en Notre-Seigneur.

2. Après m'être informé de ton *keif* (3) et demandé à Dieu ta santé, je te fais savoir que ta lettre écrite dans le mois de mai, 25 en date, est parvenue à ma main. — 3. J'ai compris tout ce qui est dedans et me suis réjoui beaucoup de ce que vous êtes tous sains et saufs. — 4. Moi aussi, ma santé est bonne, Dieu merci, et mon affaire (mon commerce) va de l'avant. — 5. Si tu me demandes des nouvelles d'ici, sache qu'en ces jours un grand malheur est tombé sur la tête des gens d'Achi-

---

(1) *Achitha*, gros village des tribus nestoriennes.
(2) *Alcoche*, village important à une journée au nord de Mossoul.
(3) *Keif*, mot arabe; signifie ici *état de santé, comment on se porte*

---

tha. — 6. Ils étaient montés à leur *zôma* des Maidânés (1); tout à coup arrivèrent les Jirkis (2), au nombre d'environ deux cents hommes; ils se jetèrent sur les Achithiens, leur tuèrent neuf hommes et une femme, et firent quinze blessés. — 7. De plus ils enlevèrent quatre mille têtes de moutons, vingt-cinq mulets, et pillèrent le campement. — 8. O mon frère, quels pleurs, quels cris, quel tumulte eurent lieu à Achitha, au moment où ils apprirent cette nouvelle, et surtout quand on apporta les cadavres de leurs tués ! — 9. On ne pouvait entendre les éclats de cette amère douleur. — 10. Achitha a été fortement secouée par le coup des méchants Jirkis; mais les Achithiens ne re-

---

(1) *Zóma* = lieu de campement. — Les *Maidânés* sont un lieu de campement des Achithiens à une journée de leur village, dans les hautes montagnes.

(2) *Jirkis*, tribu de Kurdes insoumis qui n'ont ni terres ni maisons ni provisions, et ne vivent que de brigandage.

</p>

noncent pas à leur vengeance. — 11. Telle est la situation des gens de Tribus : tuer ou être tués, se livrer au brigandage ou tomber dans les mains des brigands. — 12. Dieu merci ! nous, gens de la plaine, avons plus de tranquilité. — 13. Chôné, la fille de notre ami Khelpo, a été tuée; la femme de Zomaia a reçu un coup de fusil dans le genou; les Pères la soignent, mais il est possible qu'elle reste estropiée.— 14. Quant à la noix de galle, à la gomme adragante et aux noix du pays, elles sont chères maintenant et il ne convient pas d'en acheter. — 15. Je baise les joues de mes chers fils Sapo et Kako, ainsi que de ma petite fille Mioké.—16. Salue pour moi (1) Matté, Gauga, Chamo, Patto, Guiwo.— 17. Nos gens d'ici, Sômo,

---

(1) *Salue pour moi*. Mot-à-mot : demande pour moi des nouvelles de la santé de ...

ܘܕܝܟܦܘ ܕܟܠܗ ܘܠܘܢܝܘܗ ܡܡܒܓܒܕܒ ܕܚܒܩܘܗ ܓܕܒܐ̈ܐ .

18. ܟܦܫ ܒܚܠܡܐ ܘܚܘܢܐ ܕܒܚܕ ܘܚܘܠܡܢܐ .

ܐܚܘܟ ܫܠܝܡܘܢ.

19. ܒܐܚܝܬܐ : ܒܝܘܡ : ܕܟܚܘܘ

ܒܫܒܐ : ܠܝܚ܁ : ܒܫܢܬ

ܠܡܫܝܚܐ

20. ܫܚܒܪܐ ܩܘܛܐ ܙܒܘܢܘ ܠܗ ܒܡܐ ܕܝܗܒܝ ܕܓܝܠܝ ܘܣܒܘܣܘ ܒܠܐ ܠܥܠܠܟܘ ܥܡܬܐ ܢܘܢܝܟܐ. ܣܘܪܘ ܗܘ ܕܟܠܗ ܠܗ ܢܐܢܐ̈ ܕܩܨܝܨܐ ܒܕ ܢܐܬܐ ܠܐܠܩܘܫ. ܩܒܠܘܠܗ ܠܗ ܒܚܘܒܐ : ܡܣܟܝܢܐ.

Tourkhen, Dôdo, Tchôpé, Baito, Balo, Lawando, te saluent beaucoup.

18. Reste en paix et sois toujours en bonne santé. Ton frère Chlémoun.

19. A Achitha, le 29 juillet de l'an du Christ 1911.

20. P.S.— Notre âne Qoutta, vendez-le pour ce qu'on en donnera, et faites attention à notre vieille tante Naunniké. Sawro, aux oreilles coupées, ira à Alcoche : recevez-le avec amitié, le pauvre.

III.— RÉCIT

Pourto, chef du village de Pivôké, en visite a l'école

ܐ ܠܡܕܒܪܐ ܕܟܦܪܘܟܐ ܕܫܡܗ ܦܘܪܛܘ ܚܕ ܝܘܡܐ ܒܠܒܗ 1.
ܠܗ ܩܘܡ . ܘܒܝܬܐ ܕܡܕܪܫܬܐ ܚܕ ܫܥܐ ܬܐܙܠ ܘܝܬܒܢ : ܐܡܝܪܗ
ܕܒܝܬܐ ܠܓܘ ܘܐܬܐ ܘܡܛܐ ܠܗ ܘܢܚܬ ܠܗ ܘܩܡ ܠܗ
ܘܡܘܕܥ ܕܓܪܡܐ ܢܦܫܗ ܐܝܟ ܚܕ ܓܒܪܐ . ܕܥܝܪ ܛܒܠܐ ܥܒܕ ܘܥܡܪܗ
2. ܐܠܗܐ ܝܗܒܠܘܟ. ܪܒܝ ܒܟܘܣ : ܚܠܡܘܟ . ܫܪܬܘܟ .
ܘܬܠܡܝܕܘܟ . ܕܐܝܟ ܝܠܝ .
3. ܪܒܝ ܒܟܘܣ ܡܓܘܒܠܗ : ܒܪܝܟܐ ܗܘܝܬ ܡܐܡܝ ܦܘܪܛܘ

TRADUCTION

1. Un jour, Pourto (1), chef de Pivôké, se dit en lui-même : « Je vais aller (mot-à-mot : me levant, j'irai) m'asseoir un moment à l'école.» Il se leva, descendit et arriva à la maison des écoliers. Il entra et dit d'une voix élevée, comme un homme qui sait le prix de sa personne :

2. « Salut à toi, Râbi (2) Bakôs ! Ta santé, ton état, tes élèves, comment sont-ils ? »

3. Râbi Bâkos répondit : « Tu es le bien venu, Mâmi (3) Pourto. Toi, sois en bonne santé ; quant à nous, rien

---

(1) *Pourto* ou *Perto*, surnom signifiant *le poilu*, du persan بورت, soureth ܦܘܪܛܐ, peau garnie de ses poils, fourrure, grosse chevelure, grosse barbe, corps velu, homme hirsute.

(2) *Râbi*, mon grand : titre donné aux prêtres et aux maîtres d'école comme était Bâkos (Bacchus).

(3) *Mâmi*, mon oncle : titre de respect affectueux.

---

ne nous manque, Dieu merci. Assieds-toi ici à ton aise».

4. Pourto s'assit avec dignité, tira son sac à tabac, un gros sac bariolé, et se mit à bourrer son *kalioun* (1), A ce moment, trois ou quatre écoliers s'en allèrent en courant chez les voisins, pour rapporter des tisons.

5. Râbi Bâkos, de sa propre main, mit le feu sur le *kalioun* du chef, qui en tira une ou deux grosses bouffées et dit:

6. « Chamâcha (2), ne te fâche pas contre moi de ce que je suis venu ainsi au milieu de tes leçons. J'éprouve beaucoup de plaisir auprès des gens instruits et moi-même j'ai quelque instruction: je savais deux ou trois *Houlâlé* (3)

---

(1) *Kalioun*, pipe à long tuyau.
(2) *Chamâcha*, servant, clerc. Le maître d'école est appelé de ce nom parce qu'il est censé avoir l'instruction d'un clerc.
(3) *Houlâlé*. Le psautier chaldéen est divisé en vingt sections appelées *Houlâlé*, parce qu'elles commencent par *Hallelouia* (alleluia).

ܡܠܟܝܒܝ ܐܵܗܵܐ ܠܹܐ ܟ̰ܘܼ ܡܘܿܓܸܒ ܠܵܐ ܕܡܵܠܦܝܼ ܗܵܘܵܐ ܟܬܵܒܘܿܢܵܐ؛
ܝܘܼܡܵܢܹܐ ܕܘܼܢܝܹܐ ܠܩܸܕܡܵܐ ܐܝܼܠܵܗ̇ .

7. ܗܵܕܟ̰ܝܼ ܝܠܵܗ̇ ܡܵܡܝܼ ܦܘܿܪܬܘܿ: ܘܐܲܚܢܲܢ ܠܕܘܼܢܝܹܐ ܒܸܕ ܛܵܥܹܝܢܲܚ .

8. ܐܵܡܝܼܢ: ܫܲܡܵܫܵܐ: ܐܲܟܼܕܼܘܿܗ̇ ܝܼܠܵܗ̇: ܐܸܠܵܐ ܒܹܐ ܥܘܼܡܪܝܼ ܠܵܐ ܩܹܒܹܐ ܛܲܕܒܸܢܹܗ: ܡܘܼ ܐܸܒܕܸܢ. ܗܸܐ ܠܵܐ ܗܵܘܝܵܐ ܕܡܲܕܒܸܚܕܸܢ ܥܸܡ ܐܲܠܡܘܼܕܲܘܗ̇، ܫܲܚܩܵܕ ܟܬܼܵܢܹܐ ܡܸܢܕܝܼ .

9. ܒܪܸܚܩܹܗ ܡܵܡܝܼ ܦܘܿܪܬܘܿ: ܐܲܢ̄ܬ ܝܘܸܬ ܪܹܫܵܕܸܢ: ܡܸܕܪܲܫܬܵܢ ܡܸܕܪܲܫܬܘܿܟܼ ܝܠܵܗ̇ .

10. ܚܵܙܸܚ ܐܵܗܵܐ ܙܥܘܿܪܵܐ ܘܩܵܕܘܿܗ ܕܝܼܠܹܗ ܐܵܗܵܐ ܒܗܲܙܩܘܿܕܝܵܩܵܐ ܩܪܘܼܒܝܼ ܠܹܗ ܠܐܲܟ̰ܵܐ .

11. ܒܪܝܼܟܼܵܐ: ܩܪܘܼܒܝܼ ܠܹܗ ܪܵܒܝܼ ܒܵܟܘܿܣ: ܘܗܸܐ ܠܐܲܟ̰ܵܐ ܩܲܕܵܐ ܕܪܸܫܵܐ .

---

du psautier de David. Mais, de mon temps, on n'enseignait pas l'écriture; aujourd'hui le monde est en progrès.

7. — Il en est ainsi, Mâmi Pourto; et nous, nous devons suivre le monde.

8. — Certainement, Chamâcha, c'est comme tu dis; mais, à mon âge, je ne puis plus le rattraper. Que faire ?... Ne me serait-il pas possible de faire à tes élèves quelques interrogations ou quelque chose comme cela ?

9. — Comme il te plaira, Mâmi Pourto ! Tu es notre chef, et notre école est ton école.

10. — Alors, ce petit qui est là-bas dans le coin, appelle-le ici.

11. — Brikha (Benoît) ! cria Râbi Bâkos, viens ici devant le chef.

12 . ܬܵܐ ܒܪܘܿܢܝ: ܐܸܡܘܼܪ ܬܵܠܝܼ. ܡܲܢܝܼ ܒܪܹܐ ܠܹܗ ܥܵܠܡܵܐ.

13 . ܐܵܣܛܵܕܝܼ . ܐܲܠܵܗܵܐ ܝܠܹܗ ܒܵܪܘܿܝܵܐ ܕܥܵܠܡܵܐ ܘܕܟܠ ܡܸܢܕܝܼ
ܕܐܝܼܬܼ ܒܓܵܘܹܗ .

14 . ܘܕܟܠ ܡܸܢܕܝܼ ܕܐܝܼܬܼ ܒܓܵܘܹܗ : ܐܵܗܝ ܙܘܿܕܵܝܘܼܬܼܵܐ ܝܠܹܗ .
ܡܣܲܒܲܒܼ ܕܐܝܼܬܼ ܡܸܢܕܝܵܢܹ̈ܐ ܒܥܵܠܡܵܐ : ܕܐܲܠܵܗܵܐ ܠܲܝܬܼ ܠܹܗ ܐܝܼܕܵܐ
ܒܓܵܘܲܝܗܝ . ܡܲܬܼܠܵܐ : ܐ̱ܢܵܫܹ̈ܐ ܚܲܕ̈ܬܹܐ ܕܝܵܠܕܝܼ : ܘܓܸܠܹ̈ܐ ܕܦܵܠܛܝܼ
ܘܪܵܒܝܼ : ܘܟܘܿܟܒܹ̈ܐ ܕܡܲܗܠܟܝܼ : ܒܐܵܢܝܼ ܟܠܗܝ ܐܝܼܟܵܐ ܝܠܵܗ
ܐܝܼܕܵܐ ܕܐܲܠܵܗܵܐ .

15 . ܐܵܣܛܵܕܝܼ ܐ̱ܢܵܫܹ̈ܐ ܚܲܕ̈ܬܹܐ ܕܝܵܠܕܝܼ : ܐܝܼܬܼ ܠܗܘܿܢ ܚܲܝܹ̈ܐ ܡܢ ܐܲܠܵܗܵܐ :
ܕܝܼܠܹܗ ܐܵܗܘܼ ܠܚܘܿܕܹܗ ܡܵܪܵܐ ܘܡܲܒܘܼܥܵܐ ܕܚܲܝܹ̈ܐ . ܘܓܸܠܹ̈ܐ ܕܦܵܠܛܝܼ
ܘܪܵܒܝܼ ܒܥܸܠܵܬܼ ܕܐܲܠܵܗܵܐ ܡܲܥܘܼܠܹܗ ܠܹܗ ܒܙܲܪܥܗܘܿܢ ܚܲܝܠܵܐ ܕܐܝܼܬܼܘܿܢ
ܫܲܩܠܝܼ ܚܲܕ ܦܵܠܛܝܼ ܘܪܵܒܝܼ .

12.— Allons, mon fils, dis-moi qui a créé le monde.

13.— Seigneur (1), c'est Dieu qui est le créateur du monde et de tout ce qu'il y a en lui.

14.— *De tout ce qu'il y a en lui*...cela, c'est de trop; car il y a, dans le monde, des choses où la main de Dieu n'est pas : par exemple, les hommes nouveaux qui naissent, les plantes qui sortent et croissent, les étoiles qui marchent. En toutes ces choses, où est la main de Dieu ?

15.— Seigneur, les hommes nouveaux qui naissent tiennent leur vie de Dieu qui, seul, est le maître et la source de la vie. Les plantes sortent et grandissent parce que Dieu a introduit dans leur semence une force pour qu'elles lèvent et croissent.

(1) L'expression rendue par *Seigneur*, ܐܵܣܛܵܕܝܼ, vient du Persan استاد, *maître, patron*. Ce mot est employé aussi pour Jésus-Christ.

16. — Tu parles profond ! Mais voyons ce que tu diras des étoiles ; elles, du moins, marchent d'elles-mêmes, sans aucun doute. Je pense que là tu seras pris.

17. — Seigneur, les étoiles elles-mêmes ne peuvent marcher par leur propre force. Par exemple, cette pierre qui est devant mes pieds, si je ne la frappe du pied, elle ne se remuera ni ne se retournera jamais ; alors, comment les étoiles, qui sont des corps énormément gros et lourds, pourraient-elles bouger de place, si elles n'étaient poussées par un géant et un tout-puissant, tel qu'est le Seigneur Dieu ? Et lui, il les a poussées avec tant de force, dès le principe, que jusqu'à ce jour elles sont en marche.

18. — Vraiment, Brikha, tu es un philosophe ! Que Dieu te garde !... De quelle famille es-tu ?

19 ｟ܣܘܪܝܝܐ܀܀܀܀܀܀܀܀܀܀܀܀܀܀｠

20 ｟ܣܘܪܝܝܐ܀܀܀܀܀܀｠

21 ｟ܣܘܪܝܝܐ܀܀܀܀܀܀܀܀܀܀܀܀܀܀܀܀܀܀܀܀܀܀܀܀܀܀܀｠

22 ｟ܣܘܪܝܝܐ܀܀܀܀܀܀܀܀܀܀܀܀܀܀܀܀｠

23 ｟ܣܘܪܝܝܐ܀܀܀｠

19. — Seigneur, je suis des Bi-Chekouana (la famille des fourmis), de l'autre côté du mûrier desséché.

20. — Assez pour toi, mon fils; j'interrogerai les autres ».

21. D'autres enfants comparurent devant le chef. Râbi Bâkos les interrogea pour lui sur l'arithmétique, la géographie, l'histoire; mais Pourto ne faisait pas attention à leurs réponses. Une pensée lui était montée au cerveau et s'en était emparée; il pensait sans cesse.

22. Peu de temps après, il se leva et dit brièvement : « Bien ! bien ! mes enfants; et toi, Chamâcha, que Dieu te conserve ! » Il coupa ainsi (la séance) et sortit avec le maître derrière lui.

23. Quand ils furent dehors, Pourto dit tout bas à

---

l'oreille du maître : « Chamâcha, que penses-tu ? Quelque chose sortira de ce Brikha ?

24.—Oui, je le pense. C'est un bon enfant ; que Dieu l'aide ! »

25. Pourto se rebiffa et, son *kalioun* en main, il alla son chemin.

26. Ici, il devint évident que Pourto avait dans le cœur quelque chose contre le petit Brikha ; il continua son chemin, pensif et troublé.

27. Une fois, il lui revint en mémoire ce dicton qu'on répète dans le monde :

28. Elles entrèrent dans la fourrure *(perta)*,
    Les fourmis débiles ;
    Les poils en furent mis en pièces
    Par ces insectes habiles.

29. « Ah! c'est là mon histoire, pensa Pourto; le fils des Chekouâna (des fourmis), intelligent et instruit comme il est, se lèvera et mettra en pièces les fils de Pourto, qui sont des ignorants imbéciles.

30. Ils ne m'ont pas écouté, moi qui leur ai dit tant de fois : « C'est maintenant le temps de l'instruction : celui du sabre est passé. » Ah! ma maison ! elles la démoliront, les fourmis instruites; et elles les mettront dehors, honteux et nus, les fils de Pourto. Ah! cendres sur ma tête! (c'est-à-dire : malheureux que je suis!) ».

31. Le pauvre Pourto s'assit sur le bord du chemin et fuma son *halioun* pour endormir un peu ses pensées amères. Finalement lui aussi s'endormit là, jusqu'à ce que des passants le réveillèrent.

32. ܠܐ ܦܝܫܐ ܠܝ ܚܡܫܬܥܣܪ ܫܢ̈ܐ ܡܢ ܗܘ ܝܘܡܐ :
ܦܝܘܩܝܢ̈ܝܐ ܡܓܘܪ̈ܐ ܡܢ ܒܢ̈ܝ ܦܘܪܬܘ ܕܠܐ ܦܝܫܝ ܚܫܝܚܝ ܗܘܘ
ܠܦܘܠܚܢܗܘܢ . ܓܒܝܐ ܠܝ ܪܝܫܗ ܐܝܟ ܡܪܝܐ ܒܩܪܝܬܐ ܕܝܕܗܘܢ ܒܪܝܟܐ ܕܒܝ ܫܟܘܢܐ
ܦܝܫܐ ܓܒܪܐ ܘܡܕܥܐ ܕܝܕܥܬܐ .

33. ܐܒܠ ܦܘܪܬܘ ܒܒܗܘܢ . ܠܐ ܚܙܐ ܠܗ ܕܒܛܠܬܐ ܕܒܝܬܗ :
ܡܝܬܐ ܗܘܐ ܗܘܐ ܡܣܟܝܢܐ ܡܢ ܩܕܡ ܚܕ ܫܢ̈ܐ : ܡܪܝܐ ܡܚܣܐ ܠܗ :
ܒܗܘܝ ܕܒܪܢܫܐ ܛܒܐ ܗܘܐ ܗܘܐ ܘܠܐ ܚܣܝܪܐ ܒܗܘܢܗ .
ܕܝܠܦܝ ܡܢ ܬܫܥܝܬܗ ܪ̈ܒܐ ܘܙܥܘܪ̈ܐ .

---

32. Quinze années, à partir de ce jour, ne s'écoulèrent pas que les Pivokiens, ennuyés des (fils de) Pourto qui n'étaient plus bons à rien dans leur charge, élurent pour chef de leur village Brikha des Bi-Chekouana, devenu homme, et qui avait du savoir-faire.

33. Mais Pourto père ne vit pas l'écroulement de sa maison; il était mort, le pauvre, depuis quelques années. Que le Seigneur lui fasse miséricorde ! car c'était un brave homme et il ne manquait pas d'esprit. Que les grands et les petits s'instruisent par son histoire !

IV.– COMPLAINTE

SUR LA PESTE DE PIOZ, PRÈS MOSSOUL,

PAR CACHA SÔMO

(Cette pièce, très goûtée dans le pays, se compose de 247 strophes; les 25 strophes que nous donnons ici forment un résumé de la complainte).

1 ܒܫܢܬܐ ܕܒܡܛ ܠܚܘܫܒܢܐ .
ܠܐܠܟܣܢܕܪܘܣ ܩܪܢܢܐ .
ܢܦܠ ܠܗ ܐܕܝ ܡܘܬܢܬܐ ܀

2 ܒܗܘ ܫܢܬܐ ܕܥܘܠܢ ܟܡܠ ܠܗ .
ܘܠܒܢ ܠܥܠܡܐ ܕܟܠܡܬܐ ܬܟܝܠ ܠܗ .
ܡܘܬܢܬܐ ܥܠܘܗܝ ܢܦܠ ܠܗ ܀

3 ܫܘܪܝܗ ܡܥܩܪܐ ܗܘܐ ܠܗ .
ܐܝܟ ܢܘܪܐ ܒܐܬܪܢ ܡܛܝܐ ܠܗ .
ܕܠܐ ܪܚܡܐ ܩܛܝܠ ܠܗ ܘܟܢܫܐ ܠܗ ܀

TRADUCTION

1. En l'an 2049, selon le comput d'Alexandre *le cornu* (1), eut lieu ce fléau.– 2. En l'année où notre iniquité vint à son comble, où notre cœur se confia dans les biens de ce monde, la peste tomba sur nous. – 3. Son commencement fut à Acra (2) ; comme le feu, elle atteignit notre pays et, sans pitié, elle tua et entassa ses victimes. –

(1) Il s'agit de l'ère des *Séleucides*, qui commençait pour la Syrie, la Palestine, en 312 av. J.-C., et en 311 pour la Chaldée et la Mésopotamie; l'an 2049 correspond donc ici à 1738 de notre ère.— Alexandre est appelé par les Orientaux *dhou lqarnein, qui a deux cornes*, parce que son royaume s'étendit en Orient et en Occident.

(2) Acra, région à l'est de Mossoul, à deux journées de distance.

4. Elle entassa ses victimes et extermina des villages; elle fit périr leurs habitants, et laissa des ruines. – 5. Elle laissa des ruines, jeta les clefs des morts sur les terrasses (1), puis s'empara de Mossoul et de la contrée. – 6. Lorsqu'elle s'empara de Mossoul, elle s'y répandit de toutes parts et trancha la vie à quarante milliers d'hommes, puis vomit son poison sur Pioz (2). – 7. Comme un dragon, elle vomit son poison sur Pioz, ce pays riche; elle en fit un pays brûlé, consumé. – 8. Le 20 avril, elle commença à

(1) *Jeter les clefs sur la terrasse*, c'est-à-dire fermer une maison après la mort de son maître.

(2) *Pioz*, village chaldéen à une journée au nord de Mossoul.

ܩܛܡܬܐ ܒܡܬܐ ܡܚܘܪܬܐ ܠܗ .
ܒܫܘܩܝܬܐ ܬܚܬܝܬܐ ܫܪܝܬܐ ܠܗ ∴
9 ܫܪܝܬܐ ܠܗ ܒܒܝܬܐ ܕܒܝ ܫܒܬܐ .
ܡܫܘܦܠܒܝ ܠܗ ܒܗܘ ܫܘܢܩܬܐ .
ܕܡܪܝܪܗ ܩܫܝܫܝܬܐ ܘܫܛܝܠܬܐ ∴
10 ܐܗܘ ܘܒܢܘܗ ܩܛܠܬܐ ܗܘܐ ܠܗ .
ܘܟܠܬܘܗ ܐܢܫܐ ܕܒܢܘܗ .
ܡܢ ܬܫܥܐ ܬܪܝ ܫܒܝܩܐ ܗܘܐ ܠܗ ∴
11 ܟܕ ܡܦܩ ܡܢ ܡܐܡ ܫܒܐ ܠܩܘܒܠܗ ܠܗ .
ܒܒܝܬܐ ܕܒܝ ܐܦܪܝܡ ܬܩܦܠܗ ܠܗ .
ܘܗܘ ܒܝܬܐ ܕܡܠܝܐ ܚܪܒܠܗ ܠܗ ∴
12 ܐܗܘ ܘܒܝܬܗ ܡܩܛܠܐ ܗܘܐ ܠܗ .
ܘܟܠܬܘܗ ܘܬܠܬܐ ܐܢܫܘܗ .
ܒܪܬܗ ܡܘܫܬܐ ܫܒܝܩܬܐ ܠܗ ∴

répandre la cendre sur le village; elle s'établit au quartier d'en bas. – 9. Elle s'installa dans la maison de Bi-Châba et les précipita dans ce tourment amer et cruel. – 10. Elle le (Châba) tua avec ses fils et ses brus, femmes de ses fils; de neuf personnes, elle en laissa deux. – 11. Lorsqu'elle sortit de chez Mâm (1) Châba, elle rencontra la maison de Bi-Ephrem; cette maison qui était pleine, elle la détruisit. – 12 Lui (Ephrem) et sa femme furent tués par elle, ainsi que ses brus et ses trois fils; elle ne laissa que sa fille, comme un hibou dans les ruines. –

(1) *Mâm*, terme d'amitié respectueuse : *oncle*.

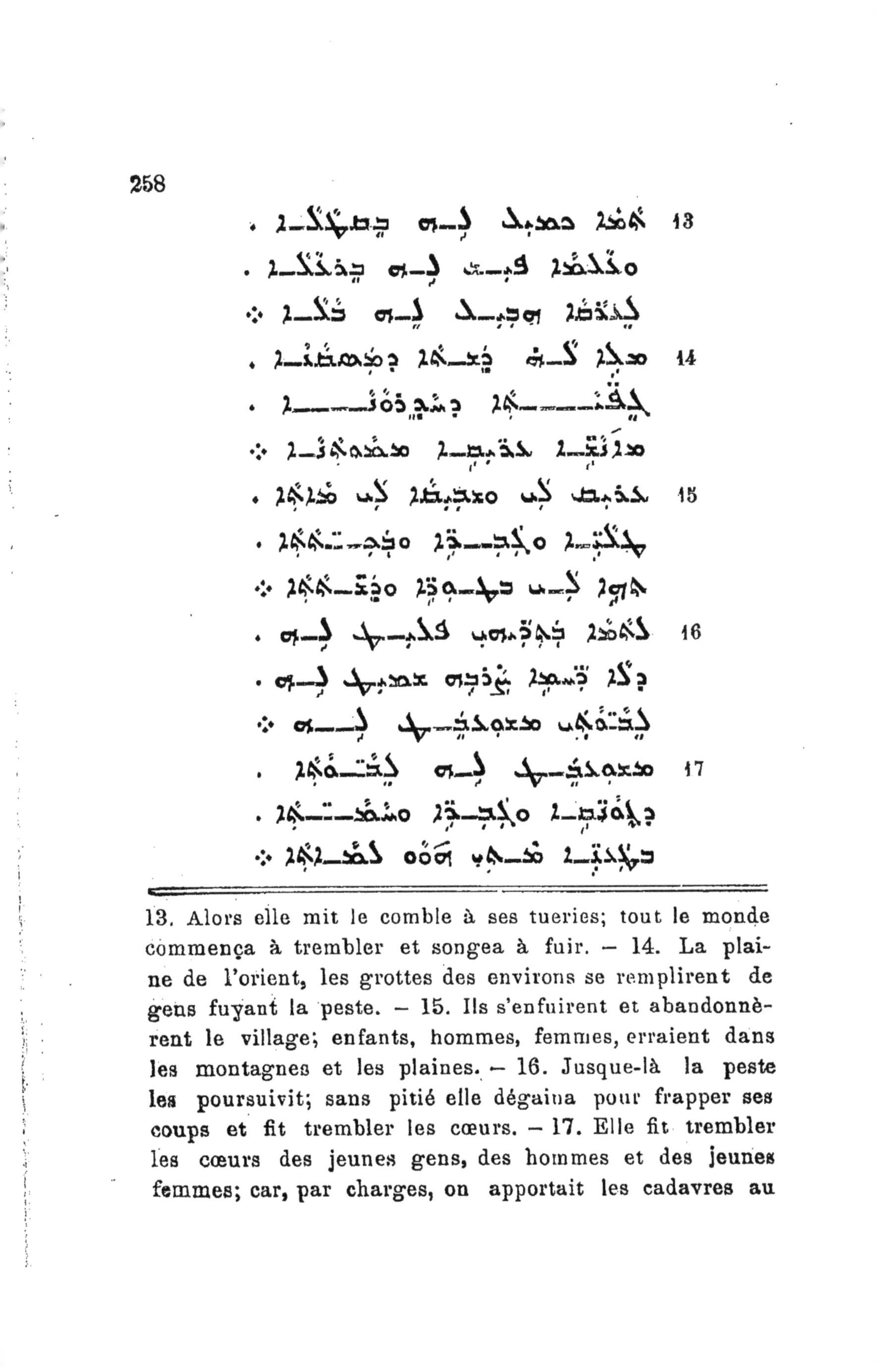

18 ܣܗܕܬ ܠܗ ܠܓܢܒܪܐ ܠܓܘܙܦܬܐ ܂
ܕܘܩܡܬܝܗܝ ܕܦܪܢܟܝܐ ܂
ܘܩܕܠܝܗܝ ܕܪܘܡܝܐ ܀

19 ܗܡ ܣܗܕܬ ܠܗ ܠܐܣܟܘܠܝܐ ܂
ܕܥܓܠܐ ܘܚܙܬܐ ܣܦܪܝܐ ܂
ܘܡܚܬ ܒܩܫܐ ܠܟܫܐ ܝܣܪܐ ܀

20 ܐܚܕܐ ܕܟܠܝܗܝ ܠܗܠܗܝܒܝܗ ܠܗ ܂
ܘܣܦܣܪܗ ܡܣܡܩܕ ܒܕܡ ܡܚܝܬ ܠܗ ܂
ܒܠܕܝܬܐ ܠܗ ܓܡܪܗ ܘܣܗܩܬ ܠܗ ܀

21 ܘܗܟܢ ܚܪܒܬ ܠܗ ܦܝܘܙ ܠܐܬܐ ܂
ܒܠܬܝܗܝ ܠܗ ܣܕܝܟܗ ܠܐܬܐ ܂
ܘܚܣܡܬ ܠܗ ܠܓܢܒܪܐ ܘܡܫܡܫܬܐ ܀

22 ܘܗܪܘܕܐ ܡܢܕܪܫ ܡܐ ܗܘܐ ܠܗ ܂
ܘܣܐܬܐ ܕܗܘܐ ܠܗ ܘܩܪܡܟ ܠܗ ܂

village. — 18. Elle tua de beaux jeunes gens dont la stature était celle des Francs et l'encolure celle des Roumis (les Turcs). — 19. Elle tua aussi des écoliers distingués par leur bonne mine et par leur intelligence dans la lecture; parmi les prêtres, elle frappa *Cacha* Israël.—20. Elle ferma la porte de toutes ses victimes; son glaive était rougi de sang; elle acheva le village et sortit. — 21. C'est ainsi qu'elle ruina Pioz, en détruisit les quartiers et en égorgea les jeunes hommes et les jeunes femmes. — 22. O épouvante ! Quelle calamité eut lieu en ce moment ! Quiconque a vu et a entendu, son

ܠܒܗ ܡܫܬܓܪ ܘܡܢܗ ܚܠܝܕ ܠܗ ܀

23 ܒܝܘܡܐ ܒܩܪܝܬܐ ܢܩܝܕ ܠܗ ܀
ܒܝܘܡܐ ܘܠܠܝܐ ܠܐ ܕܗܝܕ ܠܗ ܀
ܬܠܬ ܡܐܐ ܘܐܪܒܥܝܢ ܚܠܝܕ ܠܗ ܀

24 ܗܘܘ ܚܙܝܐ ܟܠܟܝܢ ܡܗܝܡܢܐ ܀
ܡܕܡ ܕܓܕܪ ܠܗ ܡܬܝܒܘܬܐ ܀
ܒܙܒܢ ܘܓܕܐ ܣܝܕܝܐ ܀

25 ܕܟܠ ܡܢ ܕܗܘܒ ܟܠܗ ܢܦܫܐ ܀
ܘܢܢܚܒ ܕܡܥܝܢܐ ܘܩܝܢܐ ܀
ܡܚܕܓܠ ܬܘܕܪܐ ܕܐܪܥܐ ܀

---

cœur en a été saisi d'émotion. — 23. Le fléau tomba sur le village comme un boucher, ne s'arrêtant ni le jour ni la nuit; il tua 340 personnes. — 24. Considérez, vous tous chrétiens, ce qui arriva aux gens de Pioz, en ces derniers temps. — 25. Que tous ceux qui ont péri puissent hériter le repos et posséder les plaisirs et les joies (de l'autre vie) en place de leurs tourments d'ici-bas !

PUBLICATIONS PRINCIPALES
SUR LES DIALECTES VULGAIRES DE L'ARAMÉEN ORIENTAL

1. Rubens Duval. – Notice sur les dialectes néo-araméens (dans les *Mémoires de la Société de linguistique*, tom. IX, 1896).

2. Guidi. – Beiträge zur Kenntniss des neu-aram fellihi Dialectes, 1883 (dans la *Z. D. M. G.*, tom. XXXVII).

3. Sachau. – Skizze des fellihi Dialectes von Mossoul (Berlin, 1895).

4. Rubens Duval. – Les dialectes néo-syriens de Salamas (Paris, 1883).

5. Socin. – Die neu-aramäischen Dialecte, von Ourmiah bis Mossoul (Tübingen, 1882).

6. Stoddard. – Grammar of the modern syriac language (1855).

7. Nœldeke. – Grammatik der neusyrischen Sprache (1868).

8. A. J. Maclean. – Grammar of the dialects of vernacular Syriac (Cambridge 1895).

9. A. J. Maclean. – Dictionary of vernacular Syriac (Oxford, 1901).

10. Traduction complète de la Bible en Syriaque moderne par les soins de l'*American Bible Society* (New-York, 1893).

11. Le Nouveau Testament selon la *Pchitta*, comprenant le Texte de la *Pchitta* et sa traduction en langage vulgaire d'Ourmiah par les Lazaristes d'Ourmiah (1877).

ERRATA

Page	Ligne	Au lieu de :	Corrigez :
6	5	ܒܪܝ	ܒܪܝ.
7	25	ܐܡܪ	ܐܡܪ.
10	20	ܠܟܬܒܐ	ܠܟܬܒܐ
12	29	ܐܡܝܢܐ	ܐܡܝܢܐ
13	3	ܐܚܕܐ	ܐܚܕܐ
14	1	ܐܒܒܐ	ܚܒܒܐ
18	14	ܐܟܡܣܝܢ	ܐܟܡܣܝܢ
»	21	ܐܫܬܐ	ܐܫܬܝܐ, *machtia*, boisson
19	12	ܐܟܠܐ	ܐܟܠܐ
»	15	ܟܘܕܒ	ܟܘܕܒ
20	22	ܗܘ	ܗܘ
25	19	ܝܠܕ	ܝܠܕ.
26	8	ܗܘܐ	ܗܘܐ
28	10	ܘܐܢܐ	ܘܐܢܐ
»	11	ܐܘܗܐ - ܐܕܢܐ	ܐܘܗܐ - ܐܕܢܐ
30	4	ܐܫܬܐ	ܐܫܬܐ
32	25	ܟܘܕܬܐ	ܟܘܕܬܐ
35	23	Outha	Ouàtha

40	21		
41	16	—	—
42	1		
»	4		
»	9		
43	10		
45	18	fém.	fém.
49	2	à chacun	à chacun un
51	17	*définis*	*indéfinis*
»	19	le livre	ce livre
55	25		
»	27	f.	f. —
57	6		
63	21	possessifs	démonstratifs
75	10,11		
»	16		
»	22		
83	14		
112	19	pl.	pl. fém.
119	2		
124	7		
»	14		Adde : Verbe inf. 3e rad., n° 374
157	12		
166	18		

171	25	ܘܩܛܠ ܠܗ	ܘܩܛܠ ܠܗ
176	9	Voir n° 458	Voir n° 449
225	26	il le tua aussitôt.	il le tua.
242	11	ܠܟܼܡܼܕܿܐ	ܠܟܼܡܼܕܿܐ
243	10	ܡܼܢ ܕܿܒܼܐ	ܡܼܢ ܕܿܒܼܐ
244	1	ܠܟܼܡܼܝܕܿܘܗܝ	ܠܟܼܡܼܝܕܿܘܗܝ
250	4	ܕܿܒܼ	ܕܿܒܼ

TABLE DES MATIÈRES

	Pages
PRÉFACE	I-XIX
EXPLICATION DES ABRÉVIATIONS	XXI

PREMIÈRE PARTIE – PHONÉTIQUE

CHAP. I.- Notions sommaires sur les lettres et l'écriture. Alphabet Syriaque. Remarques sur la conformation des lettres. ... 1

CHAP. II.- Voyelles. Diphtongues. ... 5

CHAP. III.- Variations que subissent les lettres de l'Alphabet dans leur prononciation. Alphabet complet du Soureth. ... 8

   I.- *VARIATIONS DE PRONONCIATION :*

   1° Les six lettres ܒܓܕܟܦܬ ; Kouchaia, Roukakha. ... 9

   2° Les six lettres sémitiques ܒ . ܓ . ܕ . ܛ . ܚ . ܪ. ... 11

   3° Les sept lettres simples ܗ . ܣ . ܥ . ܨ . ܠ . ܘ . ܛ 13

   4° Les deux consonnes faibles ܝ . ܘ . ... »

   5° Les sept lettres étrangères ܓ̰ . ܔ . ڤ . ܟ̰ . ܫ̰ . ܤ̰ . ܦ̰ . ... »

   II.- *TABLEAU COMPLET DE L'ALPHABET SOURETH.* ... 16

CHAP. IV.- Signes pour faciliter la lecture.
Ponctuation des phrases. 18
   I.- SIGNES POUR FACILITER LA LECTURE : »
1° Traits divers : a / *Mhagiâna* ou trait d'épellation. »
   »   »   b / *Marhtâna* ou trait accélérant. »
   »   »   c / *Mbaṭlâna* ou trait annulant. 19
2° Gros points : a / Points *Siamé*. »
   »   »   b / Point *de distinction*. 20
   II.- PONCTUATION DES PHRASES. »

   CHAP. V.- Accent tonique. 21
   CHAP. VI.- Signes de la numération. 23

DEUXIÈME PARTIE – MORPHOLOGIE

   CHAP. I.- Forme simple des noms. 25
   CHAP. II.- Genre des noms. 27
Genre *masculin*. Genre *féminin*. Genre *commun*. »
Exemples de noms masculins et de noms féminins. 28
Noms féminins avec terminaison masculine. »
Noms du genre commun. 29
Genre dans les mots étrangers. 30

   CHAP. III.- Nombre dans les noms. 31
Nombre *singulier* et nombre *pluriel*. »
Pluriels des noms masculins. 32
Pluriels des noms féminins. 34
Pluriels anormaux. 38
Noms qui n'ont pas de pluriel. »
Noms qui n'ont pas de singulier. »
Pluriel des noms étrangers. »
Pluriels étrangers anormaux. 40
Mots étrangers qui ne changent pas. »

Chap. IV.- L'Adjectif. 40
Adjectifs quant à la forme. »
Adjectifs quant au sens. 41
Genre et nombre des adjectifs. »
Adjectifs en *Ia* et en *Aia*. 42
Adjectifs en *Oia*, en *Ouia*, en *Na*. — Particularités. 43
Adjectifs des langues étrangères. »

Chap. V.- Noms de nombre. 45
Nombres cardinaux. »
Nombres ordinaux. 49

Chap. VI.- Les Pronoms. 51
I.— Pronoms démonstratifs : »
a / Pronoms démonstratifs *rapprochés*. 52
b / Pronoms démonstratifs *éloignés*. »
c / Pronoms démonstratifs *mixtes*. 54
II.— Pronoms personnels : 55
1° Pronoms possessifs. »
a / Pronoms possessifs *suffixes*. »
b / Pronoms possessifs *isolés*. 59
2° Pronoms verbaux : 61
a / Pronoms verbaux *isolés*. »
b / Pronoms verbaux *suffixes*. 62
3° Pronoms réfléchis. 63
Les Pronoms personnels et l'Article. »
III.— Pronom relatif ou conjonctif. 64
IV.— Pronoms interrogatifs : 65
a / Pronoms interrogatifs se rapportant *aux personnes*. 66
b / Pronoms interrogatifs se rapportant *aux choses*. »
c / Pronoms interrogatifs *mixtes*. 67
V.— Pronoms indéfinis. »

Chap. VII.- Le Verbe. 72
I.- Racine du verbe. »
II.- Les différentes espèces de verbes. 73
III.- Conjugaisons du verbe. 74
IV.- Paradigme de la conjugaison du verbe simple ܢܓܕ , tirer. 77
V.- Formation du Présent et du Prétérit. Origine de l'Impératif et des Participes. 81
VI.- Particularités des verbes simples terminés en ܝ . ܠ . ܡ . ܐ . ܗ . ܪ . 84
VII.- Emploi des temps du verbe et leur correspondance en français. 85
VIII.-Le verbe négatif. 90
IX.- Verbes simples à conjuguer. »

Chap. VIII.- Verbes auxiliaires. 91
I. - Verbe auxiliaire ܗܘܐ, être.— Ses formes au présent: »
a / Première forme. 92
b / Deuxième forme. 93
c / Troisième forme. 94
II.- Conjugaison normale de l'auxiliaire ܗܘܐ, être. »
III.- Conjugaison de l'auxiliaire ܗܘܐ, devenir, être. 98
IV.- Remarques sur les verbes auxiliaires et exemples divers. 100
V.- Verbes auxiliaires négatifs. 101
VI.- Verbes auxiliaires en composition avec les autres verbes: 102
a / Avec les verbes *actifs* ou *transitifs*. »
b / Avec les verbes *intransitifs* ou *neutres*. 104
VII.- Verbes auxiliaires dans la composition du passif. »
VIII.- Conjugaison des verbes passifs. 105

Chap. IX.-Verbes composés ou Verbes en *Mim*. 108
I.- Notions générales. »
II.- Paradigme de la 1ère Conj. en *Mim* quiescent,
pour les verbes trilittères sains : ܡܩܕܫܘ , *sanctifier*. 110
Verbes à conjuguer. 114
III.-Autre paradigme des verbes en *Mim* quiescent
pour les verbes quatrilittères sains : ܡܫܚܠܦܘ , *changer*. 115
Verbes à conjuguer. 116
IV.- Paradigme de la II· conjug. en *Mim* mobile,
pour les verbes trilittères sains : ܡܓܕܫ , *faire tirer*. 118
Verbes à conjuguer. 119
V.- Autre paradigme des verbes en *Mim* mobile p^r
les verbes quatrilittères sains : ܡܦܫܩܘ , *faire traduire*. 120
Verbes à conjuguer. 122

Autre paradigme des verbes en *Mim* mobile, pour
les verbes quintilittères sains : ܡܣܬܥܡܠ , *employer*. 122
Verbes à conjuguer. 123

Chap. X.- Verbes infirmes. 125
I.- *Notions générales*. »
II.-*Verbes infirmes a la 1ère radicale* (Pé-Alap
ou Pé-Iodh) . 126
   A. Verbes infirmes en *Pé-Alap* : »
1· Verbes *simples*. »
   Paradigme de la conjugaison des verbes simples
   infirmes en Pé-Alap :— ܐܟܠ , manger. »
2· Verbes *composés*. 128
   Paradigme de la 2· conjugaison en *Mim* (Pé-
   Alap) : — ܡܐܟܠ , faire manger. »
3· Liste des verbes infirmes en *Pé-Alap*. 129
   B. Verbes infirmes en *Pé-Iodh* ou Verbes assimilés 130
1· Verbes *simples*. »
   Paradigme de la conjugaison des verbes simples
   infirmes en Pé-Iodh : — ܝܕܥ , savoir. »

2° Verbes *composés*. 131
  a / Paradigme de la 1ère conjugaison en *Mim*
  (*Pé-Iodh*): ‒ ܡܝܰܩܰܪ , honorer. »
  b / Paradigme de la 2ᵉ conjugaison en *Mim*
  (*Pé-Iodh*):‒ ܡܝܰܕܰܥ ,faire savoir ‒ ܡܝܰܬܰܒ ,faire asseoir. 132
3° Liste des verbes infirmes en *Pé-Iodh*. 133
    III.‒ VERBES INFIRMES A LA 2ᵉ RADICALE (AÏN-IODH) 135
    Notions générales. »
1° Verbes *simples*. »
  Paradigme de la conjugaison des verbes simples
  infirmes en *Aïn-Iodh* : ‒ ܡܝܬ , mourir. 136
2° Verbes *composés*. 137
  a / Paradigme de la 1ère conjugaison en *Mim*
  (*Aïn-Iodh*) : ‒ ܡܛܰܪܶܕ , chasser. »
  b / Paradigme de la 2ᵉ conjugaison en *Mim*
  (*Aïn-Iodh*) : ‒ ܡܡܝܬ , faire mourir ‒ ܡܛܰܪܶܕ ,
  faire chasser. 138
3° Liste des verbes infirmes en *Aïn-Iodh*. 139
    IV.‒ VERBES INFIRMES A LA 3ᵉ RADIC. (LAMADH-IODH). 141
1° Verbes *simples*. »
  Paradigme de la conjugaison des verbes simples
  infirmes en *Lamadh-Iodh* : ‒ ܩܪܐ , lire. »
2° Verbes *composés*. 142
  a / Paradigme de la 1ère conjugaison en *Mim*
  (*Lamadh-Iodh*):‒ ܡܫܰܪܶܐ , commencer. 143
  b / Paradigme de la 2ᵉ conjugaison en *Mim*
  (*Lamadh-Iodh*) : ‒ ܡܩܰܪܶܐ , faire lire. »
3° Remarques diverses:
  a / Sur le verbe ܗܘܐ , *être*, et ses semblables. 144
  b / Sur la transformation de *Aïn* final en *Iodh*
  dans le Soureth de la montagne. 145
4° Liste des verbes infirmes en *Lamadh-Iodh*. 146

V. — *Verbes infirmes a la 1ère et a la 2ᵉ radicales :* — ܐܡܝ , oser. 148

VI. — *Verbes infirmes a la 1ère et a la 3ᵉ radicales.* »
1° Notions générales. »
2° Paradigmes de la conjugaison des verbes infirmes
à la 1ère et à la 3ᵉ radicales : 149
    a / Paradigme de ܝܡܐ , faire serment, — et de ܡܘܡܐ , faire jurer. »
    b / Paradigme de ܐܬܐ , venir, — et de ܐܝܬܐ , apporter. 150

VII. — *Verbes infirmes a la 2ᵉ et a la 3ᵉ radicales :* — ܚܝܐ , vivre. 151
    a / Conjugaison *simple :* — ܚܝܐ , vivre. »
    b / Conjugaison *composée :* — ܐܚܝ , faire vivre. 152

Chap. XI. — Verbes irréguliers. 153

I. — *Liste des verbes irréguliers.* »
II. — *Conjugaison des verbes irréguliers :*

1° ܨܒܐ , consentir, avoir plaisir à, agréer. 154
2° ܐܙܠ , aller. 155
3° ܐܟܠ , manger — ܐܡܪ , dire — ܥܒܕ , faire — ܐܬܐ , venir. 156
4° ܐܡܝ , oser — ܐܘܡܝ , faire oser. 158
5° ܚܒܒ , aimer, vouloir, demander. 159
6° ܝܗܒ , donner. 160
7° ܩܪܫ , se refroidir, avoir froid. 161
8° ܡܨܐ , être au pouvoir de, en la dépendance de. 163
9° ܘܠܐ , il est possible, il convient. 164
10° ܐܝܬ , il y a. 165
11° ܐܝܬ ܠܝ , j'ai. 166
12° ܡܨܐ , je puis. 168
13° ܟܡܐ , il faut, il est nécessaire. 169
14° ܝܐܐ , il convient, il importe. 170

Chap. XII.- Forme des noms selon leur signification. 171
   I.— Mots sans lettres d'augmentation a leurs radicales. 172
   II.— Mots avec lettres d'augmentation :
1° Avec *Mim* préfixe. 173
2° Avec *Taou* préfixe. »
3° Avec ܐ suffixe. 174
4° Avec ܝܐ suffixe. »
5° Avec ܘܬܐ suffixe. 175
6° Avec ܢ suffixe. 176
   III.— Noms négatifs. »

Chap. XIII.- Formation des noms de relation. 177
1° Noms de relation avec la désinence *Aia*. »
2° Avec la désinence *Ana*. 178
3° Avec la désinence *Naia*. 179
4° Avec la désinence *Anaia*. »
5° Avec la désinence *Thana*. 180
6° Avec la désinence *Thanaia*. »

Chap. XIV.- Formation des diminutifs. 181
1° Diminutifs avec la désinence *Ta, Itha*. »
2° Avec la désinence *Ona*. »
3° Avec la désinence *Ka*. 182
4° Avec deux désinences à la fois. 183
5° Diminutifs de grâce, à Alcoche. »

Chap. XV.- Noms formés avec des particules ou des suffixes hétérogènes. 184
   I.— Mots avec des particules préfixes hétérogènes: »
Préfixes : — 1° ܠܐ *négatif* — 2° ܕܠܐ *, sans.* »
Préfixes : — 3° ܙܥܘ *, qui a peu* — 4° ܪܒ *, chef.* — 5° ܪܝܫ *, chef.* 185

II.- Mots avec des suffixes hétérogènes. 185
Suffixes : - 1° ܚܝ , ܝܟܝ . »
Suffixes : - 2° ܠܝ . ܟܘ - 3° ܟܝ . ܟܝܢ - 4° ܟܘܢ - 5° ܟܬܐ -
6° ܗܝ - 7° ܗܝ . 186
Suffixes : - 8° ܗ - 9° ܗܘ - 10° ܗ - 11° ܗܘ - 12° ܗܕ . ܗܕܗ . 187
Suffixes : - 13° ܗܘܡ - 14° ܗܝ . 188

Chap. XVI.- Mots composés. 188

I.- Mots dont les éléments composants s'unissent en un seul mot. »

II.- Mots composés de deux éléments séparés : 189

1° Mots composés avec la particule ܒܝܬ . »
2° Mots composés avec les particules ܒܪ , ܒܪܬ . 190
3° Mots composés avec la particule ܒܥܠ ou ܒܥܠܬ . 191
4° Mots composés avec la particule ܠܐ . 192
5° Mots composés avec la particule ܕܠܐ . 193
6° Mots composés avec d'autres mots de différentes sortes. »

TROISIÈME PARTIE — PARTICULES

Chap. I.- Particules proclitiques. 195

Les quatre lettres ܒܕܘܠ . »
Les deux lettres ܒ . ܠ . 196
Règles orthographiques pour les proclitiques. »

Chap. II.- Prépositions. 197

Prépositions simples. »
Prépositions composées. 198

Chap. III.- Adverbes. 199

1° Adverbes *avec la désinence* ܐܝܬ . »
2° Adverbes *de manière*. 200

3° Adverbes de *temps*. 201
4° Adverbes de *lieu*. 202
5° Adverbes d'*ordre*. 203
6° Adverbes de *quantité*. 204
7° Adverbes de *comparaison*, d'*interrogation*. 205
8° Adverbes d'*affirmation*, de *négation*, de *doute*, et autres. 206
9° Remarque sur le *de* et le *que* français après certains adverbes. 207

CHAP. IV.- Conjonctions. 207

CHAP. V.- Interjections. 209

QUATRIÈME PARTIE — SYNTAXE

CHAP. I.-Pluriel révérentiel et pluriel abnégatif 211

CHAP. II.- Comparatif et superlatif. 212
I.- COMPARATIF : »
1° Comparatif d'*égalité*. »
2° Comparatif de *supériorité*. 213
3° Comparatif d'*infériorité*. 214
II.— SUPERLATIF. 215
1° Superlatif *absolu*. »
2° Superlatif *relatif*. »

CHAP. III.- Pronoms corroboratifs. 217
1° Pronoms corroboratifs s'attachant *aux verbes*. »
2° Pronoms corroboratifs s'attachant *aux noms*. »
3° Pronoms corroboratifs s'attachant *à des prépositions* ou *à des adverbes*. 218

CHAP. IV.-Manière de rendre le neutre logique. 219

Chap. V.- Le verbe avec son sujet et ses compléments. 221
    I.- Sujet du verbe. »
    II.- Complément direct du verbe : 222
  1° Exprimé par un nom. »
  2° Exprimé par un pronom personnel : 223
A. Avec le Présent et ses dérivés. »
B. Avec le Prétérit et les temps passés. 225
   1ère manière : — avec ܒܝ. »
   2ème manière : — avec ܩܡ. »
   3ème manière : — avec ܘܗܝ. 226
   4ème manière : — avec le Prétérit passif spécial. 227
   5ème manière : — avec le Prétérit passif employé seulement à la 3ᵉ pers. sing. 228
   6ème manière : — avec le Prétérit actif. 230
C. Avec l'Impératif. 231
D. Avec l'Infinitif. »
E. Avec le Participe présent. »
    III.— Complément indirect du verbe : 232
  1° Exprimé par un nom. »
  2° Exprimé par un pronom : »
   a / en général. »
   b / aux divers temps du verbe. 233
    IV.-Verbes avec deux pronoms pour compléments, l'un direct, l'autre indirect, aux divers temps verbaux 235

APPENDICE — MORCEAUX DIVERS

  I. Texte scripturaire. - Moïse (Actes des Apôtres, VII, 20-29). 239

  II. Lettre.- Chlémoun, marchand à Achitha, à son frère Hanko, à Alcoche. 242

III. Récit. - Pourto, chef du village de Pivôké, en visite à l'école. 246

IV. Complainte sur la peste de Pioz, près Mossoul, par Cacha Sómo. 255

Publications principales sur les dialectes vulgaires de l'araméen oriental. 261

Errata. 262

Lightning Source UK Ltd.
Milton Keynes UK
UKHW020657051121
393438UK00004B/297